Alexander Adrion

Die Kunst zu ZAUBERN

Diese Kunst kann gut sein oder böse. Je nachdem,
wie man sie anwendet. Gut und erlaubt ist es,
wenn sie bei Festlichkeiten und heiteren
Zusammenkünften dargeboten wird,
um Fröhlichkeit zu verbreiten,
und wenn das ohne
Selbstgefälligkeit
geschieht.

Schlecht und vollkommen ungesetzlich ist es, wenn
sie aus betrügerischer Absicht gehandhabt
wird oder auch aus eitler Ruhmsucht,
die weder angemessen
noch ehrenhaft ist.

Hocus Pocus Junior
London 1634

Alexander Adrion (Foto: Irving Desfor)

Alexander Adrion

Die Kunst zu ZAUBERN

Mit einer Sammlung der
interessantesten Kunststücke zum
Nutzen und Vergnügen für
jedermann

DuMont Buchverlag Köln

Die Abbildungen stammen aus dem Archiv des Autors.

Alexander Adrion dankt Irving Desfor, New York, dem Goethe-Museum, Düsseldorf, der Universitätsbibliothek, Tübingen, dem Uhrenmuseum, Wuppertal, und
dem Ullstein Bilderdienst, Berlin, für das Überlassen von Fotounterlagen.

Diesem Buch liegt das Puzzle »Das Geheimnis des verschwindenden Zwerges« bei.
Das Original-Puzzle »The Vanishing Leprechaun«, 20 x 49 cm, kann bei W. A.
Elliott Co., 212 Adelaide St. W., Toronto M5H 1W7, Kanada, bezogen werden.

CIP-Kurztitelaufnahme der Deutschen Bibliothek

Adrion, Alexander
Die Kunst zu zaubern ;
mit e. Sammlung d. interessantesten
Kunststücke zum Nutzen u. Vergnügen für jeder-
mann. – Erstveröff. – Köln : DuMont, 1978. –
(Studio DuMont)
ISBN 3-7701-1064-1

© 1978 DuMont Buchverlag, Köln
Alle Rechte vorbehalten
Reproduktionen: Offset-Repro-Zentrum, Düsseldorf
Druck: Gebr. Rasch & Co., Bramsche
Buchbinderische Verarbeitung: Hunke & Schröder, Iserlohn

Printed in Germany   ISBN 3-7701-1064-1

Inhalt

I   Kammer-Spiele des Scheins

Über Zauberei im allgemeinen und den Zauberer Adrion
im besonderen
Von Jürgen Becker

Ob Hieronymus Bosch, als er seinen ›Zauberer‹ malte, ein Risiko einging? Immerhin wagte er die Darstellung einer fabulösen Figur, die, stets im Ungesicherten zuhause, gleichwohl des fortwährenden Mißtrauens der herrschenden Instanzen versichert blieb. Am Ende gar drohte dem Modell unseres ›freidenkenden‹ Malers womöglich der Scheiterhaufen: seinerzeit nämlich an der Tagesordnung, Zauberer als Saboteure der Vernunft und des Glaubens zu verbrennen.

Aber betrachten wir unser Bosch-Bild. Malte Bosch wirklich einen Hexer, einen irdischen Herrn über Geister? Wir sehen nichts außer einem krummgeratenen Männchen mit großer Narrennase im Schalksgesicht, die Finger der Rechten spitzeln den Ball, der verschwinden wird; die Linke verbirgt – was wohl: eine Schatulle voll schwarzer Mäuse oder anderer seltsamer Dinge? Um des Mannes Bauch an einem Gurt der Korb, aus dem die Eule lugt, Nachtvogel und Traumwächter zugleich. Vor dem Männchen ein Tisch mit den Requisiten: Becher, Kugeln, der Zauberstab, der Zauberring. Und jenseits des Tisches die gaffende Menge. Was hat sie angelockt? Offensichtlich das magische Spektakel, das wir unseren Gaukler produzieren sehen. Jetzt greift des Gauklers leere Hand in die Luft, die nur scheinbar leer ist, denn die Gauklerhand entnimmt ihr einen Ball, zwei Bälle, mehr noch, wieviel noch? – und sie verschwinden. Das heißt, sie wechseln den Ort: listig lächelnd holt sie der Gaukler hinter Ohrläppchen, aus Tuchfalten und Kleidertaschen der Leute hervor. Deren Argwohn ist inzwischen ins Staunen umgeschlagen. Was der Schalk da macht, ist das nun Zauberei, schwarze Magie, Gespensterspuk?

Bosch malte mit seinem Taschenspieler – und um einen solchen handelt es sich – gleichzeitig sein Publikum als den personifizierten

Aberglauben. Sollte des Malers Modell tatsächlich im Feuer oder unter den Foltern der Inquisition verendet sein, dann als Opfer eines fortgesetzten Trugschlusses, der sich zu organisiertem Aberglauben verwachsen hatte. Dieser verbannte sogar das Taschenspiel in das Reich der ›schwarzen Kunst‹, und in der Tat ließen sich deren Meister in allerlei finstere Kunststücke ein. Unser Gaukler indessen beschwört weder Tote noch Teufel, er vermag lediglich das Marktvolk mit Würfeln, Ringen, Bechern, Bällen zu täuschen. Ihm daraus einen Strick zu drehen, bedeutet, sein Treiben mißzuverstehen. Daß sein Metier der Grenzgänge ins schwarze Land der Magie verdächtigt wurde, war weder seine noch seiner Zunftgenossen Schuld: Der Taschenspieler wußte sich am wenigsten fähig, ›wirklich‹ zu zaubern.

Finstere Zeiten! Der Taschenspieler rettete sich durch die Jahrhunderte, das Metier erwies sich als unausrottbar. Seine Geschichte ist so alt wie das Bedürfnis des Menschen, zu spielen, zu gaukeln. Eine ungeschriebene Geschichte, ihre Spuren verstreut in Zauberbüchern, einzelnen Dokumenten und zahllosen Illustrationen. Diese Zeugnisse schon verweisen auf die Tatsache, daß die Kunst des Taschenspielers im *Trick* gründet, dessen Erlernbarkeit lediglich manuelles Geschick voraussetzt. Jegliche Dämonisierung des Gewerbes beruht auf Hysterie; weder rechnet es zur ›schwarzen‹ noch zur ›weißen‹ Magie. Doch die Gefährdungen, die üble Nachrede nahmen kein Ende. Im 18. Jahrhundert, das alles in einem Topf verkochte: Vampire und Dampfmaschinen, Geister und Gaukler, Elektrizität und Okkultismus, in dieser Zeit galt gar die Erklärung überirdischer Phänomene als Taschenspielerei.

Schließlich behelligte die um diese Zeit vehement einsetzende Entwicklung der Technik auch das Gauklergewerbe. Dieses sah sich aufs neue gefährdet, weil nun die Technik Mittel bereitstellte, die die klassischen, allein durch Fingerfertigkeit realisierbaren Tricks zu verdrängen drohten. Den Taschenspielertrick ersetzte der physikalische Effekt, dessen sensationelle Wirkung mehr Applaus einbrachte als das schwierigste Kunststück. Aber das ist seit je des Zauberers Klage, daß er beim Publikum eher ankommt mit ›Kunststücken‹, die ein Maximum an Aufwand und ein Minimum an Geschicklichkeit bedeuten, als mit Übungen, deren scheinbare Leichtigkeit über die tatsächliche artistische Leistung hinwegtäuscht.

Die mechanisierte Magie war natürlich auf gemäße Schauplätze angewiesen, auf Bühnen und Säle. So sah das 19. Jahrhundert den Taschenspieler die klassischen Zauberarenen räumen: die Straße, den Marktplatz, das Gasthaus. Dort verlangte das Fingerspiel des Gauklers den direkten Kontakt mit seinem Publikum. Die neuen

Zauberapparate dagegen bedurften schon deshalb der räumlichen Distanz zwischen Podium und Saal, damit dem Publikum der Einblick in den meist simplen Vorgang der Täuschung verwehrt wurde. Zudem zielten die Effekte dieser Apparaturen auf große Zuschauermengen, die wiederum – mehr als das Publikum der Straße – Saal und Kasse des Zauberers füllen halfen. Der Einzug in die Festsäle, Theater und Varietés bedeutete gleichzeitig eine offizielle Rehabilitierung des Taschenspielerberufes. Seine Meister sahen sich nachgerade ›geadelt‹ durch das nun einsetzende Interesse von Fürsten und Königen, das beileibe nicht in Passivität verharrte: der königliche Amateur der Magie – bis zu Faruk die nicht seltene aristokratische Variante des zaubernden Dilettanten. Die Kluft zwischen ihm und dem Professionellen jedoch veranlaßte Louis-Philippe zu seinem inzwischen berühmten Seufzer: »Ein Zauberer versteht eher einen König zu spielen, als daß ein König das Zaubern erlernt.«

Hieronymus Bosch, Der Taschenspieler. Museum Saint-Germain-en-Laye

Auch heute lernen es die Politiker nicht. Allerdings betreiben sie ihr Geschäft in einer Zeit, der ihre Feinde nachsagen, daß sie eine entzauberte sei. Wäre Zauberei in entzauberter Zeit demnach ein Anachronismus? Die Tatsache, daß Zauberer unter uns leben, spricht dagegen. Unbehelligt gaukeln sie durchs Land, Nachfolger des alten Taschenspielers, den Bosch malte; Nachfolger der Illusionisten, der Magier des Scheins. Die wilde Flora des Aberglaubens ist verdorrt: Der Zauberer, nicht mehr verdächtigt der höllischen Umtriebe, genießt Recht und Freiheit des Artisten. Indes, das Metier hat sich in Lager gespalten, die unter anderem darüber streiten, welche die zeitgemäße Zauberweise sei. Diese Frage mag nun eine Geschmacksfrage sein, und jedem sei überlassen, mit wem er es halte: ob er die Show, die Nachtklubnummer oder das intime Kammerspiel vorziehe. In diese Spielformen jedenfalls sieht sich die Taschenspielerkunst entwickelt – gleichviel, uns dünkt am ehesten Zauberei, wo die Phantasie stimuliert wird. Der Illusionist David Devant schrieb: »Die wirklichen Geheimnisse der Magie sind keine Handelsware. Sie sind nicht Werkstatterfindungen, Tricks und Puzzles, erdacht, das Publikum zu verwirren. Weit entfernt von der Bindung an Hilfsmittel, ist die wahre Kunst der Zauberei intellektuell im Charakter und umschließt einen unendlich weiten Interessenbereich. Zauberei vereinigt Kunst und Wissenschaft. Es gibt ein inwendiges Verstehen, unabhängig von technischer Geschicklichkeit und Wissen, das über Erfolg oder Mißerfolg entscheidet . . .«

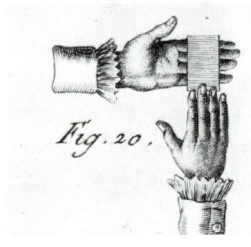

Fig. 20.

Diese Vorliebe für eine die Phantasie stimulierende Zauberkunst, die Suche nach ihren »wirklichen Geheimnissen« führt uns in die magischen Seminare Alexander Adrions, eines Zauberers, der sein Geheimnis als die Fähigkeit definiert, »ein geheimes Einverständnis herzustellen mit denen, die er auf dem Umweg über die Täuschung in eine absichtslose Welt der Freiheit und Heiterkeit entführen möchte«. Ihn finden wollen, heißt ihn dort suchen müssen, wo sich in der Regel keine Zauberer einzustellen pflegen. Denn dieser Zauberer hat die Taschenspielerkunst in die Vorzone des Poetischen und Märchenhaften, aber auch zwischen die kargen Kulissen des Alltäglichen gebracht. Er zaubert abseits, im Stillen; seine Vorstellungen meiden das Vergnügungsetablissement, sie finden statt in privater Exklusivität, in Zimmertheatern, Ateliers, Galerien, aber auch in Gefängnissen, Sanatorien und Universitäten. Dort glaubt er das Publikum zu finden, das bereit ist, sich auf täuschendes Spiel einzulassen. Adrions Spiel nämlich verzichtet auf die magische Masche,

Fig. 12.

die von der Routine längst zu Tode gezaubert ist. Er gleicht ebensowenig dem Typ des Jungfrauen zersägenden Großmagiers wie dem des Kleinmagiers, der zwischen einem Mundharmonikatrio und einem Balanceakt eine zehnminütige Zaubernummer produziert. Seine nahezu poetische Intention, »das Unsichtbare sichtbar zu machen«, verweist ihn als Zauberer in die Rolle des Einzelgängers, des Außenseiters.

Aber schauen wir in eine Vorstellung unseres Zauberers hinein. Ein kleiner Theaterraum. Die Bühne – die nichtsverbergende Spielfläche des Zauberers – ist leer, allenfalls ein Tisch mit wenigen Requisiten darauf. Adrion spricht, während in seinen Händen ein Seil tanzt, das sich in Knoten verschlingt, die er zwischen den Fingern zerreibt und dem Nichts der Luft übergibt. Die Zuschauer rücken zusammen: das aufregende gemeinsame Gefühl, innerhalb des magischen Kreises zu sitzen, in dem die Phantasie zu herrschen sich anschickt.

Seifenblasen schweben im Raum. Adrion greift sie, in seinen Händen verfestigen sie sich zu Kugeln. Zuletzt sind es soviel Kugeln wie Finger, zehn Traumbälle, die am Ende doch nur Seifenblasen sind. Oder haben sie sich in den Rocktaschen eines Herrn aus der ersten Reihe versammelt? Dieser staunt wie jene Person, die auf Boschs Bild das Maul aufklappt, aber Adrion hat die Kugeln schon in vier Eier verwandelt, setzt sie auf Sockel aus zusammengerollten Spielkarten und arrangiert sie auf einer Glasscheibe, die er über vier mit Wasser gefüllte Gläser legt. Ein rascher Schlag seitlich gegen die Scheibe, die mit den Sockeln davonfliegt – die Eier schweben und stürzen heil ins Glas. – »Man sieht nur mit dem Herzen gut«, sagt Adrion, faltet eine Zeitung zu einer Tüte, schüttet das Wasser aus den Gläsern hinein, entfaltet die Tüte wieder zur Zeitung und liest sie, während wir fragen, wo in aller Welt das Wasser geblieben sei. Sollten wir fragen: wie macht er das? Sollten wir uns bemühen, den Trick herauszubekommen? »Zauberer sind ehrliche Menschen. Sie sagen einem, daß sie täuschen wollen, und dann tun sie es«, meint ein einsichtiger Amerikaner. Also, bleiben auch wir ehrlich und sagen, daß wir uns täuschen lassen, ohne nach der Ursache schielen zu wollen.

Ein Kartenspiel wirbelt durch die Luft, eine Degenklinge blitzt auf: aus dem flatternden Schwarm sticht Adrion just die Karte, die ein Zuschauer, ohne sie zu nennen, zuvor aus dem Spiel gewählt hat. Wir, die Zuschauer, wirken nun mit, unwissende Komplizen des Zauberers. Adrion hat zum Mitspiel eingeladen, also klebt eine Dame drei verschieden große leere Briefumschläge zu, die ein Herr, zweite Reihe, in Verwahrung nimmt. Aus einem Stapel Zeitschriften läßt

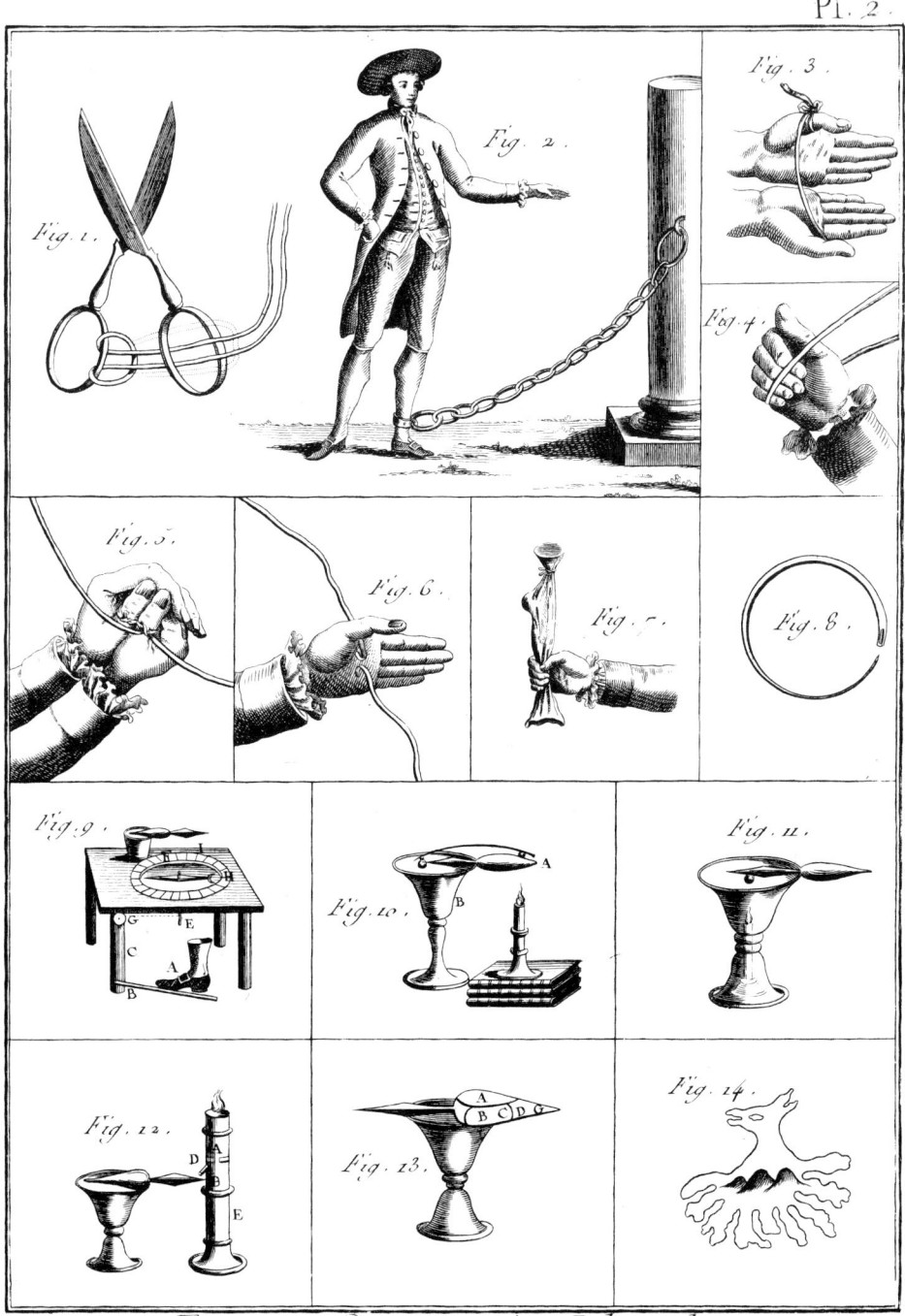

Pl. 2.

Figures de Magie Blanche

Pl. 6.

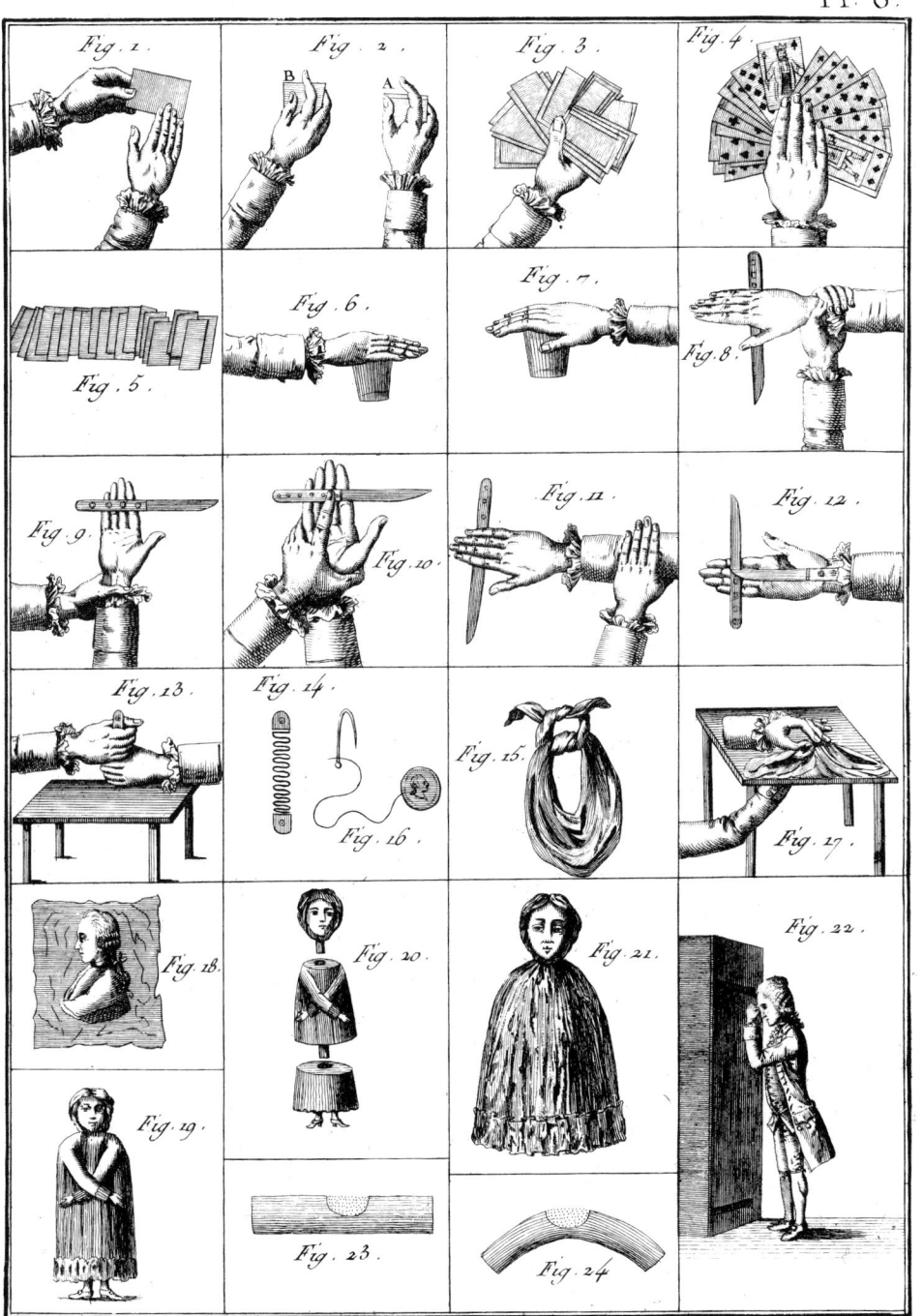

Fig. 1. Fig. 2. Fig. 3. Fig. 4. Fig. 5. Fig. 6. Fig. 7. Fig. 8. Fig. 9. Fig. 10. Fig. 11. Fig. 12. Fig. 13. Fig. 14. Fig. 15. Fig. 16. Fig. 17. Fig. 18. Fig. 19. Fig. 20. Fig. 21. Fig. 22. Fig. 23. Fig. 24.

Figures de Magie Blanche.

Aus dem
›Dictionnaire
Encyclopédique
des amusements
des sciences
mathématiques
et physiques‹.
Paris, 1792

Adrion sie eine beliebige herausnehmen; außerdem denkt sie sich eine Zahl. Dann darf die Dame in ihrer Zeitschrift blättern und die Seite suchen, die mit der gedachten Zahl übereinstimmt. Indes, gerade diese Seite fehlt, offensichtlich herausgerissen. Wo aber befindet sie sich? Der Herr aus der zweiten Reihe gibt die Umschläge zurück – die Dame, sprachlos, findet die fehlende Seite im kleinsten der drei Kuverts.

Adrion lächelt, improvisiert mit Worten. Er erzählt von einem Kind, das ihn bat, in eine Blume verwandelt zu werden, während aus dem Seidentuch in seiner Hand eine Rose wächst. Dann schlägt er die endlosen Ringe ineinander, verkettet und löst sie wieder, und wir glauben in dieser Minute, daß Metall silberne, sichtbare Luft ist.

Was wir beschreiben, sind Vorgänge, ›Highlights‹ eines Kammerspiels. Indessen ereignet sich mehr noch, als wir zu berichten vermögen: das, was man schlecht und grob Atmosphäre nennt, vermittelt sich nur im Dabeisein. Ebenso die Weise, auf die Adrion es fertigbringt, seine Zuschauer »in die absichtslose Welt der Freiheit und Heiterkeit zu entführen«. Der Trick überrascht, aber fängt den Zuschauer nicht: Das beiderseitige ›Einvernehmen‹ kommt eher durch die Bereitschaft des Zuschauers zustande, sich täuschen zu lassen. Wie aber wird diese geweckt? Wieso läßt sich der Zuschauer auf Täuschungen ein und glaubt zuletzt wider besseres Wissen an ihre Realität? Professor Kollmann, der in den zwanziger Jahren ein Institut für Zauberkunde an der Universität Leipzig einrichtete, bemerkt dazu: »Wirklich gute Täuschungen kommen nicht durch Schnelligkeit der Fingerbewegungen oder durch andere besonders schnelle Griffe zustande. Sie beruhen vielmehr auf rein seelischen Momenten, also Dingen, die in das Gebiet der Psychologie gehören.«

Das klingt vage, aber hilft uns weiter. Vorerst wissen wir, daß die Tricks des Zauberers nur Vorwand sind, daß sie unter anderem die Tatsache verschleiern, daß er lediglich *scheinbar* zaubert. Daß er es nicht kann, weiß er zu gut, um sein Publikum davon überzeugen zu wollen. Jedoch, er ›glaubt‹, zaubern zu können. »Vor allem«, kommentiert Adrion selbst, »muß der Zauberer verstehen, die *Rolle* des Zauberers zu spielen. Wenn er in die Luft greift, um einen Ball erscheinen zu lassen, muß er selbst glauben, daß er den Ball aus der Luft greift, besser noch: ihn im Augenblick seines Erscheinens erschafft – so sehr auch die andere Bewußtseinshälfte mit der manuellen und technischen Meisterung des Problems beschäftigt ist.« – Und dazu noch: »Ich fürchte, daß die Abwertung der Zauberkunst an der Uneinsichtigkeit mancher Zauberer liegt, die diese psychologischen und schauspielerisch-gestalterischen Gegebenheiten ignorieren. Denn wie sollte das Publikum zum Staunen gebracht werden, wenn der Zauberer sein Spiel nur als Artistik, als angewandte Fingerfertigkeit oder als Möglichkeit, sein Publikum zu düpieren, betrachtet?«

Wir sehen Adrion also in der Rolle des Zauberers, und in dieser wird er fähig, seine Zuschauer das glauben zu machen, was ihrem besseren Wissen unmöglich erscheint. Eine variable Rolle, in der sich Magier und Märchenerzähler, Gedankenleser und Gaukler vereinen, von Adrion virtuos gespielt und je nach Situation verfremdet oder mit seiner Person, dem staunenden Ich, identifiziert. Sein eigenes Staunen über und seinen Glauben an den magischen Vorgang teilt er dem Publikum mit, insofern dem Schauspieler ähnlich, der das Publikum von der ›Echtheit‹ des Gespielten überzeugt. Adrion oder vielmehr seine *Rolle* fasziniert genug, um den Zuschauer in Bann zu schlagen. Dessen Phantasie ist durch das Gesehene in Gang gebracht, es zeigt sich bereit, dem Zauberer mit Staunen zu antworten und schließlich wie dieser zu glauben, daß die Luft unsichtbare Bälle birgt. Auf diese Weise zaubert der Zuschauer am Ende mit, obwohl ihm die Kenntnis des Tricks abgeht.

Eine durchaus erlernbare Technik also. Indes, so sagt Adrion selbst, »gerade was man nicht erlernen kann, macht den guten Zauberer aus«. Der muß nicht zuletzt ein guter Psychologe sein: er muß bedenken, daß die richtige Einstellung zum Publikum die richtige Einstellung zur eigenen Person voraussetzt. Verlangt die Verzauberung des Zuschauers zuvor die Selbsttäuschung des zaubernden Ichs, tut er gut daran, seine Fähigkeit dazu stets zu kontrollieren. Denn vermag sich der Zauberer nicht mehr selbst zu täuschen, verrät sich sein Tun sogleich als mechanisches Griffekloppen. Adrion, in dieser Hinsicht sehr sensibel, überwacht sich fortwährend: hinkt ein Trick, will sagen, läuft seine technische Meisterung seiner psychologischen davon, nimmt er ihn aus dem Programm; ›glaubt‹ er nicht an die Existenz des unsichtbaren Balles, mag ihn das Dunkel behalten.

»Eine Handvoll Staub, das ist das Ende«, ruft Adrion, während sein Zauberstab zu Staub zerfällt, der davonfliegt. Dann Licht im Saal. Der Zauberer verschwunden. Die Leute erwachen, finden sich, zurück aus des Zauberers Welt, wieder auf ihren Plätzen ein. Kein Kopf abhandengekommen, kein Kind in eine Blume verwandelt, kein Herr in einen Käfer. Alles ist, wie es sich gehört. An der Garderobe der Mantel und jenes nun wieder ins Recht gesetzte Schulwissen . . ., dann wird die Phantasie zurückgepfiffen und an die Kette gelegt, aber sie wird in dieser Nacht zerren und wild sein,

Taschenspieler. Aus: Simon Witgeest, ›Het Naturlyk Toverboek‹. Amsterdam, 1682

vielleicht noch am nächsten Tag. Der Zauberer stiehlt sich ins plötzlich Entzauberte zurück, fühlt sich nun selbst entzaubert; leere Bühne, triste Stille; er klappt seinen Tisch zusammen, sammelt seinen Krempel auf; eben noch Requisiten des Scheins, jetzt gebrauchtes Werkzeug, das er säubern muß. Im Koffer trägt er seine Märchen davon.

Erstveröffentlichung: Deutsche Zeitung 27./28. Febr. 1960

II Das schlaue ›Hokus‹-Spiel

Zur Geschichte und Kunst der zaubernden Gaukler

COMIC FORTUNE TELLING.

Wenn man heute die Aufgabe stellt, aus der Phantasie das Bild des Zauberers zu zeichnen, dann würden auch kenntnisreiche und an allen artistischen Künsten interessierte Leute wohl nie den ›Zaubernden Gaukler‹ porträtieren, der vom griechischen Altertum bis um die Mitte des vergangenen Jahrhunderts auf den Straßen und Plätzen des Abendlandes sein Handwerk ausübte.

Sie hatten kein Zuhause, denn sie waren Fahrende. Können, Erfolg, Interesse des Publikums gaben jedoch ihrer Kunstausübung an einem bestimmten Platz ein Darbietungsrecht. Wo heute in Liverpool das Rathaus steht, war im 14. Jahrhundert eine ›Gauklerstraße‹. Da sah man sie neben Akrobaten, Jongleuren, Degenschluckern. In Paris bot die später ›Rue de St. Julien des Ménétriers‹ genannte Gasse als ›Rue des Jongleurs‹ eine dauernde Straßenkirmes.

Der hl. Bernhard warnte: »Die Tricks der Gaukler können Gott nicht gefallen!« Aber Abraham a Santa Clara gab den Leuten, die staunend den Tausendkünstlern zusahen, den guten Rat:

>»Ein Gaffmaul muß hier Schlösser tragen,
>Imfall das schlaue Hokusspiel
>Nur Augen, keine Mäuler will:
>Und will mans mit der Weltlist wagen,
>So braucht man, soll der Wandel taugen,
>Verschloßnen Mund und hundert Augen.«

Sie waren namenlos wie ihre seßhaften Zeitgenossen aus den Handwerkerzünften, aber doch bekannt und wichtig genug, um den Reigen der Menschenkinder repräsentativ als Nummer 1 der Tarockkarten zu eröffnen. Da steht der ›Bateleur‹ in diesem geheimnisvollen Spiel, dessen Ursprung immer noch nicht aufgeschlüsselt ist. Da hebt er den Zauberstab in die Vertikale, läßt ihn über die Zeichen

Taschenspieler und andere
Mondkinder. Aus dem
Planetenbuch des Joseph
von Ulm, 1404. Universi-
tätsbibliothek Tübingen

der Täuschung gleiten und weist auf den Himmel, der über allen
fragwürdigen Eitelkeiten steht.

Auch in den mittelalterlichen Passionsspielen ist dieser ›Zaubernde
Gaukler‹ zu sehen. Man braucht seine Tricks. Denn schaurige sind
nötig, um die Zuschauer nicht müde werden zu lassen: wenn Barabbas
verbrannt und Paulus enthauptet werden sollte, ließ sich das nur mit
den Fertigkeiten der Täuschungskünstler machen. Die Commedia

dell' arte weist ihnen Rollen zu, deshalb richtet sie ihre Brettergerüste für deren Überraschungskünste ein.

Die Zauberer brachten der Sprache neue Begriffe. Die Fähigkeit, alles »aus dem Ärmel zu schütteln«, hatten allerdings nur Ordensleute, deren Regel das Erbetteln des Unterhalts vorschrieb. Sie ließen die Gaben von oben in den unten zugenähten doppelten Ärmel gleiten. Nicht die Methode – der Begriff übertrug sich auf die Täuschungskünstler. »Jemandem blauen Dunst vormachen« leitet sich von Bildern wie der ›Enthauptung des Johann Baptist‹ her, bei denen man blauen Rauch aufquellen ließ. Einmal, um den Nimbus des Geheimnisvollen zu demonstrieren, zum anderen, um den Vorgang zu kaschieren. – Klingende, nichtssagende Formeln bildeten sich, mit denen höheres Wissen durch Unverständlichkeit bewiesen werden sollte: Vom ›hax pax max deus adimax‹ der fahrenden Schüler von 1563 bis zum ›hokus pokus‹, das 1625 durch Ben Jonsons ›Staple of News‹ in die Literatur kam und bis heute Zauberwort geblieben ist.

Nur wenige der alten Taschenspieler sind uns mit Namen bekannt. Greifen wir einen heraus, den letzten, der diesen Berufstypus deutlich verkörperte: Miette, der 25 Jahre hindurch am Pariser Augustiner-Kai Publikum anzog.

Wenn die Zeit des stärksten Straßenverkehrs herankam, spazierte er von seiner Wohnung in der Rue Dauphine Nr. 12 hinunter zur Seine. Am Quai des Grands-Augustins, nicht weit entfernt vom Pont-Neuf, stellte er seinen Klapptisch auf und setzte drei blanke Metallbecher darauf. Er holte sie aus einem Beutel, den er vor den Leib geknüpft hatte. Alle Zauberer übrigens, die im Freien auftraten, hatten diesen Beutel. Von ihm her wird der Begriff ›Taschenspieler‹ verständlich. »Eins aus der Tasche spielen« meinte das, was wir heute fälschlich mit ›zaubern‹ bezeichnen. ›Taschenspieler‹ – dieses Wort ist ehrlich. Denn zaubern konnten die Künstler damals ebensowenig wie heute. Im Französischen nannte man sie Escamoteur. Das Wort kommt von den kleinen Korkbällchen, die beim Becherspiel unter den Metallbechern hin- und herwandern.

Mit dem Zauberstab – Jakobsstab genannt wohl wegen der positiven Abwehr aller schwarzen Magie, gegen die der heilige Jakobus auftrat –, mit dem Jakobsstab also schlug der Taschenspieler kräftig auf den Tisch, dann stellte er behutsam die Becher hin und her, veränderte ihre Reihenfolge so, als ob es von größter Wichtigkeit sei, nahm zwei davon auf, schlug sie krachend aneinander. Dann gruppierte er seine Zuschauer, rückte sie hierhin und dorthin, stellte vor allem die Halbwüchsigen in die letzte Reihe. War einem das nicht

»Ich liebe diese noble und gelassene Kühnheit des unabhängigen Gauklers, der weiß, was er wert ist, und der sich des Ruhms seines Namens bewußt ist, den er sich während langer Jahre in den Straßen von Paris erworben hat.« Victor Fournel über den Escamoteur Miette in ›Le vieux Paris‹, 1887

angenehm, rief er: »Warte, mein Freundchen, wenn du dich bewegst, werde ich dich verzaubern!« Ein vielstimmiges »Oh« und »Ah« begleitete die Warnung des Taschenspielers, und niemand wagte mehr, sich vom angewiesenen Fleck zu rühren.

Immer begann er sein Spiel mit den Worten: »Herrschaften! Nichts in den Händen, nichts in den Taschen! Aufgepaßt! Seht gut her!« Dann schob er seine Ärmel zurück, damit niemand glauben konnte, er habe etwas in ihnen verborgen. Mit spitzen, feingliedrigen Fingern setzte er einen Ball unter einen Becher: »Der erste Ball heißt passe«, verkündete er mit größter Ernsthaftigkeit. »Der zweite Ball heißt gleicherweise passe«, und er legte einen anderen Ball unter den nächsten Becher. Wenn er aber den dritten Ball mit dem letzten Becher bedeckte, rief er: »Und der dritte heißt: contrepasse!« Nach einer kleinen Pause: »Und jetzt ein bißchen Puder Perlinpinin, und unsere Bällchen sind verschwunden: Partez, muscades!« Die Bälle waren wie weggeblasen, sie kamen alle zusammen unter einem Becher zum Vorschein und trennten sich voneinander. Manchmal verkleinerten sie sich, um dann urplötzlich um ein Mehrfaches zu wachsen. Zum Schluß verwandelten sie sich in Spielbälle, Äpfel oder in hartgekochte Eier. – War das Becherspiel beendet, schlossen sich andere Künste an: ein Taschentuch, von einem Zuschauer entliehen, wurde von Miette zerschnitten. Sehr zum Entsetzen des Besitzers. Aber bald ruhte es wieder ganz in dessen vor Aufregung feuchter Hand. Eines von drei Kaninchen, die neben dem Klapptisch in einem Stall hockten, schlug er mit dem Zauberstab tot und rief es an: »Wunderkaninchen, kehr zurück, um deine Gefährten zu sehen! Hoppla!« Und das Kaninchen sprang auf und kuschelte sich zu den anderen. Auf die anschließende Frage, ob sich ein Kind oder ein ausgewachsener Mann für das gleiche Experiment zur Verfügung stellen würde, meldete sich niemals jemand.

Geld sammelte er nicht ein. Das wäre unter seiner Würde gewesen. Er hatte einen handfesten Gegenwert anzupreisen. Nun bewies er, daß seine ganze Zauberei reine Menschenfreundlichkeit war. Er offerierte jetzt für je zwei Sous Pomade, um die Haare zu schwärzen, Pulver, die Zähne zu weißen, ein Wässerchen, das Verbrennungen ebenso wie Neuralgien heilte, um endlich seinen Persischen Puder anzubieten. Hatte er genug in der Tasche, klappte er den Tisch zusammen und zog zu einem oder auch mehreren Gläschen Wein ins nächste Bistro, gefolgt von einigen Bewunderern und auch Neugierigen, die hofften, etwas über die Täuschungen erfahren zu können, sobald sich seine Zunge gelockert hatte . . . In seiner Wohnung empfing er die Künstler, Literaten und auch die Flaneure seiner Zeit. Als

M.ᵉ Bosco, prestidigitateur, rue Taitbout N° 9.

Attention, messieurs et dames, à ce joli tour; rien dans les mains, rien dans les poches, rien dans le Pistolet; eh bien: Messieurs je vais me brûler la cervelle, au commandement d'une dame de la société, sans me faire le moindre mal et il en sortira explosion, détonation, conjuration, conspiration, arrestation, émotion, réception, acclamation, députation, et .... stupéfaction !!!!

ihm einmal jemand vorwarf, daß er nur ›Escamoteur‹ sei, warf er sich stolz in die Brust und rief: »So ein Taschenspieler ist aus demselben Holz geschnitzt wie ein Marschall von Frankreich!«

Typen wie Miette gab es überall von Lissabon bis Königsberg und zu jeder Zeit, seit Platon sie als ›Nachahmer der Wirklichkeit‹ bezeichnet hatte. Sextus Empiricus, der römische Arzt, resignierte: »Wir wissen, daß sie uns täuschen, nur das Wie erkennen wir nicht!«

Die Zauberer begleiten als Randfiguren die Geschichte getreulich durch die Jahrhunderte. Und sie blieben so konservativ in der Wahl ihrer Experimente, daß es unsereinem unbegreiflich ist. Denn daraus folgt doch, daß die Zuschauer jener Gaukler nicht den Wechsel der Bilder forderten, der uns selbstverständlich ist. Wenn man in der ganzen Stadt die verschiedensten Taschenspieler mit recht ähnlichen Experimenten sah und sich dabei nicht langweilte, muß man ein

Louis-Philippe wird auf dieser Spottzeichnung von Grandville in der Pose des italienischen Zauberers Bartholomeo Bosco gezeigt. Auf dem Tisch das Palais Bourbon, das auf eine ›hübsche Tour‹ verschwinden soll.
Aus ›La Caricature‹, um 1831

DAS SCHLAUE ›HOKUS‹-SPIEL   **21**

Empfinden für feinste Stilunterschiede und Nuancen der Darbietungsmethodik der einzelnen Künstler entwickelt haben.

Es ist wunderlich genug, den ›Zaubernden Gaukler‹ zu sehen, wie er in allen Hochkulturen die aufgeklärten Menschen mit dem Nichtzuerklärenden zusammenbringt. Hier liegt das eigentliche Mysterium seiner Wirkung. Esoterische Deutungen (wie man sie angesichts einer Gauklerdarstellung von Hieronymus Bosch versucht hat) erreichen ihn nicht. Sie gehen am offenbaren Geheimnis, das die beständige Lust an der Täuschung darstellt, vorbei.

Es war eine geniale Tat, als Joseph von Ulm 1404 den Taschenspieler in sein Planetenbuch aufnahm. In ihm übertrug dieser Zeichner die Eigenschaften der Planeten auf jene Weltkinder, die nach Temperament oder Beruf den Wirkungen entsprachen, die man den Planeten zugeordnet hatte. Es lag nahe, die ›Unrast‹ dem Mond und seinem Einfluß zuzuweisen. Dem Gestirn also, das die Unruhe hervorruft, indem es das Wasser bewegt. Fährmann, Müller, Dachdecker, Vogelfänger, Bote, Bettelmönch und Taschenspieler – sie vereinen sich als unstete Gesellen nach dem Vorbild des Joseph von Ulm drei Jahrhunderte hindurch in den Planetenbüchern. Da heißt es von den Mondkindern:

> »Der Sterne Wirken geht durch mich
> Ich bin unstet und wunderlich
> Mein Kint man kaum zähmen kann
> Niemand sind sie gern untertan.«

Am urtümlichsten Handwerkszeug, den Bällen und Bechern, lernt der Taschenspieler »die ganze Theorie der Auswechslungen oder Eskamotagen, und es ist nicht möglich, andere Geschwindstücke gut zu machen, wenn man nicht in ihm geübt ist« – so hat es der Hofrat von Eckartshausen 1791 formuliert. Alle Zauberstücke, die später entstanden sind, können auf diese Grundweisen des Täuschungsspiels zurückgeführt werden. Anderes ist lediglich quantitatives Abwandeln – zum Beispiel, wenn im 19. Jahrhundert verschiedentlich mit überdimensionierten Bechern Personen statt Bälle zum Verschwinden gebracht wurden.

Erscheinen – Verschwinden – Verwandeln: das gab anwendbare Begriffe für den Alltag. Denn was lag näher, als eine dieser Kategorien aktuell abzuwandeln, wenn es galt, einen Mißstand zu karikieren. Der Zeichner, der einen Hofzauberkünstler mit den Gesichtszügen von Friedrich Wilhelm IV. von Preußen ausstattete, setzte diesen Dialog unter sein Bild:

Hofkünstler: »Wie Sie wissen, meine Herrschaften, wurden in
diese Sparbüchse 60 Millionen gelegt?«

Honoré Daumier, Escamoteur beim Becherspiel

Publikum:	»Ja!«
Hofkünstler:	»Nun, so passen Sie gefälligst auf. Aber sehen Sie nur nach – alles fest verschlossen – nichts vorbereitet – alles ohne Apparat. 1 – 2 – 3 – Allons! Futsch! Bitte wollen Sie gefälligst nachsehen? Es ist nichts mehr darin – alles leer!«
Publikum:	»Da Capo! Da Capo!«
Hofkünstler:	»Da bitte ich ein so gütiges und nachsichtiges Publikum, die Büchse durch milde Beiträge wieder zu füllen, und dann werde ich mir erlauben, das Kunststück sofort zu wiederholen.«

Also: die Möglichkeit, etwas verschwinden zu lassen – eine der drei magischen Grundkategorien –, angewandt auf die Summen, die der König von seinem Volke forderte.

Bei Honoré Daumier wird der Escamoteur mit seinem Urspiel zur Symbolfigur. Er zeichnet ihn immer in einen Zusammenhang hinein, der auf eine andere, unliebsamere Täuschung hinweist. Auf eine, die nicht harmlos und heiter wie die der Taschenspieler ist. Der ›Zaubernde Gaukler‹ als exemplarische Gestalt also: Erkenntnisse vermittelnd, obschon oder gerade weil seine Schliche und Tricks nicht zu durchschauen sind.

In rasendem Flug läßt ein Taschenspieler bei Grandville seine Bälle hoch zum Himmel wirbeln. Dort erscheinen sie als Himmelskörper, bevor sie zur Erde zurückkehren, wo der Zauberer sie auffängt und in die Tasche steckt. Ach, dieser Trick gelingt dem Zauberer nicht. Seinem Publikum vielleicht, wenn es genügend Phantasie hat.

Ist das Spiel beendet, haben sich die Passanten verstreut, dann hockt sich der Zauberer für Minuten hin. Er ruht aus. Präpariert die nächste Verzauberung. Wartet auf Menschen. Für sie zaubert er, ihnen zeigt er seine Illusionen. Nicht er – das hochverehrte Publikum braucht die tägliche Täuschung. Gavarni läßt einen alten Taschenspieler in dieser Phase des Übergangs zwischen zwei Darbietungen sagen: »Wie seltsam, daß die Wahrheit die Menschen so verdammt langweilt.«

Grandville, Gaukelspiel mit kleinen Welten

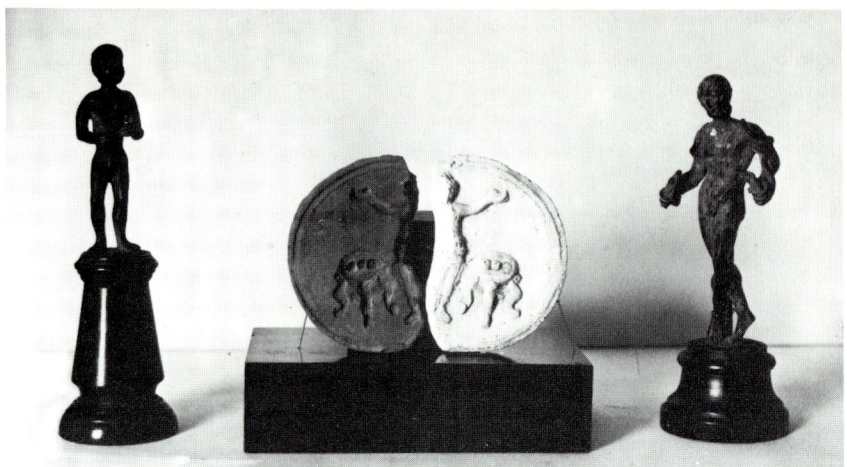

Im Zentrum des Bildes links die zur Hälfte im Original erhaltene Gußform – rechts der Gipsabdruck des namenlosen römischen Taschenspielers, der die Soldaten der II. italischen Legion am Limes mit seinen Künsten unterhielt. Stadtmuseum Enns

Das im Römerlager Lauriacum gefundene Gußmodell stellt einen Mann dar, der auf der flachen, emporgehobenen Hand einen kugelförmigen Gegenstand hält. Auf dem neben ihm stehenden dreibeinigen Tischchen sind drei umgestülpte Becher zu sehen. Dies ist die älteste Darstellung eines Taschenspielers. Im römischen Reich nannte man diese zaubernden Gaukler ›acetabularii‹ nach den Bechern, unter denen Steine oder Bälle erschienen oder verschwanden. Diese Ur-Täuschungskunst der Menschheit war schon Seneca bekannt, denn er bemerkte darüber: »Beim Becherspiel ist es die reine Täuschung, die mich ergötzt. Aber wenn man mir erklären würde, wie der Trick ausgeführt wird, dann hätte ich alles Interesse daran verloren.«

■ Bericht des Rhetors Alciphron (er lebte zu Beginn des 3. Jahrhunderts n. Chr.) über die Vorstellung eines Taschenspielers. Er legt diese Schilderung einem biederen Bäuerlein in den Mund: »Du weißt, daß ich meinen Esel mit einer Ladung Feigen und Dörrobst zur Stadt führte. Sowie ich alles verkauft hatte, schleppte mich einer meiner Bekannten ins Theater. Ich hatte einen schönen Platz, und es gab allerlei Unterhaltsames zu sehen. Das übrige habe ich nicht mehr in Erinnerung, ich bin ja auch gar nicht geschickt, derartige Dinge zu verstehen und wiederzugeben. Eins aber – als ich das sah, war ich vor Erstaunen nahezu sprachlos. Es trat nämlich einer in die Mitte, stellte einen Tisch hin und setzte drei Schüsselchen darauf. Sodann verbarg er unter diesen drei weiße, runde Steinchen, wie man sie am Bachrand findet. Bald legte er unter jede Schüssel eines der Steinchen, bald zeigt er sie – weiß Gott, wie – alle zusammen unter einer einzigen, bald ließ er sie wieder ganz von den Schüsseln verschwinden und zeigte sie im Mund. Dann verschluckte er sie, ließ die zunächst Stehenden vortreten und zog nun eins dem einen aus der Nase, das andere aus dem Ohr, das dritte aus dem Kopf, und als er sie wieder hatte, ließ er sie auch gleich verschwinden. Der Spitzbube – auf meinen Hof soll ein solcher Kerl nicht kommen! Denn der wird sich von keinem erwischen lassen und mir alles, was ich habe, wegstibitzen.«

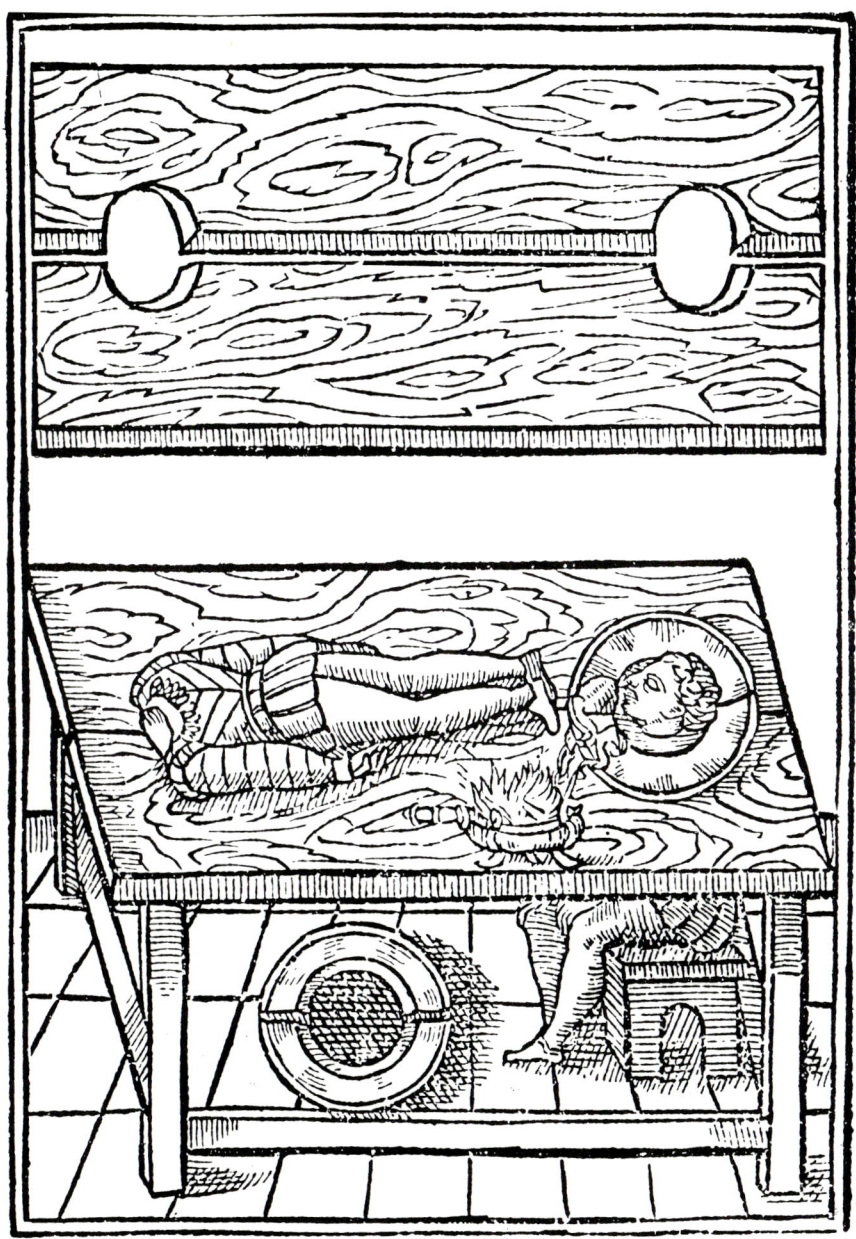

Auf diese Weise ›enthauptete‹ 1582 Kingsfield auf einer Londoner Kirmes seinen Gehilfen. Daß noch ein zweiter dazugehörte, erklärt Reginald Scot 1584 in seiner ›Discoverie of Witchcraft‹.

Das älteste Kapitel erklärter Zauberkunst

1584 erschien in London ein aufsehenerregendes Werk, das den Hexenwahn beschrieb und bekämpfte. Der Verfasser von ›Discoverie of Witchcraft‹ hieß Reginald Scot (1538–1599), ein vielseitig gebildeter Mann, der in Oxford studiert hatte.

In seinem Buch gibt es ein Kapitel über die Kunst der Taschenspieler. Denn viele Menschen glaubten damals, jeder unerklärbare Vorgang – also auch die Kunst der Gaukler – geschähe mit Hilfe des Teufels und böser Geister.

Um diese Ansicht zu korrigieren, entschlüsselte Reginald Scot die damals üblichen Zauber-Experimente – Künste mit Münzen, Spielkarten, Papier, das Becherspiel und das Enthauptungsexperiment, das der Gaukler Kingsfield 1582 auf der Bartholomäus-Messe den verwunderten Londoner Bürgern vorgeführt hatte.

Reginald Scot ließ sich für sein Werk von John Cautares, einem Liebhaber der Taschenspielerkunst, unterweisen. Dieses Kapitel (›Of illusions, confederacies, and legierdemaine, and how they may be well or ill used‹) war die erste methodische Einführung in die Zauberkunst. Und für weitere 200 Jahre bildete es die Grundlage vieler Zauberbücher, die die Beschreibungen zum Teil wörtlich übernahmen.

Jakob I. befahl 1603 den Henkersknechten, die ›Discoverie‹ zu verbrennen. So finden sich heute nur wenige Exemplare der ersten Auflage von 1584. Aber bis 1964 erschienen immer wieder Neuauflagen.

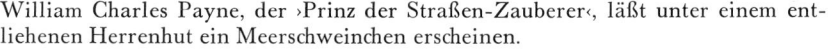

William Charles Payne, der ›Prinz der Straßen-Zauberer‹, läßt unter einem entliehenen Herrenhut ein Meerschweinchen erscheinen.

William Charles Payne (1852–1919), bekannt als ›Professor Du Payne‹, galt als der letzte bedeutende Straßen-Taschenspieler Englands. Seine bevorzugten Standplätze waren die lebhafte Oxford Street und die Rückfront der National Gallery. In der Mittagszeit konnte man ihn auf dem Parliament Square bestaunen. In der Manier der Escamoteure früherer Zeit verstand er es, die Straßenpassanten anzulocken und zum Verweilen einzuladen. Wie die alten Gaukler hatte er ein begrenztes Repertoire, das er nie veränderte. Als ›showman‹ war er unübertroffen.

Nachdem er als 22jähriger die Vorführung eines Zauberkünstlers gesehen hatte, wollte er nicht mehr Konditor bleiben. Er versetzte seine Uhr, um sich einige Zaubergeräte zu kaufen. In der rauhen Atmosphäre der ›Roadside Inns‹* sammelte er seine ersten Erfahrungen als Wander-Zauberer.

Zu seinem Programm gehörten das Becherspiel, die Wiederentdeckung einer entliehenen Uhr in einem Brotlaib, das Hervorziehen eines Meerschweinchens aus einem entliehenen Herrenhut, das Erscheinenlassen eines Glases Wasser auf dem Kopf eines Knaben und die Durchdringung eines Jacketts mit zwei verknoteten Seilen. In jüngeren Jahren gastierte er auch in Music-Halls. Aber seine Liebe gehörte den Schaustellungen unter freiem Himmel, seine Lust war es, die Vorübergehenden mit dem Staunenerregenden zu konfrontieren.

Der ›Prinz der Straßen-Zauberer‹ starb an Herzversagen während einer Vorführung auf einer Londoner Straße.

Heute findet der Taschenspieler im Freien keinen Spiel-Raum mehr. Weder die lärmerfüllten Straßen noch die technisierten Kirmesplätze bieten die Voraussetzung für ein genüßliches Verweilen, für ein Viertelstündchen, das der Verwunderung gewidmet ist. Im Orient trifft man sie noch gelegentlich, die Wundermänner, wie sie die Neugierigen anlocken und ihre Künste zeigen und auf ihre Weise die Weisheit vom Staunen, das vor allem Wissen steht, verkünden.

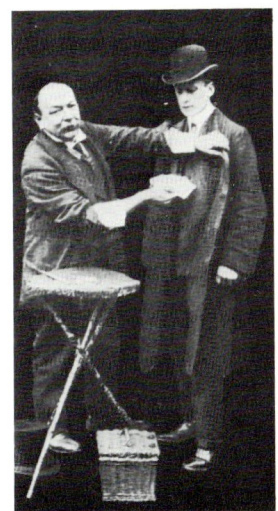

* Gasthäuser und Kneipen längs der Landstraße

III Zepter und Zauberstab

Über die Beziehungen zwischen den Insignien der Macht, Magie und Mogelei

Die durch Jahrhunderte fortdauernde Bevorzugung der Zauberkunst als höfische Unterhaltungsform kann nicht allein aus dem Zerstreuungsbedürfnis gekrönter Häupter erklärt werden. Der Zauberer stellt eine der möglichen Ausdrucksformen des homo ludens dar – der König eine andere. Beide spielen mit Menschen und mit Dingen. Beide erfahren im Spiel die Grenzen ihrer Macht, ihres Könnens. Zwar unterscheiden sie sich wesentlich in ihren Befugnissen, Absichten und Wirkungen. Aber wenn sie einander gegenüberstehen, wenn der eine dem anderen etwas vormacht, erkennen sie einander und ihre Abhängigkeit voneinander. Deshalb brauchte die Regel nie aufgeschrieben zu werden, an die man sich stillschweigend hält: daß des einen Macht so lange aufgehoben ist, wie der andere sein Spiel treibt. Zaubert der Zauberer, so ruht das Zepter des Königs. Dann kann er nur eine Rolle gut spielen, damit das Spiel gelinge, die des Verzauberten. Nimmt er sein Zepter wieder in die Hand, bestimmt er die Ereignisse – dann empfiehlt sich lächelnd der Gaukler.

Symbolisch sind Zepter und Zauberstab auf die Weltenesche bezogen, aus deren Holz sie geschnitzt sind. So ist es nicht verwunderlich, den Zauberer bei Hofe zu sehen und sogar zu erleben, wie sich gekrönte Häupter selbst dem Zauberspiel hingeben, wie sie gelegentlich Zepter und Zauberstab miteinander vertauschen, um spielend Mensch zu bleiben. Der Wortgaukel der Hofnarren ist dem Spiel der Zauberer verwandt. Nur mit anderen Mitteln verkündet der Zauberer ernst-heiter die Wahrheit vom großen Weltenspiel und läßt allen Glanz, alle Eitelkeit und Vergänglichkeit in seinem ebenso irdischen wie transparenten Spiel erscheinen.

Die erste Nachricht von einer Zaubervorstellung bei Hofe entdeckte 1839 der Ägyptenforscher Lepsius in einem Papyrus. Als

L'Escamoteur:
Voulez-vous que cette muscade disparaisse?
Le peuple:
oui, oui, oui, oui, oui, oui, oui, oui.
L'Escamoteur:
Voulez-vous qu'elle reparaisse?
Le peuple:
non, non, non, non, non, non, non.

Im Zwiegespräch mit dem französischen Volk erfährt der Escamoteur, daß die Birne verschwinden und auf gar keinen Fall wiedererscheinen soll. Die Birne aber symbolisiert den Bürgerkönig Louis-Philippe.

König Cheops den Wunsch äußerte, sichere Fälle von Zauberei zu erfahren, führte ihm, so berichtet dieser Papyrus, Prinz Hardedef den Zauberer Dedi zu. Die Vorstellung begann mit einem bezeichnenden Kurzdialog. »Was soll das, Dedi, daß ich Dich nie gesehen habe?« fragte der König. Der Zauberer antwortete: »Wer gerufen wird, kommt. Rufe mich, o König, so komme ich auch.«

Man brachte Dedi eine Gans, er schnitt ihr den Kopf ab und legte die Gans auf die westliche Seite der Halle und ihren Kopf auf die östliche Seite. Dedi sagte ein Zauberwort, und die Gans stand auf

»... man spricht überall von seinen wunderbaren Darbietungen. ... sein Erfolg ist derartig, daß der Hof, nachhaltig beeindruckt von diesem phänomenalen Menschen, ihn während zweier Gastspiele gesehen hat.«
Dr. Adam-Salomon Epstein (1827–1890) während einer Vorstellung vor Napoleon III. in den Tuilerien.
Aus: ›Le Monde Illustré‹, 1869

und watschelte los, ebenso ihr Kopf. Als dann ein Stück zum anderen gelangt war, fuhren sie zusammen. Danach brachte man ihm einen Chet-o-Vogel, und das gleiche geschah. Endlich wurde ein Ochse gebracht, und man schlug ihm den Kopf ab. Dedi sagte erneut einen Zauber, und der Ochse war wieder heil. Der König war hingerissen, und er gab Dedi ein königliches Honorar: »Man setze den Dedi in das Haus des Prinzen Hardedef, damit er mit ihm wohne. Sein Lebensunterhalt soll aus tausend Broten, hundert Krügen Bier, einem Ochsen und hundert Bund Zwiebeln bestehen.«

Scymnus aus Tarent, Philistides aus Syrakus und Heraklit aus Mytilene profitierten von dem Ansehen, das ihnen ihre Gastspiele vor Alexander dem Großen verliehen. Dem Magier Ostanes schreibt man zu, er habe die Griechen in die Zauberei mittels Wasser, Luft, Lampen und Beilen eingeführt. Aber die Legendenbildung um seine Person wurde vor allem dadurch gefördert, daß er der Hofzauberer des Xerxes war. Und daß Apollonius von Tyana sich in Rom mit einem Entfesselungsakt produzierte, ist auf uns gekommen, weil er diese Kunst vor Domitian vollführte. Weder unterließen es die Chronisten der Potentaten, derartige Ereignisse aufzuzeichnen, noch verzichteten die Tausendkünstler auf den Werbeeffekt, den das Herumreden ihrer Auftritte an den Höfen hatte.

Für Karl V. war das Zauberspiel nicht allein eine Lustbarkeit zur eigenen Zerstreuung. Wenn er reiste, begleitete ihn oft der Spanier Damautus. Er gab den Gästen des Kaisers allerorts Gesprächsstoff. Ein Augenzeuge war der aufgeklärte Gerolamo Cardano, Rektor des medizinischen Kollegs von Mailand, der den Auftrag hatte, den Baldachin des Kaisers tragen zu helfen. Cardano erzählt: »Ich erinnere mich daran, daß der Ehrwürdigste Kaiser Karl, als er während der Regierungszeit des Francesco Sforza nach Mailand kam, in seiner Begleitung einen Spanier namens Damautus hatte. Der vollführte so wunderbare Dinge und täuschte so geschickt die Augen der Betrachter, daß diejenigen, die etwas von Philosophie verstanden, ihn als Magier ansahen. Er machte manches Unglaubliche und bislang Unbekannte.« Zu den Künsten des Damautus gehörte das Verschlingen und Ausspeien von Gegenständen und Flüssigkeiten – er zerkaute Glas, durchstach sich die Glieder mit einem langen Messer, verkettete feste eiserne Ringe miteinander. Auch die Enthauptung und Wiederherstellung eines Knaben war in seinem Repertoire.

Nachdem Karl V. 1556 seine Krone niedergelegt hatte, vergnügte er sich in seiner Burg nahe dem Kloster San Yuste mit Automaten, die ihm Janellus Turrianus von Cremona angefertigt hatte. Er besaß winzige Kornmühlen, die in einem Handschuh Platz hatten. Höl-

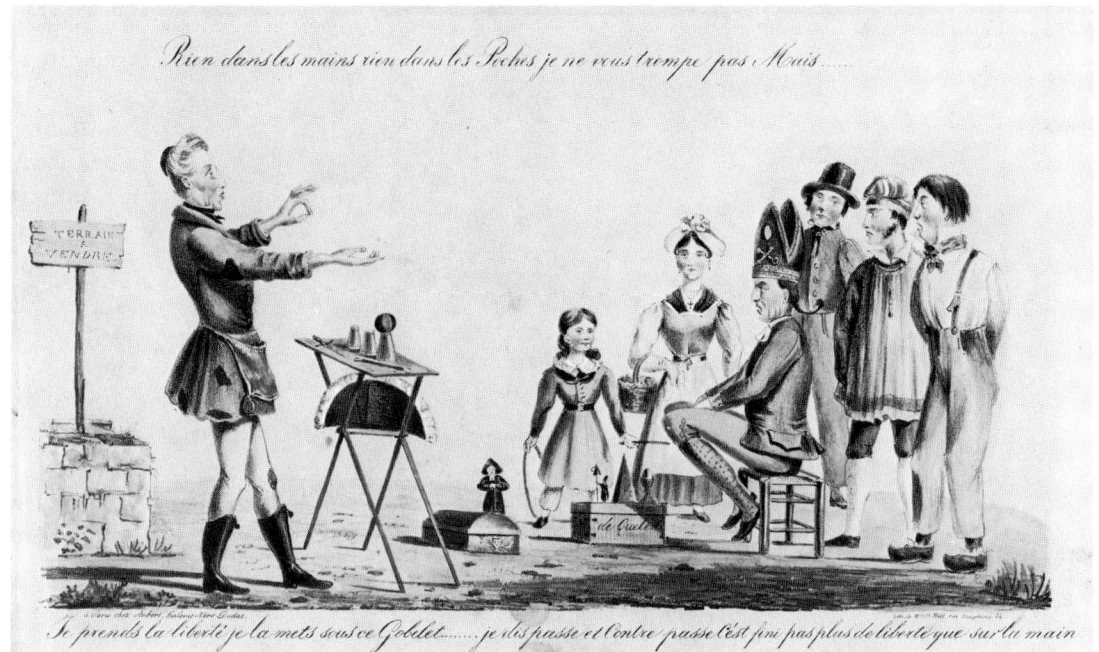

Rien dans les mains rien dans les Poches je ne vous trompe pas. Mais......

Je prends la liberté je la mets sous ce Goblet........ je dis passe et Contre passe C'est fini pas plus de liberté que sur la main

zerne Sperlinge wurden für ihn gefertigt, die zu fliegen verstanden, und nach den Mahlzeiten wurden Kunstfiguren auf die Tische gesetzt, Soldaten, welche die Trommel schlugen und die Flöte bliesen, auch solche, die sich mit Speeren bekämpften. Der Kaiser, der den Gauklern gern zugesehen hatte, wurde nun selbst zum spielenden Menschen.

Die Vorliebe der Engländer für das Skurrile, ihr Verständnis für einen arrangierten Spaß und vor allem ihr Talent, über sich selbst lachen zu können, machten England zum einzigartigen Betätigungsfeld für Zauberkünstler. Heinrich VIII. erließ zwar schreckliche Verbote gegen die Vertreter der schwarzen Magie, doch entzog er sich nicht den kurzweiligen Experimenten, welche die Vertreter der weißen Magie zu bieten hatten. Einer von ihnen war Brandon. Der malte an eine Hauswand eine Taube. Dann wies er den König auf eine lebende hin, die auf einem Hause saß: »Nun werden Euer Gnaden sehen, was ein Gaukler vermag, so er ein Meister seiner Kunst ist.« Brandon stach auf das Bild der Taube mit einem Messer mehrmals kräftig ein – und plötzlich fiel die Taube, die auf dem Dach gesessen hatte, tot hernieder. Allerdings wurde es dem Künstler bald untersagt, diesen Trick weiter vorzuführen. Man fürchtete, er könne ihn auch am Bilde eines Mannes oder einer Frau ausführen »und so das Leben aller Menschen in seine Gauklerhand bekommen«.

»Ich ergreife die Freiheit und lege sie unter diesen Becher . . .«
Karl X., König von Frankreich 1824–1830, posiert als Escamoteur. Ihm gegenüber der Comte de Quelen, Erzbischof von Paris, mit dessen Hilfe er das Volk täuscht. Die Anspielungen des anonymen Lithographen (1830) zielen auf die entschieden ultraroyalistische und klerikale Politik des Königs.

Elizabeth I. tolerierte die merkwürdigen Experimente, die ihr der Alchimist und Astrologe John Dee zeigte. Sie amüsierte sich über die Tricks des italienischen Gesandten, Quacksalbers und Taschenspielers Hieronymus Scotus, dem dann allerdings ihr Nachfolger Jakob I. die Harmlosigkeit seiner Fertigkeiten absprach. Später führte am Hofe von Karl II. Thomas Irson einen der vielen damals bekannten ›Sprechenden Köpfe‹ vor. Die Darbietung endete leider mit einer blamablen Entdeckung. Während das Erstaunen noch allgemein war, fand ein Page in einem an das Vorstellungszimmer angrenzenden Raum einen Priester versteckt. Die Fragen wurden der Figur so vorgelegt, daß man sie ihr in irgendeiner Sprache in das Ohr flüsterte. Der künstliche Kopf beantwortete sie mit großer Treffsicherheit; allerdings geschah das eben durch jenen entdeckten Gehilfen, der mittels akustischer Zuleitungen die Täuschung bewerkstelligte.

Eine besondere Vorliebe für artistische Darbietungen hatte Königin Victoria. Sie konnte nicht genug bekommen von guten zirzensischen Schaustellungen. Den Löwenbändiger Van Amburg aus New York sah sie sich in einer Saison siebenmal an. Natürlich ließ sie keinen Zauberer aus. Robert-Houdin lernte die Königin am 19. Juli 1848 im Hause von Sir Arthur Webster anläßlich eines Wohltätigkeitsfestes kennen. Daraufhin mußte dieser begnadete französische Künstler, der die Zauberei zu einer theatergemäßen Kunstform erhoben hatte, noch mehrfach vor ihr und dem ›Royal Circle‹ gastieren. Für eine Vorführung im Buckingham Palace ließ er sich diese überraschende Kombination von Verwandlungseffekten einfallen: »Le Bouquet à la Reine, or the Garland of Flowers«. Er lieh sich von der Königin einen Handschuh. Den verwandelte er in ein Bukett, das er in eine Vase stellte. Nachdem er es mit Wasser besprengt hatte, verwandelten sich die Blumen in eine Girlande, aus der sich das Wort ›Victoria‹ entwickelte.

Nach dem Vorbild seiner Mutter, der Königin Victoria, holte Eduard VII. jeden Zauberer ins Schloß, den seine Agenten auftreiben konnten. Nelson T. Downs, ›König der Münzen‹ genannt, einer der ersten magischen Spezialisten, zauberte für den König privat. Douglas Beaufort, der später mit seiner Kunst eine politische Mission nach Marokko unterstützte, gab ihm zehn Vorstellungen. Für einen anderen Künstler sollte die Begegnung mit dem königlichen Zauberenthusiasten tragisch enden. Sidney S. Pridmore bat im Jahre 1895 in einer privaten Gesellschaft um Ruhe während der Vorstellung. Er hatte nicht erkannt, daß der Prince of Wales unter den ›Störenfrieden‹ war. Dem Zauberer war das so peinlich, daß er sich wenige Tage später das Leben nahm.

Queen Victoria mit dem Zauberer John-Nevil Maskelyne in einer Karikatur im ›The Entracte‹, 1897

"THE GREAT WIZARD OF THE NORTH,"

Performing his celebrated *trick* of

POURING FOUR DIFFERENT LIQUIDS FROM ONE BOTTLE.

John-Henry Anderson, der sich wegen seiner schottischen Abstammung ›Magier des Nordens‹ nannte, wird auf dieser Karikatur – aus ›Punch‹ um 1845 – bei dem berühmten Trick »vier verschiedene Getränke aus einer Flasche auszuschenken«, gezeigt.

Wiljalba Frikell,
ein deutscher
Künstler, unterhält
die Königin
Victoria und die
englische Hof-
gesellschaft am
Weihnachtstag 1858
in Windsor Castle

»Wie seltsam, daß die Wahrheit die Menschen so verdammt langweilt.« Lithographie von Gavarni

»Der Taschenspieler PHILADELPHIA befindet sich noch in Wien. Er hat mit seinen Stücken den Beyfall des Hofs und des Adels erhalten, und manche schöne Rolle Ducaten gestrichen. Die Kunst, Verstorbene und Abwesende in einem Wolkendampfe zum Vorschein zu bringen, ist eins seiner Meisterstücke; allein auf höchsten Befehl ist ihm solches fürs künftige untersagt worden.«
Journal, Frankfurt a. M., 1774

Dreimal innerhalb einer Woche besuchte Eduard VII. die Gastspiele von Horace Goldin, jenem Illusionisten, der die ›Zersägte Jungfrau‹ zum Gespräch der zwanziger Jahre machte (s. S. 118). Als Goldin später zu einem Auftritt nach Sandringham eingeladen wurde – es galt, den Geburtstag der Königin Alexandra zu feiern –, hatte er unter den Gästen auch den deutschen Kaiser, den Neffen des Königs. Beide Monarchen trennte eine unüberwindliche gegenseitige Abneigung. Nach der Vorstellung am 12. November 1902 widmete sich der englische König nicht seinem Neffen, sondern wandte sich dem Illusionisten zu. Er war an einigen Trickdetails interessiert, und Goldin erläuterte sie ihm bereitwillig. Diese Fachsimpelei währte sogar für ein höfisches Geburtstagsfest unangemessen lange, und Sir Dighton Probyn, ›Keeper of His Majesty's Privy Purse‹, faßte sich ein Herz und unterbrach die Gesprächspartner: »Darf ich Eure Majestät daran erinnern, daß Mr. Goldin seinen Zug erreichen muß?« Doch der König hatte sich schon zu weit in ›sein Thema‹ eingelassen – über seinem Hobby, der Zauberkunst, hatte er den festlichen Anlaß und auch seinen kaiserlichen Neffen vergessen und wollte nicht einsehen, daß ein wartender Zug wichtiger als die Zauberei sein könnte. So ließ er dem Zauberer ein Schlafzimmer zuweisen und ihn in einer königlichen Kutsche am anderen Morgen zum Bahnhof fahren. Von da an nannte sich Horace Goldin: Zauberer der Könige und König der Zauberer.

Friedrich der Große hielt sich weder einen Hofnarren, noch ernannte er einen Taschenspieler zum Hofzauberkünstler. Er schätzte zwar deren öffentliche Gastspiele, ein persönliches Verhältnis zu ihnen fand er jedoch nicht. So mußte der italienische Zauberer Pinetti einmal innerhalb von vierundzwanzig Stunden auf des Königs Weisung Berlin verlassen, nur weil er sich zu aristokratisch gegeben hatte und eine bessere Kutsche als der sparsame Friedrich fuhr. Ähnlich erging es Philadelphia. Er hieß eigentlich Jakob Meyer und nannte sich nach seiner amerikanischen Vaterstadt. Zwanzig Jahre war er durch die europäischen Metropolen gezogen, hatte am russischen und am Wiener Hof gezaubert und dem Sultan Mustapha III. die Langeweile vertrieben. Gegen die Gastspiele des Künstlers in Berlin und Potsdam hatte Friedrich nichts einzuwenden, einen ungeschickten Annäherungsversuch Philadelphias schlug er jedoch ab. Philadelphia wollte den Bereich verlassen, der ihm als Zauberkünstler zustand. Er wollte mehr: Einfluß, Macht. So bot er sich an, »das tiefste Geheimnis, welches der König hatte, zu entdecken«. Diese Taktlosigkeit trug ihm den von einem Offizier überbrachten Befehl des Königs ein, die Haupt- und Residenzstadt Berlin binnen dreier

Chez Aubert & Cⁱᵉ Pl. de la Bourse.29.Paris.   LE REMBOURSEMENT DES 45 CENTIMES   Imp.de Mᵉ Vᵉ Aubert 5. r. de l'Abbaye. Paris.
NOUVEAU TOUR FINANCIER INVENTÉ PAR LE CÉLÈBRE PRESTIDIGITATEUR BERRYER.

Der Politiker Pierre Berryer, der sich für die unpopuläre ›Steuer der 45 Centimes‹ eingesetzt hatte, wurde 1851 von Honoré Daumier als Escamoteur dargestellt, der das Geld an das Volk zurückzahlt.

Stunden zu verlassen. Der Tausendsassa verstand es trotzdem, sich einen glänzenden Abgang zu verschaffen. Bald darauf erzählte man sich, der Gaukler habe zornwütig die Stadt durch alle vier Tore zu gleicher Zeit verlassen.

1815 zeichnete ein anonym gebliebener Künstler den Abgang Napoleons von der Weltbühne, die der große Korse als Regisseur und Akteur beherrscht hatte. Ein graphisches Dokument, das sich gegen eine neuerliche Rückkehr Napoleons wandte. Der beherrschend große Taschenspieler ist nun Sir Wellington, der Sieger von Waterloo. Er steht da in der Manier der alten Escamoteure, die jedermann von ihren Zauberkünsten auf den Boulevards her kannte, und läßt unter den Zauberbechern Napoleon hin- und herwandern.

Eingraviert in die Becher entdeckt man die Stationen, die für die Große Armee Niederlage oder Rückzug bedeuteten: Ägypten, Spanien, Moskau, Leipzig und den Mont St. Jean, jene Höhe, von der aus man auf das Schlachtfeld von Waterloo sehen konnte. Und was ist mit dem, der alles bewirkte, der, dem großen Alexander gleich, einen Kontinent unter sein Regime zwang? Er ist klein geworden und eilt dem Schiff Bellerophon entgegen, das ihn nach St. Helena bringen wird.

Seltsam genug, daß Napoleon auf dieser Karikatur vom ›Fünften und letzten Gaukelspiel‹ mit der Kunst zusammengebracht wurde, für die er – im Gegensatz zu den meisten anderen europäischen Potentaten – keine Zeit hatte. Nur ein einziger Künstler gastierte verbürgterweise vor Napoleon. Es war Olivier, der durch das Kunststück der ›Fliegenden Münzen‹ bekannt geworden war.

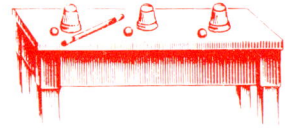

1825 zeigte in London ein fahrender Schausteller namens Cucchiani Napoleons Büste als ›Wunderbares Haupt‹, aus dessen Munde Antworten auf vielerlei Fragen kamen. Kluge Antworten, die Zukunft deutend. Die Narretei des Vergänglichen kulminierte, indem sie dem einstigen Herrn über Europa die Rolle des Delphischen Orakels zuwies. Der Geschlagene, der sein eigenes Schicksal nicht vorhergesehen hatte, war zum Weisheitskünder geworden, dienstbar einem Trickmacher, er, der selbst die Massen manipuliert hatte. Das Spiel mit dem Scheinbaren aber, das die Gaukler treiben, erwies sich wieder einmal als attraktiver und beständiger als der Ruhm derer, die die Macht verwalten.

Otto Heinemann, der um die Jahrhundertwende im Berliner Passage-Theater ›Aga, die schwebende Jungfrau‹ zum Stadtgespräch hatte werden lassen, mußte dieses Experiment im Garten der Reichskanzlei vor Kaiser Wilhelm II. demonstrieren. Als der Kaiser sich mit Zar Nikolaus II. traf, ließ er seinem hohen Gast vom Grafen Luckner etwas vorzaubern. Der Generalintendant der Königlichen Schauspiele, Georg Graf von Hülsen, verdankte seinen fingerfertigen Talenten die Gunst des Kaisers, der ihn deshalb auch immer auf seine Nordlandreisen mitnahm: »Nichts komischer, als wenn er abends vor Seiner Majestät dem Kaiser im Salon erschien, im Frack und großkarierten hellen Beinkleidern, den schwarzen Zauberstab in der rechten Hand haltend und das weißgekleidete Medium ›Onkel Hermann‹ an der linken führend«, schrieb Paul Güßfeldt damals. Eines Tages erschien der Kaiser in schlechter Stimmung auf der Kommandobrücke. Er gab ein Buch, in dem er gelesen hatte, dem zaubernden Grafen zum Halten. Der warf es in hohem Bogen ins Meer. »Was unterstehst du dich?« fuhr ihn der Kaiser an. Aber von

Cinquième et dernier tour de passe-passe, ou, le Grand Escamoteur Escamoté.

Der Herzog von Wellington läßt als Meister-Escamoteur Napoleon unter den Zauberbechern nach Belieben auftauchen und verschwinden. Anonyme Graphik, 1815

Hülsen ließ lachend das Buch unter seinem anderen Arm erscheinen. Die Zauberei hatte die Stimmung seines Herrn wiederhergestellt.

Carl Hertz berichtet in seinen 1924 in London veröffentlichten Lebenserinnerungen von dem seltsamen Zusammentreffen mit dem Bayernkönig Ludwig II.: »In München hatte ich das einzigartige Erlebnis, meine Kunst einem Auditorium vorzuführen, das nur aus einem Zuschauer bestand, und dieser war kein Geringerer als König Ludwig II. Wie allgemein bekannt ist, nahm gegen Ende seines Lebens seine Liebe zur Zurückgezogenheit und Einsamkeit solche Formen an, daß er niemandem erlaubte, außer ihm die Stücke zu sehen, die in seinem eigenen kleinen, aber wunderschön dekorierten Theater stattfanden. Auch bei meiner Vorführung saß er allein in seiner Loge und schien sehr interessiert und erfreut von meinen Darbietungen. Er lachte und applaudierte wiederholt. Am Ende der Vorstellung winkte er mich zu sich heran, beglückwünschte mich und sprach mit mir sehr freundlich während mehrerer Minuten. Er war recht liebenswürdig, und hätte ich nicht soviel über seine Eigenartigkeiten gehört, würde ich ihn als ebenso vernünftig angesehen haben wie jeden anderen Menschen, den ich in meinem Leben traf. In der Tat, er überraschte mich mit seiner außergewöhnlichen Intelligenz.«

Viel heiterer ging es zu, wenn am Hofe Friedrich Augusts III., des ›Gemütlichen‹, gezaubert wurde. Der König konnte mit seinen schnodderigen Bemerkungen sogar den Zauberer aus der Fassung bringen. Als ›Professor St. Roman‹ das erstemal vor der sächsischen königlichen Familie zauberte, fragte er ihn: »Sachn Se mal, warum zaubern Se eechentlich nicht ooch mit offgestreiften Ärmeln, wie Ihre Gollechen?« Viele Künstler krempelten sich damals die Ärmel auf, um dem immer wiederholten törichten Erklärungsversuch entgegenzutreten, daß sie alles im Ärmel hätten. Roman wußte darauf nichts zu erwidern und war in größter Verlegenheit. Da platzte der König heraus: »Ihr Hemde is nämlich dräcksch!«

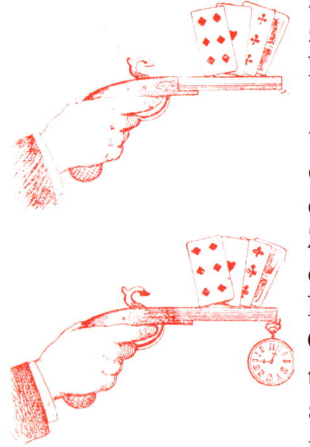

Viele unter den gekrönten Häuptern vertauschten selbst das Zepter mit dem Zauberstab und widmeten sich als Liebhaber der Kunst des holden Truges. Der Bürgerkönig Louis-Philippe ließ sich von dem Escamoteur Ledru-Comus in der magischen Kunst unterweisen. Zar Nikolaus I. gestand dem schottischen Zauberkünstler Anderson, daß er in seiner Jugend Amateurzauberer war und zeigte ihm ein Kunststück, das er auf einer Reise bei den Kirgisen erlernt hatte. Graf Wilczek berichtete, wie Napoleon III. eine unangenehme Situation durch die Vorführung seiner Zauerkünste zu retten verstand, als nach einem Essen in Hellbrunn das Gespräch stockte. Carl Compars Herrmann mußte sich 1882 bei der Königin Marie Henriette von

Belgien einfinden, um ihr vorzuzaubern, und später, um sie in dieser Kunst zu unterweisen. 1885 schrieb die Königin in einem Brief an ihren Lehrmeister Herrmann die rührende Zeile: »Sie können ohne Sorge sein, ich habe Ihre Geheimnisse niemandem verraten.«

Der holländische Illusionist Okito berichtet von einem Gastspiel vor König Christian X. von Dänemark: »Nach der Vorstellung bat mich der König, den Trick zu erklären, in welchem eine Spielkarte zerrissen wird und dann später, ganz in eine Zigarre eingerollt, wieder erscheint. ›Seien Sie ohne Sorge‹, sagte der König, ›ich bin keine Konkurrenz für Sie‹.« In unseren Tagen hat es Prinz Knut, der jüngere Bruder von Frederik IX., zu erstaunlicher Vollkommenheit in der Zauberkunst gebracht. Nachdem er zugunsten der Töchter seines Bruders auf die Rechte zur Thronfolge verzichtet hatte, fragte ein Freund Knuts Sohn, den Prinzen Axel, ob es ihm leid tue, daß sein Vater nun nicht König werden könne. Darauf antwortete der Prinz: »Aber nein, mein Vater ist doch als Zauberkünstler wirklich einzigartig – als König wäre er sicher nichts Besonderes!«

›Der Großsultan als Orakel‹
Ein Automat, der durch Schlagen auf die Glocke Fragen beantwortete, Spielkarten ermittelte und auch mit dem Kopf Zeichen geben konnte, vorgeführt von dem schwedischen Zauberer Joseph H. Le Tort.

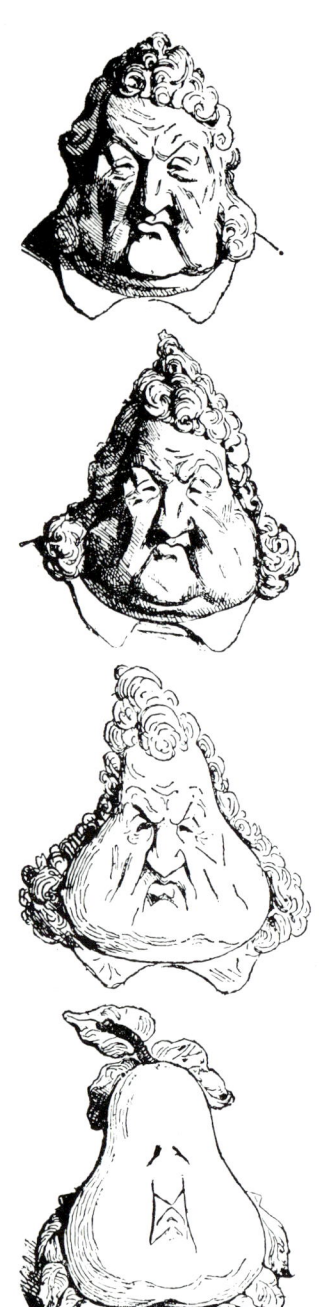

»So ein Zauberer kann doch eher einen König darstellen, als daß ein König das Zaubern erlernt«

Unter allen Potentaten, die im Zusammenhang mit der Täuschungskunst oder gar selbst als Zauberer dargestellt wurden, ragt Louis-Philippe von Frankreich, der ›Bürgerkönig‹, hervor. Auf zahlreichen graphischen Blättern ist er als Escamoteur zu sehen. Vor allem in der von Charles Philipon 1830 gegründeten ersten politisch-satirischen Wochenzeitschrift ›La Caricature‹ und später im ›Charivari‹ wetteiferten die Karikaturisten, ihn in immer neuen Formen des Verwandlungsspiels zu zeigen.

Charles Baudelaire sprach von einem Karikaturenfieber, einer »endlosen Reihe von tollen Scherzen, einem großen Archiv der Komik, zu dem alle Künstler von irgendwelcher Bedeutung ihren Beitrag geleistet hatten. Ein Tohuwabohu, ein Tollhaus ist es, eine ungeheure teuflische Komödie, bald possenhaft, bald blutig ...« Und warum gerade dieser König in der Rolle des Taschenspielers?

Einmal ließ Louis-Philippe die Journalisten und Karikaturisten gewähren. Denn Journalisten, vor allem Adolphe Thiers, später Ministerpräsident, waren die Träger der Revolution von 1830 gewesen. Der Bürgerkönig stellte die Karikaturen, die ihn und seine Minister zum Inhalt hatten, seinen Besuchern vor. Drei Motive kehrten immer wieder: der unförmige grüne Regenschirm, die Birne, die Philipon wegen des ›birnenförmigen Schädels‹ zum Sinnzeichen für den König gemacht hatte – und die Becher der Escamoteure.

Louis-Philippe sah den Zauberern gern zu. Wer einen Namen hatte in dieser Zunft, wurde zum König gerufen. Der damals noch sehr junge Carl Herrmann glänzte mit seinen Handfertigkeiten vor ihm, Bartholomeo Bosco (s. S. 21) gab 1833 eine Hofvorstellung, Testot verwandelte später einen Vogel in eine junge Dame und zeigte dem König seine ›wandernden und sprechenden Münzen‹, wofür er ein Anerkennungsschreiben erhielt. Louis-Apollinaire Comte, aus Genf stammend und schon von Louis XVIII. zum ›Physicien du Roi‹ ernannt, erhielt vom Bürgerkönig die Insignien eines Ritters der Ehrenlegion.

Vor allem aber hatte der hervorragende Robert-Houdin (s. S. 141) des Königs Gefallen gefunden. Wiederholt erwähnt ihn der Künstler in seinen Lebenserinnerungen, ausführlich erzählt er von seinem Gastspiel in St. Cloud. Da ließ er entliehene Taschentücher an einen vom König bestimmten Ort unsichtbar hinwandern. Der König wünschte, sie sollten an den Wurzeln eines bestimmten Orangenbaumes an einer der angrenzenden Avenuen erscheinen. Das

Der Kopf des Bürgerkönigs Louis-Philippe wird in der Karikatur zur Birne.

(Philippe). Rien dans les Mains, rien dans les Poches,
(Guizot) Allez! Allez! tout dans le Sac.

Louis-Philippe von Frankreich, der sich selbst im Taschenspiel übte, spielt hier seinem Ministerpräsidenten Guizot das ihm vom Volk anvertraute Geld zu.

Der Herausgeber des ›Charivari‹, Philipon, ließ ein 1834 gegen ihn ergangenes Urteil in der Birnenform setzen.

»Man erinnere sich, daß Philipon, der alle Augenblicke mit der königlichen Justiz zu tun hatte, einmal dem Gericht beweisen wollte, daß es nichts Harmloseres gäbe, als diese aufreizende, unglückselige Birne, und daß er daher bei der Verhandlung eine Reihe von Skizzen zeichnete, deren erste den Kopf des Königs genau getroffen wiedergab, während sich jede weitere von ihrer ursprünglichen Form immer mehr entfernte und dem unseligen Endziel immer mehr näherte: der Birne.«
Charles Baudelaire
(vgl. S. 44)

taten sie dann auch. Diese Anekdote, bei Robert-Houdin selbst nachzulesen, wurde zu der am häufigsten wiedererzählten Geschichte aus den Annalen der Zauberkunst.

Der Bürgerkönig war derartig von der Zauberkunst und ihren großen Interpreten beeindruckt, daß er selbst Unterricht im Taschenspiel nahm. Eben jenes Hobby war auch den Karikaturisten bekannt. So stellten sie ihn dar, wie er das Geld, das ihm sein Volk willig auf den Gauklertisch zählt, seinem Ministerpräsidenten Guizot zuspielt (s. S. 45), ein andermal läßt er gar jene ›petite Demoiselle‹, die Frankreich symbolisiert, verschwinden.

Übrigens waren die Versuche des Bürgerkönigs, im Taschenspiel Fortschritte zu machen, ohne jeden Erfolg. Sie brachten ihm jedoch aus der Erkenntnis der Grenzen seiner manuellen Talente die ihn ehrende Einsicht: »So ein Zauberer kann doch eher einen König darstellen, als daß ein König das Zaubern erlernt.«

Trau schau wem

Kaum kennen wir die verborgene Triebfeder eines Wunders, das gegenwärtig der einzige Gegenstand unserer Neugier ist, so lachen wir über das Kinderspiel. O, ruft man aus: ist es nur das!, indeß gleich darauf alles bey einer andern noch viel gemeinern und einfachern, aber noch unbekannten Wirkungsursache ausruft: O Wunder über Wunder!

Karl von Eckartshausen
in ›Aufschlüsse zur Magie‹ 1791

Es muß einmal ein Zauberer sagen, was er von den Trickmachern hält. Nicht etwa, um ein Ressentiment einer außerberuflichen Konkurrenz gegenüber loszuwerden. Sondern nur, um Ordnung in die Begriffe zu bringen. Das ist mit einer knappen Formel erreicht: nicht jeder, der mit Tricks arbeitet, ist ein Zauberer. Andersherum ist es richtig: jeder Zauberer bedient sich der Tricks. Der Zauberer täuscht legal. Er kündigt seine Täuschungsabsicht sogar vorher an. Er ist also ehrlich. Und ehrlich davon überzeugt, daß es ihm allein zusteht, mit Tricks zu arbeiten.

Aber da irrt der Zauberer. Denn jeder Berufsstand bringt seine eigenen Trickmacher hervor, Taschendiebe, Quacksalber und Volksaufwiegler gehören zu ihnen. Diese Konkurrenten wenden oft sehr kunstvolle Tricks an. Aber sie wünschen keinen Applaus. Man soll nicht wissen, daß sie ihre Ziele mit Hilfe von Tricks erreichen.

Sie haben keinen Spaß am Verzauberungsspiel. Nicht die Lust treibt sie an, einem hochverehrten Publikum ein Rendezvous mit dem Unbegreifbaren zu vermitteln. Das Trickmachen ist für sie nur eine trugreiche Möglichkeit, auf einem Umweg ihre Ziele zu erreichen. Viele von ihnen verachten ihr Publikum. Alle haben sie heimliche Absichten.

Ein erstes Beispiel. Schauplatz und Zeit der Handlung: Arabien während des Ersten Weltkrieges. Hauptakteur: Thomas Edward Lawrence, Organisator des Aufstands in der Wüste und Vertrauter König Feisals.

Was ihn an unser Thema knüpft, ist eine der wichtigsten Taktiken seiner Versöhnungs- und Befreiungstätigkeit unter den arabischen

Nomadenvölkern. Lawrence hat selbst über diese ›Aktion Marabut‹ mit Rücksicht auf die Mitspieler nichts Schriftliches hinterlassen.

In einer der kritischsten Phasen des Wüstenfeldzuges übermittelte Colonel Lawrence seiner Regierung eine dringende Bitte. Man solle ihm einige Männer zur Verfügung stellen, die für ihn als ›Marabuts‹, als ›Heilige Männer‹ posieren könnten. Ausreichende Kenntnis in der Zauberkunst war die eine Voraussetzung. Die andere, daß sie mit arabischen Sitten und Formen vertraut seien oder wenn möglich selbst sogar Araber. Fünf Männer fanden sich für diese Aufgabe.

Drei von ihnen waren Araber. Einer Franzose, der lange Zeit in Arabien gelebt hatte. Einer war Engländer. Den Franzosen und einen der Araber sah man nie wieder. Niemand kann sagen, ob sie entdeckt wurden und vielleicht einen schrecklichen Tod erlitten, ob sie sich verirrten und die Wüste sie begrub oder ob sie im Nahen Osten untertauchten. Sie gehören zu den Vermißten des Wüstenkrieges.

Die anderen drei jedoch hatten einen Erfolg, den Lawrence selbst nicht vorausgesehen haben kann. Zaubernd und wahrsagend zogen sie von Stamm zu Stamm. Mit ihren Künsten weckten sie die Aufmerksamkeit der Araber. Dann verkündete ihre vorgetäuschte prophetische Gabe die Niederlage der Türken. Damit feuerten sie den kriegerischen Mut der Araber an.

Bald vertrauten ihnen das Wüstenvolk und deren Führer. Sie waren klug genug, jede Belohnung auszuschlagen. Denn ein ›Marabut‹ weissagt nicht gegen Bezahlung. So ergänzten sie die Bestrebungen ihres Auftraggebers, die Stämme auf das eine mögliche und zu erreichende Ziel aufmerksam zu machen. Die Verbindungsmänner aus Lawrences Nachrichtendienst übermittelten ihnen die militärischen Details, die die Araber noch nicht wissen konnten. So wurden die scheinbaren Prophezeiungen stets kurze Zeit später durch neue Meldungen bestätigt. Dadurch erhöhten sich Ruhm und Ansehen jener angeblich ›Heiligen Männer‹.

Allmählich bemerkten die Türken, daß ihre Verbündeten unter den Arabern sie verließen. Gab es noch Stämme, die zögerten, ob sie sich den Türken widersetzen und sich dem ›Aufstand in der Wüste‹ anschließen sollten, so wurde ihnen Unglück geweissagt. Und Lawrence war darauf bedacht, dieses Unglück im Bedarfsfalle eintreten zu lassen. Da wurde den unwilligen Stämmen klar – Allah war auf Seite der unter dem heimlichen Wüstenkönig vereinigten arabischen Streitkräfte. Mit fliegenden Fahnen schwenkten sie in das Lager der Aufständischen über.

Die Analyse dieser Begebenheit ergibt:

»In der schwachbevölkerten Wüste kannte jeder achtbare Mann den anderen, und an Stelle von Büchern studierte man Familiengeschichte. In solchen Kenntnissen zu versagen bedeutete, daß man entweder ungebildet war oder ein Fremder. Und Fremde wurden weder zu Familiengesprächen oder zum Familienrat zugelassen noch ins Vertrauen gezogen. Es gab nichts, was so ermüdend, aber auch nichts, was so wichtig war für den Erfolg wie dieses ständige geistige Training, bei jedem Zusammentreffen mit einem neuen Stamm Allwissenheit vorzutäuschen.«

T. E. Lawrence

Erstens: die artistische Kunstfertigkeit der Männer wurde nicht als Unterhaltungsmagie dargeboten. Sie wurde als Wunder deklariert. Ein Marabut macht keine Tricks, er bewirkt vielmehr Mirakel.

Zweitens: diese Pseudo-Mirakel sollten eine Glaubwürdigkeit erzeugen, die der eigentlichen und geheimgehaltenen Absicht zunutze kommen sollte.

Drittens: das Ziel des Unternehmens war eine Veränderung der Verhältnisse im Vorderen Orient. Taschenspiel als Mittel des Einflusses auf Menschen, als Möglichkeit der Machtgewinnung also.

Als die gaukelnden und wahrsagenden Männer ihre Aufgabe beendet hatten, mußten die Atlanten neu gedruckt werden. Die Akteure gingen in die Anonymität zurück. Der Engländer besaß später eine kleine Bienenfarm in Gloucestershire. Immer dann, wenn er in den örtlichen Honigwettbewerben einen Preis gewonnen hatte, wurde er gesprächig und berichtete seinen Landsleuten von den Tagen, da er als Marabut unter dem großen Lawrence mithalf, die Araber auf den Weg nach Damaskus zu bringen . . .

Ein anderer, der sich der Tricks abseits der Bühne bediente, war der französische Offizier Charles-Parfait Monteil. Ein vielseitig begabter Kopf. Studierter Ingenieur, Botaniker und Pharmazeut. In seiner Heimat unterhielt er kleine Gesellschaften als Salonzauberer. Daran erinnerte er sich, als er sich daranmachte, ein Gebiet von West- und Äquatorialafrika für Frankreich zu erobern, das vierzehnmal so groß war wie sein Vaterland. 1890 zog er los. Ihn begleiteten nur 12 senegalesische Soldaten. In seinen Taschen hatte er 60 000 Francs. 27 Monate später kam er zurück. 5000 Meilen unbekannten, weglosen Gebietes hatte er durchquert. Ohne einen Tropfen Blut zu vergießen, war dieses unermeßliche Gebiet für Frankreich gewonnen worden. Und sein Erfolgsgeheimnis? Ein kleiner Zauberkoffer, den er im Reisegepäck mitführte. Er schlüpfte nicht in eine fremde Rolle, wies durch keine Verkleidung eine höhere Macht aus. Er spielte seine eigene Rolle als Zauberer. Der Einfluß, den er über die Bevölkerung dort gewann, war das Produkt einer falschen Zuordnung. Das Begriffsvermögen der schwarzen Männer stand fassungslos vor den Zauberkünsten des Offiziers und schrieb sie einem höheren Wissen zu. Wo aber ein höheres Wissen, da ist der größere Gott. Der harmlose Zauberer wurde von den Eingeborenen auf eine Ebene gerückt, zu der sie keinen erklärenden Zugang hatten. Das Ergebnis: Landgewinn, Zuwachs an Macht für eine europäische Nation.

Es mag ein Zufall der Gleichzeitigkeit sein, daß während dieser friedlichen Eroberung weiter nördlich in Afrika Douglas Beaufort, ein von der Londoner Gesellschaft geschätzter und auch bei der Kö-

Douglas Beaufort vor
dem Sultan Mulai el
Hassan in dessen
Palast in Fez 1891.

niglichen Familie beliebter Salonzauberer, seinen Einsatz hatte.
Er begleitete die politische Mission Sir William Kirby Greens 1891
nach Fez. Seine Zauberkünste sollten den Sultan von Marokko beeindrucken und für britische Pläne gewinnen. Zwar murmelte der
Sultan während der Vorführung »Gott verbrenne diesen Teufel!«
Er selbst ließ ihn jedenfalls nicht mit den Flammen in Berührung
kommen, und der englische Außenminister war mit den Ergebnissen
der Mission und des magischen Zwischenspiels so zufrieden, daß er
bald darauf einer weiteren Abordnung den Künstler John Warren
mit auf den Weg nach Nordafrika gab.

Einfluß zu gewinnen, Macht zu haben über Menschen, ihre Hand-
lungen zu lenken, ist ein Motiv, das uralt ist: als der syrische Sklaven-
anführer Eunous während des Sklavenaufstandes zwischen 134 und
132 v. Chr. die Sizilianer beeindrucken wollte, bediente er sich eines
uralten Tricks aus dem Arsenal der natürlichen Magie. Er nahm eine
an zwei Seiten mit Löchern versehene Nuß in seinen Mund, um den
darin befindlichen Zunder während seiner Rede zu Funken und
Qualm anzublasen. Ein Trick, der zu Hadrians Zeiten auch von Bar
Kochba angewandt wurde, um den Juden seine messianischen An-
sprüche wirkungsvoll nachzuweisen.

Auch im Spiel zwischen zwei Menschen sucht die geheime Lust, überlegen zu scheinen, nach Wegen der Täuschung. Als Marcus Antonius in Ägypten weilte, konnte er nicht mit dem Prunk seiner königlichen Gastgeberin konkurrieren. Er versuchte, seine Stärke wenigstens beim Fischfang zu zeigen, bei einem ganz persönlichen Einsatz also. Kleopatras Spott über seine Mißerfolge war ihm ein Stachel. Deshalb ließ er sich von einem Taucher aus seinem Gefolge einen Riesenfisch an den Angelhaken binden und sonnte sich im Glanz dieser imponierenden Tat. Aber nur einen Tag beschien die Sonne diesen manipulierten Ruhm. Als Marcus Antonius seine List wiederholen wollte, fand er sich von der Königin bloßgestellt. Er zog am Angelhaken einen gepökelten Hering heraus! Kleopatra kommentierte den Vorfall: »Laß, Imperator, die Angel uns Fürsten der Meeresküste. Jage du dafür nach Städten, Königreichen und Welten.«

Auch die Alchimisten wurden zu Trickmachern. Waren ihre Mühen, das lebenverlängernde Elixier zu finden oder Gold zu machen fehlgeschlagen, dann blieb ihnen nur die Wahl zwischen einem unrühmlichen Abgang oder dem Vorspiegeln eines gelungenen Experimentes. Sie griffen zu simplen Tricks, um ihre Herren zu beglücken. Und die Gier nach dem edlen Metall machte diese blind. Georg Honauer setzte Quecksilber in einem Tiegel auf Kohlen, warf auch Kohlen in den Tiegel und brachte am Ende Gold daraus zum Vorschein. Doch das Gold hatte er vorher in den Kohlen verborgen. Ein andermal versteckte er einen Knaben in einer Kiste, die in seinem Laboratorium stand. Der stieg heraus, nachdem der Fürst das Laboratorium verschlossen hatte, und warf Gold in den Tiegel. Danach verbarg er sich wieder. Schließlich wurde alles entdeckt. »Honauer schelmischen Angedenks, mußte für seine Kunst zu Stuttgart den Galgen zieren.«

Der von den Taschenspielern her bekannte Zauberstab gab einigen Alchimisten die Idee zu einem anderen Betrug. Sie nahmen hölzerne Stäbe, höhlten sie an einem Ende aus, füllten Goldfeilspäne hinein und verstopften die Öffnung so, daß man nichts bemerken konnte. Diese Stäbe warfen sie zu anderem Gerät in den Laboratoriumswinkel. Wie es weiterging, erzählt ein aufmerksamer zeitgenössischer Beobachter: »Steht nun ihre Arbeit im Feuer, so wünschen sie, wie von ungefähr, ein Instrument zum schnellen Umrühren, und nun sehen sie sich an allen Orten um, ergreifen mit dem natürlichsten Schein einer freien Willkür ihr wohlbekanntes, unansehnliches Stäbchen, rühren damit in den geschmolzenen Materien so lange um, bis vom Stäbchen ein Theil abgebrannt ist, und sie versichert sind, daß das verborgene Metall mit dem schmelzenden vereinigt worden ist.

Und nun ist es wieder ganz natürlich, daß sie den leichtgläubigen und nach Gold schmachtenden Chrisophilus die Augen verblenden können.«

Es gibt sogar Trickmacher, deren Täuschungen sittlich gerechtfertigt sind. Ärzte kommen manchmal nicht ohne Suggestion aus. Die quacksalbernden Steinschneider aus früheren Jahrhunderten gingen freilich ein bißchen weit. Wenn sie nämlich aus dem Kopf des operierten Patienten *scheinbar* einen kleinen Stein herauspraktizierten, dann wollten sie nicht schädigen, sondern helfen. Denn die Volksmeinung ging eben dahin, daß der im Körper gewachsene Stein diese und jene Krankheit hervorgerufen hätte, die mit der Entfernung des Steines aufhören würde. Der positive Suggestionseffekt, den die Vorweisung des Steines auslöste, ist Entschuldigung und Rechtfertigung für das Trickmachen der Quackdoktoren. Denn bis zur schmerzlosen Heilhypnose war es noch ein weiter Weg.

Der Stein, von dem man annahm, er wäre die Ursache des körperlichen Übels, war so fest eingebildet, daß er sichtbar beseitigt werden mußte. Bereiteten nicht auch Lawrence, Monteil, Beaufort, Marcus Antonius ihre Tricks so zu, daß sie *wahrnehmbar* waren, daß die Sinne sie erfahren konnten? Welch eine Anwendung der aristotelischen Erkenntnis, daß Einsichten Erfahrungsinhalte voraussetzen, die durch die Sinne vermittelt werden. Man sollte meinen, daß der menschliche Geist in all seiner Bedürftigkeit wenigstens darauf aus ist, reines, unverfälschtes Material für Erfahrungen zu bekommen. Doch nur selten ist er wählerisch. Meistens geht er dem Blendwerk nach.

Auch da folgt er dem bequemen Weg, wo es sich um seine tieferen Überzeugungen handelt. Um seinen Glauben meinetwegen. Sitzt er hier Trickmachern auf, ist er verloren. Denn die Trickmacher haben immer nur Vorletztes zu verkünden. Sie wollen die Unterwerfung unter die Macht eines Menschen, dem magische Attribute nachgesagt werden, oder die Macht einer allgemeinen Anschauung. Le Bon hat in seiner ›Psychologie der Massen‹ die Regeln ausgebreitet, die hinter diesem irdischen Glauben stehen. Die Triebkraft der Völkerentwicklung ist für ihn der Irrtum, nie die Wahrheit. Er entlarvt den Drang der Massen, die ihnen mißfallenden Tatsachen zu übersehen und den Irrtum zu *vergöttern* – wenn er sie nur zu *verführen* vermag. »Wer sie zu täuschen versteht, wird leicht ihr Herr, wer sie aufzuklären sucht, stets ihr Opfer«, schreibt Le Bon. Die Diktatoren der jüngst vergangenen Zeit hatten das Buch aufmerksam gelesen.

Deshalb war der Machtapparat so aufwendig, den die absolutistischen Herrscher dirigierten. Das sinnverwirrende Gepränge an ihren Höfen, die übertriebenen Mätzchen höfischen Zeremoniells erhöhten die Herrscher, machten aus ihnen anbetungswürdige Wesen. Der Hof von Byzanz bot ein Maximum an Entfaltung der Trickmacherei. Bischof Luidbrand von Cremona, der in der Mitte des 10. Jahrhunderts zweimal als Gesandter in Konstantinopel weilte, schilderte eine Audienz am Hofe von Byzanz. Vor dem Kaiser, der in der Audienzhalle auf dem Thron saß, stand ein künstlicher, vergoldeter Baum, in dessen Zweigen mechanische Vögel ihren Gesang ertönen ließen. Zu beiden Seiten des Throns lag je ein mächtiger, vergoldeter Löwe, der beim Nähertreten des Besuchers mit dem Schweif auf den Boden schlug und aus dessen offenem Rachen mit beweglicher Zunge furchterregendes Gebrüll ertönte. Nachdem der Gesandte sich dreimal niedergeworfen hatte, war der Kaiser in seinem Tabernakel, durch einen unsichtbaren Mechanismus angetrieben, zur Wölbung der Decke emporgehoben worden und erschien dort plötzlich im Schmuck eines neuen, von Edelsteinen glitzernden Ornats.

Ein reichhaltiges Angebot von Trickmöglichkeiten und Automatenkünsten muß also zur Verfügung gestanden haben, dazu Täuschungskünstler, die ihren eigentlichen Beruf verlassen hatten und in den Dienst der Macht gestellt worden waren.

Byzanz hatte nur zu raffinierter Vollkommenheit entwickelt, was im Altertum von Ägypten bis Rom gängig war. David Brewster faßte die Gründe dafür in seinen Briefen über die ›Natürliche Magie‹, die er 1832 an Sir Walter Scott richtete, zusammen:

»Wollten oder konnten die Tyrannen des Altertums ihre Oberherrschaft nicht auf die Neigungen und das Interesse ihrer Völker gründen, so verschanzten sie sich in der Veste des übernatürlichen Einflusses, und herrschten mit der ihnen von der Gottheit überwiesenen Gewalt. Ein inniges Bündniß, um Finsterniß zu erhalten, und die Menschengattung zu täuschen und zu unterjochen, vereinigte Priester, Fürsten und Gelehrte.

Die Unwissenheit dieser älteren Zeiten begünstigte dieses System des Trugs ungemein. Zu jeder Zeit liebte der Mensch das Wunderbare, und häufig ist es die Anhänglichkeit an die Wahrheit selbst, welche zum Maßstab der Leichtgläubigkeit des Individuums dienen kann.

Solange Kenntnisse das ausschließende Eigenthum einer Kaste waren, so war es gar nicht schwer, sie zur Unterjochung der großen Masse der Gesellschaft zu mißbrauchen.«

Wie nun setzte sich dieser Mißbrauch in Szene, was taten die Trickmacher früherer Zeit, um den Glauben zu erwecken, zu lenken und den Einfluß ihrer Macht auszubreiten?

Giuseppe Balsamo, der sich ›Graf Cagliostro‹ nannte (1743–1795). Er war der größte aller Scharlatane. Auch er kannte die Tricks der Taschenspieler – aber er nutzte sie nur, um übernatürliche Talente vorzutäuschen.

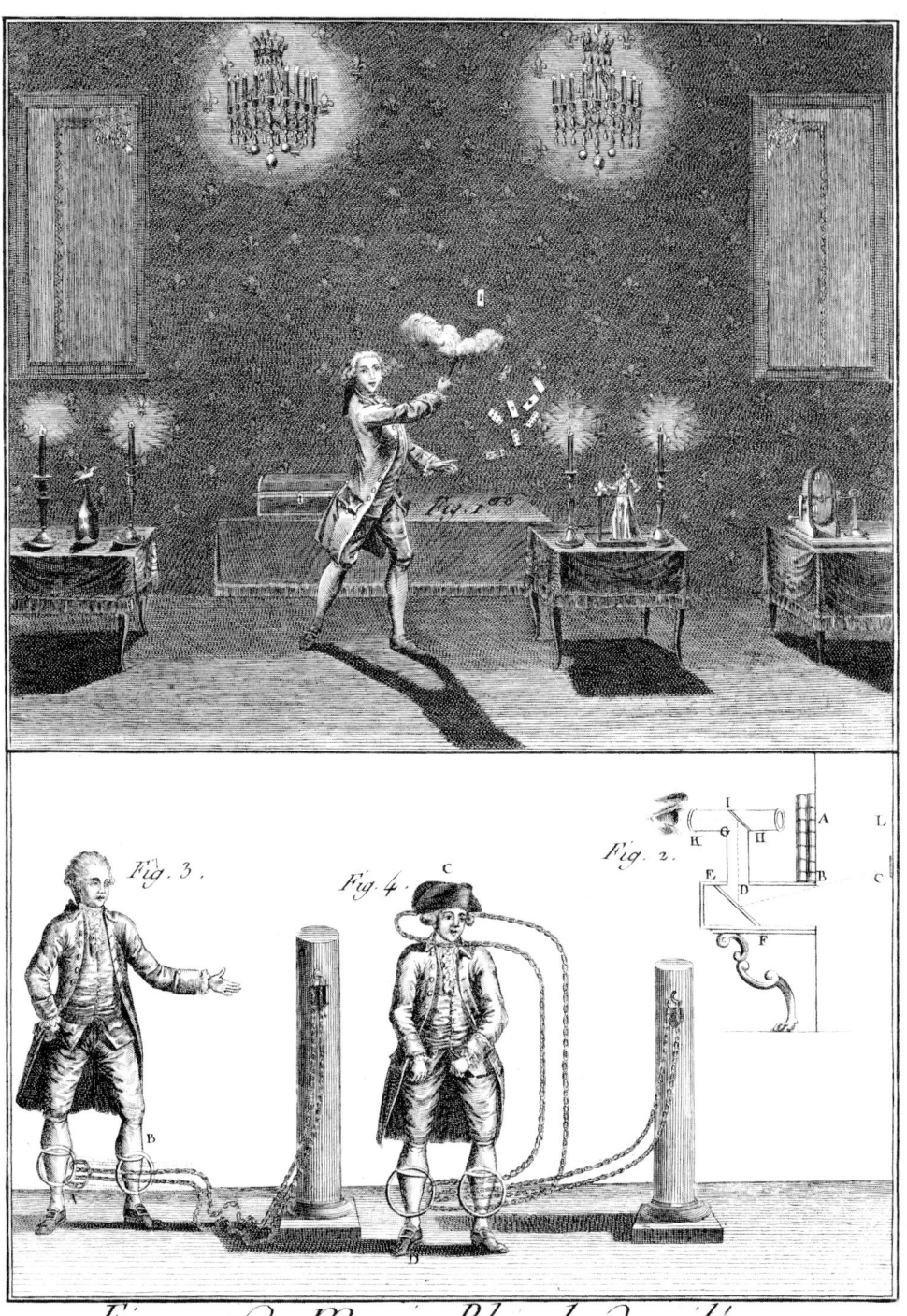

Figures de Magie Blanche devoilée

Giuseppe Pinetti (1750 – um 1805), war ein in den Metropolen Europas beliebter Künstler. Er gab seinen Experimenten den Anschein des Übernatürlichen. Im ›Dictionnaire Encyclopédique‹ wird er dargestellt, wie er eine Spielkarte an die Zimmerwand schießt. Unten eine Entfesselungsdarbietung.

Schon aus den ältesten nordischen Überlieferungen geht hervor, daß gewisse Götzenbilder lebendig erschienen. Die Überlieferung verrät uns, daß es Gehilfen gab, die in diesen Holzbildern verborgen waren und im gegebenen Augenblick Wunder wirkten. Homer hat uns von Automaten berichtet, die in den ägyptischen und griechischen Tempeln verwandt wurden. Die Priester-Magier Altägyptens – vielleicht sollten wir sie besser Priester-Mechaniker nennen – wußten aus ihren technischen und physikalischen Kenntnissen frappierenden Nutzen zu ziehen: Tempeltüren öffneten sich selbsttätig, wenn sich die Gläubigen näherten. Statuen artikulierten den Willen der Gottheit, spendeten Heiliges Wasser oder Milch.

Die Cherheb oder Vorlesepriester der Ägypter standen ohnehin im Rufe, zaubern zu können. Die Ägypter glaubten, in den alten Religionsbüchern Zauberkräfte zu finden. Mechanische Künste sollten diesen Glauben festigen. Alle Magie Ägyptens stand in Verbindung mit dem Glauben über das Leben nach dem Tode. Der Verstorbene sollte das Reich des Gottes Osiris betreten können. Deshalb mußte er die Formeln der sogenannten ›Totenbücher‹ kennen. Warum genügte den Priester-Magiern das nicht, warum griffen sie zum Trick, um den Glauben an ein unsichtbares Reich zu stärken?

Zweierlei mußte durch die Trickmacherei der Priester-Magier des Altertums dokumentiert werden. Einmal ihre unmittelbare Verbindung zum Höchsten Wesen, zum verkündeten Gott; zum anderen die Existenz dieser Gottheit. So kläglich die Ergebnisse der magischen Praktiken uns oft erscheinen, damals hatten sie ihre Wirkung. Hippolyt von Rom hinterließ uns nicht nur die älteste Fassung des Kanons der Eucharistie, er schrieb auch eine ›Widerlegung der Ketzereien‹, in der er die Trickmachereien seiner Tage anprangerte. Da gab es ›Beschwörer‹, die Anfragen an die Götter, die aufgeschrieben und versiegelt waren, beantworten konnten. Es war keine Antwort der Götter! Chemische Mittel hatten die Kenntnis des Aufgeschriebenen ermöglicht.

Weihrauchkugeln, in welche explodierende oder blutrot leuchtende Stoffe eingeschlossen waren, halfen dem Glauben nach – auch Alaun, über welchem, sobald er flüssig wurde, die Kohlen des Altars in Bewegung zu geraten schienen. Donner konnte künstlich erzeugt werden. Häuser, mit dem Saft bestimmter Seetiere bestrichen, schienen in Flammen zu stehen. An der Leber des Opfertieres erschien eine Schrift. Der ›Beschwörer‹ hatte sie vorher mit einer scharfen Farbe in Spiegelschrift auf seine linke Hand geschrieben, in die er später die Leber legte.

Ein auf der Erde liegender Schädel sprach und verschwand dann. Er war aus Wachs modelliert, das unter der Wirkung von Wärme zusammenschmolz. Das Sprechen besorgte ein verborgener Gehilfe, der durch ein Rohr redete. Es war aus einem Kranichschlund bereitet.

Man versuchte sich an ›Göttererscheinungen‹, indem man mit dem Schrecken und der Fügsamkeit der ›Kunden‹ rechnete. Der Beschwörer zeigte etwa im Dunkel einer mondlosen Nacht im Freien die über den Himmel fahrende Hekate. Sein Gehilfe ließ nämlich einen unglücklichen, mit brennendem Werg umwickelten Hühnergeier los, sobald die Beschwörungsformel zu Ende gesprochen war. In dem Augenblick, da man etwas Feuriges durch die Luft schwirren sah, mußte man sich das Gesicht verhüllen und zu Boden werfen – sicherheitshalber.

Kunstvoller waren die Erscheinungen eines feurigen Asklepios.

Auf einer Wand war ein solcher lebensgroß in starkem Relief modelliert und mit brennbaren Stoffen bestrichen. Sie wurden entzündet, wenn der Beschwörer seine Hexameter sprach und leuchteten einige Augenblicke.

Umständlicher war es, Götter, die sich wie Sterbliche bewegten, nach Belieben erscheinen zu lassen. Hier half nur ein Untergemach, in dem kostümierte Komparsen umherliefen. Im Obergeschoß schauten die Gläubigen in eine auf der Erde stehende Wasserschale, welche zwar aus Stein war, aber einen gläsernen Boden hatte. Durch ihn sah man die Vorgänge im unteren Raume und glaubte sich der Götterwelt nahe.

»Das Geheimnis vergrößerte also auch hier den Wert der Dinge, die wir lernen«, meinte Plutarch.

Es läßt sich nicht sagen, wer die erste Täuschung bewußt produzierte und was der Inhalt dieser Täuschung war. Aber mühelos lassen sich zwei Motive erkennen, aus denen die Lust am Täuschen, die Wonne am Trick-Erdenken resultiert.

Das eine Motiv ist die Freude am reinen Spiel. Diese Täuschung ist zweckfrei und absichtslos. Der Täuschungsinhalt ist simpel: das Erscheinen, Verwandeln und Verschwindenlassen von Gegenständen.

Völlig anderen Charakter hat das andere Motiv. Meine Beispiele haben gezeigt, daß unter Umständen nichts mehr bleibt vom arglosen Spiel. Düsternis und Bannung bestimmen jene Art von Magie. Ihre Wunder sind schillernder und vielfältiger als die der Taschenspieler. Die frühen Wissenschaften konnten von Trug und Trick der Priester-Magier lernen, denn sie waren Erfinder, die jede neue Erkenntnis in ihren Dienst stellten.

Nur gelegentlich rächen sich die Taschenspieler an denen, die nach ihrer Überzeugung die Tricks illegal anwenden. Dann decken sie den Mißbrauch auf, der mit der Täuschung getrieben wird. Die Geschichte der »Okkulten Erscheinungen« kennt genug Medien, die sich betrügerischer Praktiken bedienten, um einen »Jenseitskontakt« oder andere übernatürliche Fähigkeiten vorzutäuschen. Sie mußten sich gefallen lassen, daß sie von Zauberkünstlern entlarvt wurden. Was Spiritisten und Hellseher, Telepathen und Löffelverbieger als vorgeblich wunderbare und nicht zu erklärende Phänomene vorweisen, können auch die Vertreter des unterhaltsamen Zauberspiels demonstrieren, die sich mit dem Gebiet der »mentalen Magie« beschäftigt haben.

Sicher, es gibt auch harmlose Trickmacher, denen es nicht um Einfluß und Macht über Menschen geht. Auch sie wollen einen Gedanken begreifbar machen.

Es ist noch nicht lange her, da fand man in südindischen Tempeln Brahmanen niederen Ranges, die die reiche Fracht ihrer Glaubensüberlieferung mit Hilfe scheinbar wundertätiger Vorrichtungen illustrierten. Diese waren weiter nichts als Apparate der ›natürlichen Physik‹, wie man im vergangenen Jahrhundert derartige Zauberkünste oft nannte.

So konnte man einen Bronzebecher sehen, in dem die Figur einer Halbgottheit stand, die als Amme ein kleines Kind in den Armen hielt. Füllte man das Gefäß zur Hälfte mit Wasser, so blieb es darin stehen. Goß man aber den Becher bis zum Rande voll, so entleerte er sich auf überraschende Weise. Es sollte damit das Zurücktreten der Wasser eines hochgeschwollenen Flusses versinnbildlicht werden, durch den der Gott Vishnu in der Verkörperung eines neugeborenen Kindes hindurchgetragen wurde. Da den unwissenden Gläubigen dort physikalische Gesetze unbekannt waren, mußte ihnen die Selbstentleerung wie ein Wunder erscheinen. Sie trat immer dann ein, sobald das Wasser im Becher über den Beugungswinkel des im unteren Teil der Figur verborgenen Heberröhrchens hinaufgestiegen war, dann floß es in ein Kästchen ab, auf dem der Becher stand.

Wahrnehmbar machen also um jeden Preis! Auch dort, wo es um die Glaubensinhalte geht, um Mythen und Legenden.

Als Marco Polo in den Kerkern Genuas drei Jahre Zeit hatte, seine Reiseerinnerungen zu diktieren, vergaß er nicht das merkwürdige Erlebnis aus Shang-tu, der Sommerresidenz des mongolischen Großkhans Kubilai. Er war der Enkel Dschingis-Khans und hatte die Unterwerfung Chinas unter die Mongolen vollendet.

Marco Polo erzählt in seinem Bericht von einem Essen im Palast. Der Großkhan saß an seiner Tafel. In der Mitte der Halle standen

Kontaktaufnahme mit dem Jenseits war schon vor 200 Jahren beliebt. Die Frage nach einem Trick kommt bei den unkritischen Betrachtern erst gar nicht auf. Hier war es eine versteckt aufgestellte laterna magica, die das Geisterwesen hervorbrachte.

einige Meter entfernt auf einem Schrank die bereits gefüllten Trinkgefäße. Als der Herrscher nach einem Becher verlangte, brachte ihn ein Diener herbei. Es waren auch einige buddhistische Mönche anwesend. Sie gehörten der Gemeinschaft der Bakhshi an und stammten aus Tibet und Kaschmir. Der Buddhismus in diesen Ländern war weitgehend mit Magie vermischt, die Mönche waren Adepten in dieser Kunst. Sie erklärten, die Becher veranlassen zu können, sich durch die Luft zum Tisch des Großkhans hin zu bewegen, ohne daß irgend jemand sie berühre oder Wein verschüttet würde. Sie ließen magische Beschwörungen folgen, begleitet von Musik und Trommeln. Sie selbst fielen dabei in Trance.

Dann sahen die Gäste plötzlich, wie die Becher in die Höhe schwebten, sich durch die Luft bewegten und schließlich auf dem Tisch des Großkhans landeten. »Ich erzähle keine Lüge. Was ich behaupte, ist die reine Wahrheit. Es gibt Leute, die geschickt in der Nekromantie sind, auch in Europa. Und sie können dieses nicht nur bestätigen, sondern auch dasselbe tun«, meinte Marco Polo. Seine Erklärung ist einfach: diese Leute konnten nur mit dem Satan im Bunde stehen.

Als der Khan 1266 Marco Polos Vater Nicolò und seinen Onkel Maffeo mit der Bitte zurück nach Venedig schickte, Franziskanermönche zu holen, fragten ihn die Venezianer, warum er denn nicht selbst Christ werde. Denn offensichtlich schätzte er die christliche Religion. Die Antwort des Khans beweist, wie tief er beeindruckt war von dem Können der buddhistischen Mönche. Ihre Fertigkeiten erkannte er weder als Trickmacherei noch als eigene Halluzination, sondern als tatsächliches Ereignis, das von übernatürlichen Kräften bewirkt worden war. Die konnte nur Buddha seinen Mönchen verliehen haben. Und er sagte: »Seht, die Christen, die in meinen Ländern wohnen, sind unwissend und machtlos. Sie können nicht vollführen, was die buddhistischen Mönche tun. Wenn ich am Tisch sitze, kommen die Becher aus der Mitte der Halle zu mir, ohne von jemand berührt zu werden, und ich trinke aus ihnen. Und diese Mönche erklären, daß alles, was sie tun, die Ursache in ihrer Heiligkeit und ihrem Glauben hat. Sie könnten auch meinen Tod herbeiführen. Aber gehet nun zu Eurem Papst. Und bittet ihn in meinem Namen um hundert Männer Eurer Religion. Sie sollen im Angesicht dieser Beschwörer das Wissen haben, deren Vorführungen zu verdammen und ihnen erklären, daß sie ebenfalls solche Dinge ausführen könnten, daß sie aber dennoch darauf verzichteten, weil es mit diabolischer Kunst und bösen Geistern dabei zugeht. Eure Mönche sollen ihre Meisterschaft zeigen, indem sie die meinen machtlos machen, in ihrer Gegenwart diese Wunder zu vollbringen. Am gleichen Tage werde

ich sie und ihre Religion verdammen und mich mit meinen Fürsten taufen lassen.«

Der Großkhan Kubilai wollte dem Gott dienen, der die meiste Macht hatte, und der diese Macht auch mit seinen Anhängern teilte. Er war ein nüchterner, praktischer Mann. Das Übernatürliche war für ihn Realität. Er wünschte auf der stärkeren Seite zu stehen.

Das schützte ihn nicht vor dem Irrtum, seine Deutung des vermeintlichen Mirakels als die richtige anzusehen. Nicht der Gott der Buddhisten ließ die Becher schweben. Auch nicht der Teufel, dem Marco Polo das Ereignis zuschrieb. Die Trickmacher waren wieder im Spiel, diesmal als Mönche verkleidet, die sich profaner Täuschungen geschickt bedienten, um so ihrem Einfluß nachzuhelfen, – übrigens sehr im Gegensatz zur Absicht der reinen buddhistischen Lehre.

Kubilai-Khan ahnte die geistige Macht des Christentums. Er dachte hoch von dieser neuen Lehre und ihren Anhängern, eben weil sie darauf verzichten konnten, das Wunderbare effektvoll vorzuweisen, obschon sie es vermocht hätten. Welch weise Erkenntnis eines Eroberers, der Macht ausübte.

IV Zauberei im Spiegel der Literatur

»Doch sich täuschen zu lassen, gilt nach landläufiger Auffassung als elend. Ich behaupte dagegen, daß es das größte Unglück ist, über alle Täuschungen erhaben zu sein.

Der Geist des Menschen ist nun einmal so angelegt, daß der Schein ihn mehr fesselt als die Wahrheit.«
Erasmus von Rotterdam
in ›Lob der Torheit‹, 1509

»If this be magic, let it be an art.«
Shakespeare

»Umgeben sind wir rings von Zauberei'n
doch sind wir selbst die Zauberer.
Und in der Welt der offenbaren Wunder
sind wir das größte aller Wunder selbst.«
Grillparzer

»Gib Deine Illusionen nicht auf.
Hast Du sie verloren, so magst Du
zwar Dein Dasein fristen,
aber Leben im eigentlichen Sinne kannst
Du nicht mehr.«
Mark Twain

»Ein Zauberer wünscht sich nur, daß seine
Täuschung einen Augenblick vorhält.
Er versucht erst gar nicht dir weiszumachen,
er täusche nicht.«
G. K. Chesterton

»Der Zauberkunst das Wunderbare zu nehmen,
wäre ebenso zerstörerisch, wie die Musik des Tons zu berauben.«
Orson Welles

Bisher konnte nicht ergründet werden, wer den ersten Zauberkasten hergestellt hat. Die Geburtsstunde dieses noch heute so beliebten Geschenks muß im ersten Drittel des vergangenen Jahrhunderts liegen. Wahrscheinlich war es ein kluger Spielwarenhändler, der einige der beliebtesten Täuschungskünste der Straßengaukler vereinfachte, sie mit Erklärungen versah und diese Tricks dann Kindern offerierte.

In der ›Gazette des Enfants et des jeunes Personnes‹ vom 1. Januar 1837 steht der Bericht über ein ›Magasin d'Etrennes‹ in der Rue du Coq in Paris, und dabei werden neben den unterschiedlichsten Spielzeugschachteln auch ›Boîtes de tours d'Escamotage‹, also Zauberkästen, genannt.

Aber es gibt ein noch älteres Datum, das auf die Existenz derartiger Kästen hinweist. Es findet sich in einem Brief, den Johann Wolfgang von Goethe am 2. Dezember 1830 an das Ehepaar Willemer sandte. Es ist das älteste Dokument, das über derartige ›Kästchen‹ berichtet.

Ein gedachter Gegenstand wird ermittelt – ein frühes Beispiel mentaler Magie. Magisches Quodlibet aus dem Zauberkasten der Goethe-Enkel.

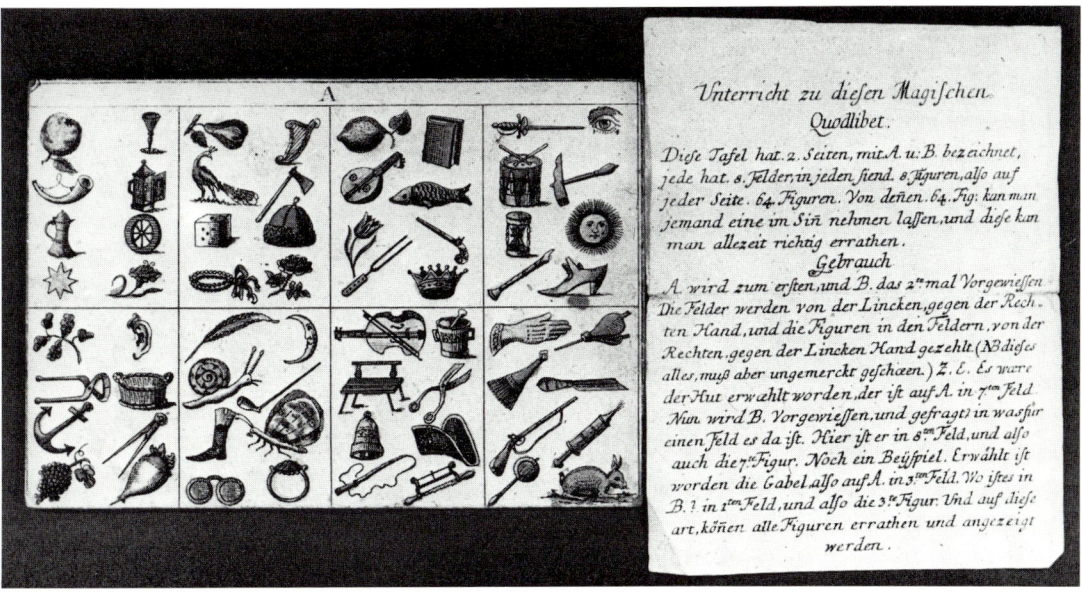

»Gefällig zu gedenken.

Auf dem Frankfurter Weihnachtsmarkt werden gewiß solche Kästchen zu haben sein, worin mancherlei Gerätschaften zu Taschenspieler-Künsten mit Anweisung zum Gebrauch beisammen sind. Nun wünschte ich ein solches, und zwar wie es einem Anfänger, einem Knaben von 12 Jahren, genügen könnte, wohlgepackt, baldigst durch die fahrende Post mit beigelegter, also gleich zu bezahlender Rechnung zu erhalten. J. W. v. Goethe

Aus Beigehendem, treueste Freunde, ersehen Sie, daß uns nichts anderes übrig bleibt, als nach Meiden, Scheiden, Leiden wieder an Freuden zu denken, wenn auch nicht für uns, doch für andere. Hier ist es nun zu tun, das Weihnachtsfest den Enkeln nach ihrem Sinne möglichst auszuschmücken, welche, so froh, als läge nichts hinter ihnen, dieser so ersehnten Epoche lernend, musizierend, spielend entgegenleben . . . .«

Am 14. Dezember 1830 schreibt Goethe in sein Tagebuch:

»Gestern waren die Kästchen von Frankfurt mit den Zuckerwaren und Taschenspielereien angekommen. Ich machte mich mit der angekommenen Frankfurter Sendung näher bekannt.«

Johann Peter Eckermann notiert unter dem 23. Januar 1831:

»Mit dem Prinzen bei Goethe. Seine Enkel amüsierten sich mit Taschenspieler-Kunststückchen, worin besonders Walther geübt ist. ›Ich habe nichts dawider‹, sagte Goethe, ›daß die Knaben ihre müßigen Stunden mit solchen Thorheiten ausfüllen. Es ist, besonders in Gegenwart eines kleinen Publikums, ein herrliches Mittel zur Übung in freier Rede und Erlangung einiger körperlichen und geistigen Gewandtheit, woran wir Deutschen ohnehin keinen Überfluß haben. Der Nachtheil allenfalls entstehender kleiner Eitelkeiten wird durch solchen Gewinn vollkommen aufgewogen.‹«

Übrigens wurde dieser Goethe-Zauberkasten später von Professor Anton Kippenberg wiederentdeckt, er ist heute im Düsseldorfer Goethe-Museum zu sehen.

Auch Ludwig Döbler, der österreichische Zauberkünstler, weilte auf Einladung Goethes mehrfach im Hause am Frauenplan, gab eine Vorstellung im privaten Kreis und unterwies Walther im Becherspiel und in anderen Taschenspielereien: »Professor Döbler aus Wien, Walthern einige Kunststücke zu lehren«, steht am 23. Juni im Tagebuch.

Nach den Lektionen Döblers machte Walther beträchtliche Fortschritte; am 17. Juli 1831 notiert Goethe: »Walther gab eine Vorstellung seiner erlernten Taschenspielerkünste.«

Ludwig Döbler (1801–1860). Beliebt und umschwärmt war dieser aus Wien stammende Künstler, der in der Gewandung eines fahrenden Scholaren aus alter Zeit auftrat. In Wien gibt es noch heute eine ›Döbler-Gasse‹.

›Die große Collonne‹. Ein Zauberturm, in dem eine Bleikugel die Windungen herunterrollte und schließlich aus einer vom Publikum vorherbestimmten Tür heraussprang. Dieser Turm gehörte zu den magischen Requisiten der Goethe-Enkel. Goethe-Museum, Düsseldorf

Dem Wiener Zauberkünstler aber widmete Goethe diesen Albumvers:

> Bedarf's noch ein Diplom besiegelt?
> Unmögliches hast Du uns vorgespiegelt.

Die Zauberkunst übte auf Goethe eine anhaltende Faszination aus. Als Junge schon hatte er in Frankfurt a. M. zur Zeit der Verkaufsmesse gern Zauber- und Taschenspielerkünste gesehen; in ›Dichtung und Wahrheit‹ berichtet er darüber. Die Beschäftigung mit dem Faust-Thema schenkte ihm tiefe Einblicke in die schwarze und weiße Magie. Oft bedient sich ja auch Doktor Faustus herkömmlicher Taschenspieler-Künste der zaubernden Gaukler.

Den vielberedeten Zauberer Philadelphia sah sich Goethe 1777 in Weimar gleich zweimal an. Als dessen Schüler Ernst Wehle 1816 in Weimar »seine geheimen und physikalischen Künste« im Stadthaus-Saale zeigte, nahm Goethe sich ein Plakat mit nach Hause.

1805 besuchte Goethe in Helmstedt den wunderlichen Professor Gottfried Christoph Beireis, der umgeben von magischen Gerätschaften und Automaten als gelehrter Sonderling lebte.

Als der Kanzler Friedrich von Müller am 9. Februar 1821 »enthusiasmiert« über einen Zauberkünstler berichtete, merkte Goethe an: »Um das Unmögliche bis auf einen gewissen Grad möglich zu machen, muß sich der Mensch nur keck mit ernstlichem Streben an das scheinbar Unmögliche machen.«

Der Zauberkasten der Goethe-Enkel ▷

Dieses Kästchen mit »mancherlei Gerätschaften zu Taschenspieler-Künsten« ist der älteste bekannte und erhaltene Zauberkasten. Goethe schenkte ihn seinen Enkeln Weihnachten 1830. Viele der in alten Zauberbüchern beschriebenen Experimente finden sich hier. So ›Der kleine Reisende‹ (die hölzerne Puppe links), ein ›Geldvermehrungsteller‹ (Mitte), die ›Sechsfache Dose‹, das ›Kartenkästchen‹ (zum Vertauschen von Spielkarten), die ›Hirseglocke‹, gedrechselte ›Kugelbüchsen‹, die mathematische Belustigung ›Zauberquadrat‹.
Goethe hat für diesen ›Taschenspieler-Apparat‹ 8 Gulden und 30 Kreuzer gezahlt.

›Boite de physique amusante‹. Zauberkasten, Frankreich, um 1865
Dieser Kasten enthält neben Becherspiel und Zaubertrichter holzgedrechselte Geräte für Vorführungen in privaten Gesellschaften. Auf dem Deckel ein Prestidigitateur in einem der Pariser Zaubertheater.

›Partez, muscades‹. Karikatur auf die 100 Tage napoleonischer Herrschaft 1815: Ein Escamoteur läßt die drei Bourbonen, Ludwig XVIII. (pater noster), Karl X. (qu'il vienne je suis armé) und den Duc de Berry, Sohn Karls X. (je me meurs), unter den Bechern verschwinden.

Der Taschenspieler.

Jetzt kommt zu einem andern Mann,
Der hexen oder zaubern kann.
Doch was er immer treib' und thu',
Es geht mit rechten Dingen zu.
Wenn seinen Zauberstab er schwingt,
Ihm jedes schwere Werk gelingt.
Er kommandirt nur: Ein! Zwei! Drei!
Und fertig ist die Hexerei!
Er zeigt euch Becher, die sind leer,
Dann stürzt er sie über einander her,
Da sind auf einmal wie durch ein Wunder,
Bald Kugeln, bald Spatzen, bald Tauben drunter.
Jetzt läßt er eine Uhr sich leihn,
Die stößt er im Mörser klar und fein,
Sie wird zermalmt in tausend Stücke,
Doch gibt er sie wohlbehalten zurücke.

So macht der Mann für Aug' und Ohr,
Euch Blendwerk über Blendwerk vor.
Mit Karten, Ringen, Geld und Messern,
Und fehlt's ihm, weiß er's gleich zu bessern,
Gebt ihr auch noch genauer Acht,
So seht ihr doch nicht, wie er's macht.
Mit rechtem Geschick in allen Sachen
Läßt sich gar Vieles möglich machen.
Denn was man eigentlich z a u b e r n nennt,
Das ist eine Kunst, die Keiner kennt;
Könnt' einer zaubern in der Welt,
So zauberte er wohl sich vor allem – Geld;
Dann braucht' er nicht auf offnen Straßen,
Wie hier, für Geld sich seh'n zu lassen.

Aus: ›Der Jahrmarkt‹. Bilderbuch, um 1840

Taschenspieler und andere Artisten zeigen ihre Künste. Deutschland, 18. Jahrhundert ▷

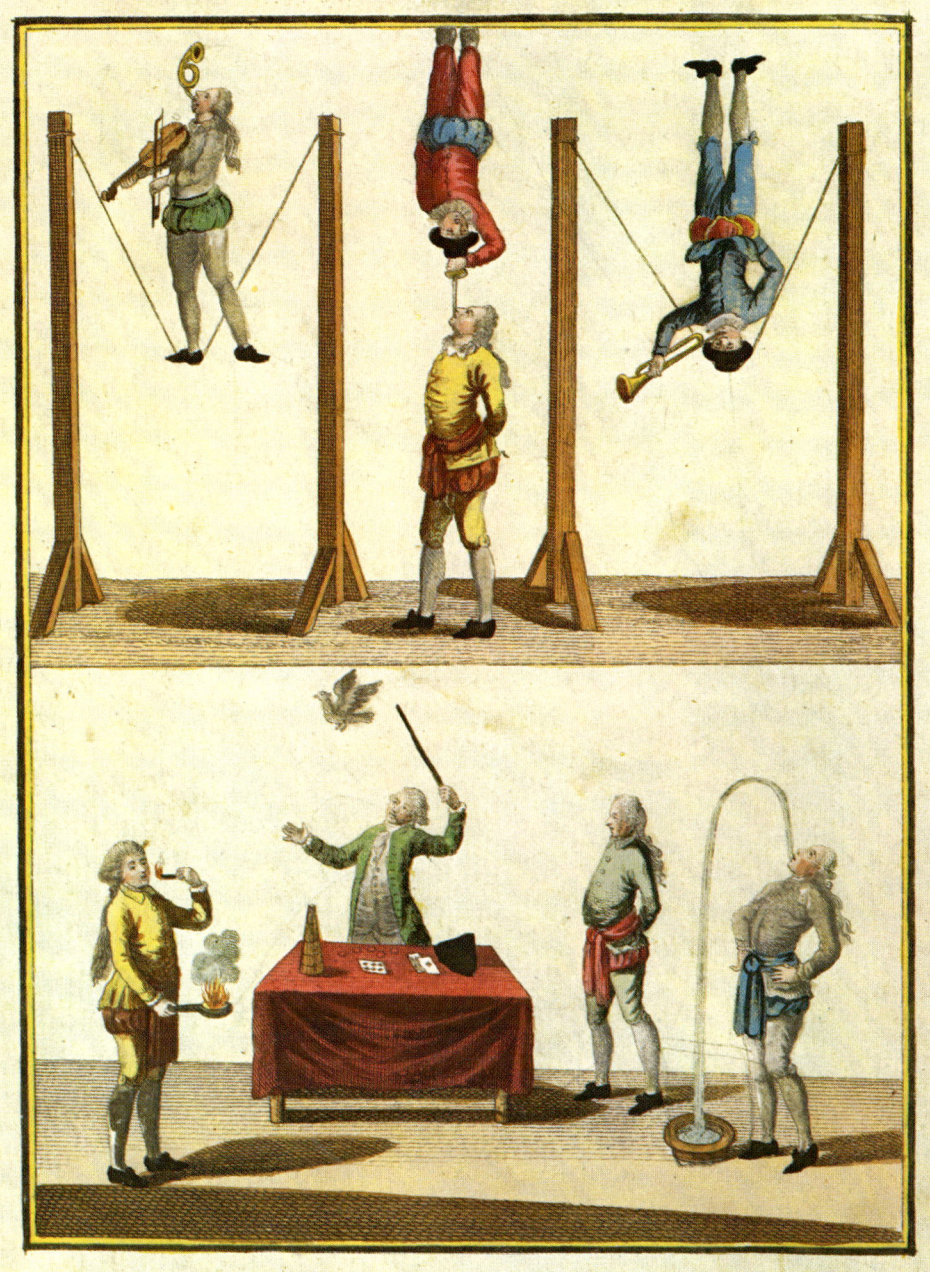

Imp. lith. Pellerin a Épinal.

N.º 14.

L'ESCAMOTEUR EN PLEIN VENT.

Vous allez voir, Mesdames et Messieurs, que rien ne m'est impossible.
par ma petite baguette, il va sortir de ce gobelet un énorme ballon.___
une ___deux ___trois.___Voilà Messieurs.___ ___avec une carotte.

Honoré Daumier, ›Robert-Macaire Libraire‹. 1834

◁ Der Escamoteur beim Becherspiel. Kolorierter Holzschnitt. Epinal, um 1850

Chevalier Nic, dänischer Illusionist, der zwischen 1924 und 1930 die größten Bühnen in einen Blumengarten verwandelte. ▷

CHEVALIER N

Théâtre Robert-Houdin. Plakat von 1888, Leitung des Theaters Georges Méliès.

Musée Grevin. Plakat von Jules Chéret, 1887 ▷

Musée Grévin
MAGIE NOIRE
APPARITIONS
instantanées
PAR LE PROFESSEUR CARMELLI
SÉANCES TOUS LES JOURS DE 3H. à 6H. & DE 8H. à 11H.
758. IMP. CHAIX (Succ.rs Chéret) 18, rue Brunel, PARIS.

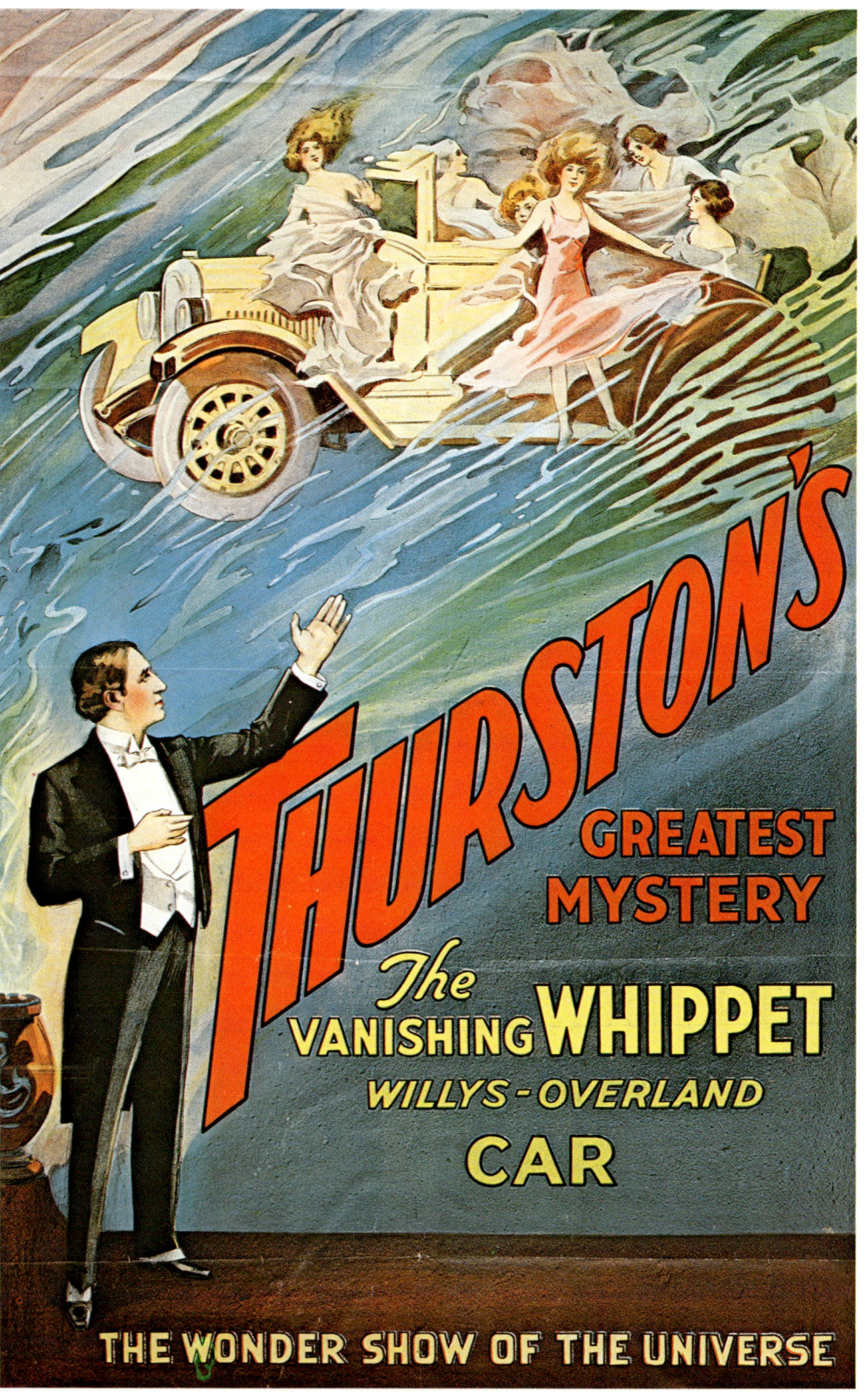

Alfredo Uferini (1863–1934) war der letzte große Klassiker der alten Zauberkunst.

◁ Howard Thurston (1869–1936). Das verschwindende Auto bildete 1928/29 die Schlußnummer seines Programms.

Leon Bosco war einer der ersten zaubernden Komödianten – seine Tricks gingen manchmal bewußt daneben! Plakat, um 1905

Plakat, um 1912

Doug Henning als ›Zauberer‹ in dem Musical ›The Magic Show‹. New York, 1974

Der Herr aus dem Publikum

Von Joseph Roth

Am Schluß seiner Nummer und wenn alle jene Kunststücke schon vollbracht sind, liebt es der Zauberer Rha Min-tho, einen oder auch zwei Herren aus dem Publikum auf die Varietébühne zu bitten, damit sie sich überzeugen, daß die Kunst, zwei weiße Tauben aus der leeren, gänzlich taubenlosen Luft des Bühnenraumes in einem Netz zu fangen, keine Angelegenheit eines geschickten Schwindels, sondern die Folge einer übernatürlichen Gabe sei.

Jeden Abend macht der Zauberer Rha Min-tho dieselbe einladende Handbewegung, jeden Abend bittet er in demselben gebrochenen Deutsch die Zuschauer, ihn zu kontrollieren, und jeden Abend besteigt ein Herr aus dem Parkett die Bühne, um sich zu überzeugen, daß es unmöglich ist, die Wundertaten des Zauberers auf eine natürliche Weise zu erklären. Meist sind es intelligente Herren, mutige Herren, man kann sogar sagen: Männer, Männer, die sich zutrauen, einem Zauberer hinter seine Schliche zu kommen, die das Rampenlicht und den Scheinwerfer nicht scheuen und nicht die erwartungsvollen und ein wenig spöttischen Blicke der Zuschauer. Manchmal ist es ein Herr, der mit einer Dame gekommen ist und sie im Parkett sitzen läßt, ohne die Angst, sich vor ihr zu blamieren, und seiner Wirkung auf der Bühne ebenso sicher wie seiner unauslöslichen Macht über das Herz seiner Begleiterin.

Leider ist es ein Irrtum des Herrn aus dem Publikum. Im Privatleben ist er vielleicht eine mächtige Persönlichkeit, ein Feldwebel, ein Polizeiagent, ein Kanzleivorstand – und seine Anzüge liefert ihm ein vortrefflicher Schneider, so daß sie passend sitzen, keine Falten werfen, körperliche Mängel verbergen und körperliche Vorzüge zur Geltung bringen. Solange der Herr sich im Parkett befindet, ist er respektabel und ein Mann von Ansehen. In dem Augenblick aber, in dem er auf der Bühne steht, hat ihn der Scheinwerfer überfallen, wie ein unbarmherziger Räuber, und aller Tugenden entkleidet. In dem unbestechlichen weißen Licht sieht man, daß der mutige Mann einen Bauch hat, ein lächerliches Doppelkinn, rote und abstehende Henkelohren. Sein Rock wirft breite Querfalten, seine Hose ist zu kurz, seine Schnürsenkel spähen, von lockerer Neugier aus dem Stiefel geworfen, aus den Schäften hervor, die Absätze sind schiefgetreten, und die Sohlen haben eine leise, aber immerhin deutliche Krümmung nach oben.

Kurz, der eben noch so mutige und intelligente Herr sieht neben dem geschminkten, tadellos gekleideten, sehr eleganten und sicheren

Zauberer sehr schwach, unbeholfen und komisch aus. Ja, komisch! Es steht von vornherein fest, daß es diesem Herrn aus dem Publikum nie und nimmer gelingen wird, hinter die Geheimnisse Rha Min-thos zu kommen. Zwar bemüht sich der Herr aufrichtig und mit wirklicher Eindringlichkeit. Er beobachtet genau jedes Gefäß, das Netz, den Käfig, das Gewand des Zauberers und dessen Hände. Aber, was nützt ihm das alles? Er hat nicht einmal die Sympathie des Publikums, dessen Abgesandter und Beauftragter er doch eigentlich ist. Im Gegenteil: dem Publikum ist der Zauberer viel sympathischer. Das Publikum trägt vielleicht selbst zu kurze Hosen, will sie aber auf der Bühne nicht sehen – insbesondere nicht, wenn sie auch noch Beulen haben.

Allmählich wird der Herr, der so verheißungsvoll die Bühne betrat, eine tragische Erscheinung. Da er das Wunder nicht erklären konnte, sieht es aus, als wäre er der einzige, der es nicht erklären kann. Während das Publikum dem Zauberer herzlichen Beifall spendet, lächelt es mitleidig über den Herrn. Der Zauberer Rha Min-tho schickt ihn mit einer einfachen, fast wegwerfenden Handbewegung von der Bühne zurück, ins Parkett, auf den meist kostspieligen Platz. Ich kann mir schon denken, wie es dem Herrn ums Herz ist, und ich verstehe nicht, weshalb sich überhaupt noch jemand freiwillig meldet.

Was mich betrifft, so werde ich niemals eine Bühne betreten, um einen Zauberer zu kontrollieren.

Der einfache Mann sieht im allgemeinen in den Zauberkunststücken nur eine Herausforderung für seine Intelligenz; für ihn werden Taschenspielervorführungen zu einem Wettstreit, aus dem er um jeden Preis als Sieger hervorgehen will. Da er sich ständig dagegen wehrt, der Conférence zu folgen, mit deren Hilfe die Täuschung zustande kommt, hört er gar nichts und verschanzt sich in unnachgiebigen Überlegungen. Der Mann von Verstand, der eine Vorführung eines Zauberkünstlers erlebt, ist nur zu dem Zweck gekommen, sich an Illusionen zu erfreuen; er wird dem Gelingen der Kunststücke des Artisten keinerlei Schwierigkeiten bereiten, sondern der erste sein, der ihre Ausführung begünstigt. Je mehr er getäuscht wird, desto zufriedener ist er, dafür hat er ja bezahlt. Außerdem weiß er, daß diese unterhaltsamen Irreführungen seinen Ruf als intelligenten Menschen nicht schmälern können. Daher überläßt er sich gern den ablenkenden Worten des Taschenspielers, folgt ihnen bereitwillig und läßt sich leicht täuschen.«

Jean-Eugène Robert-Houdin
in ›Confidences‹ 1858

Soll ein Mann, der nichts kann,
Schwerter schleudern, wieder fangen,
Münzen aus der Luft herlangen,
Bann aussprechen, wieder nehmen,
Schlangen locken und bezähmen –
Eigne Klinge wird ihn ritzen,
Schlänglein werden ihm entflitzen,
Ganz vergeblich wird er schwitzen,
Und man höhnt ihn ins Gesicht –
Doch den echten Gaukler nicht!
Handvoll Staub und welke Blume,
Eine Frucht, die man ihm gab,
Oder ein geborgter Stab
Dienen alle seinem Ruhme,
Und das Volk, das ihn beschaut,
Schaudert stumm und jubelt laut.

Rudyard Kipling
in ›Kim‹

Rudyard Kipling (1865–1936), englischer Schriftsteller und Nobelpreisträger, Verfasser der ›Dschungelbücher‹, war von der Zauberkunst fasziniert. Und natürlich hatte er sich auch für die Künste der indischen Wundermänner interessiert. Auf einem Wohltätigkeitsbazar in Lahore bewies er, daß er selbst ein Zauberer war. Er führte den Nähnadeltrick vor – er verschluckte erst einige Nadeln und dann einen Faden. Später zog er die Nadeln aus seinem Mund, eingefädelt!

»Wie alle Knaben, liebte und beneidete ich manche Berufe: den Jäger, den Flößer, den Fuhrmann, den Seiltänzer, den Nordpolfahrer. Weitaus am liebsten aber wäre ich Zauberer geworden. Dies war die tiefste, innigst gefühlte Richtung meiner Triebe, eine gewisse Unzufriedenheit mit dem, was man die Wirklichkeit nannte und was mir zuzeiten lediglich wie eine alberne Vereinbarung der Erwachsenen erschien; eine gewisse bald ängstliche, bald spöttische Ablehnung dieser Wirklichkeit war mir früh geläufig, und der brennende Wunsch, sie zu verzaubern, zu verwandeln, zu steigern.

Blicke ich zurück, so ist mein ganzes Leben unter dem Zeichen dieses Wunsches nach Zauberkraft gestanden . . .«

Hermann Hesse in
›Kindheit des Zauberers‹

»Meinen Vater bekam ich nur wenig zu Gesicht. Jeden Morgen begab er sich ins ›Palais‹, den Justizpalast, mit einer Mappe voller Dinge unter dem Arm, die man nicht anrühren durfte und die er seine Akten nannte. Seine Augen waren blau und vergnügt. Wenn er abends heimkam, brachte er Mama Parmaveilchen mit, sie küßten einander und lachten. Papa lachte auch mit mir. Er verblüffte mich, indem er aus meiner Nasenspitze Zehn-Sous-Stücke zog.«

Simone de Beauvoir

V Traum vom Fliegen

Levitations-Illusionen

Traum vom Fliegen
Und wieder mir träumte, ich wäre geflogen,
und diesmal war es doch sicherlich wahr,
denn ich hatte so leicht wie die Luft ja gewogen
und hatte die Knie an den Körper gezogen,
und es ging wie im Flug, im beherztesten Bogen
hoch über der schwergewichtigen Schar,
es war keine Täuschung, ich war nicht betrogen,
es flogen die Stunden, die Tage, das Jahr.

Mit fliegenden Hoffnungen vollgesogen,
so wach' ich mit müderen Gliedern auf.
Zu Lande ist Leben; und angelogen,
vom leichtesten Trug an der Nase gezogen,
aus allen Himmeln zur Erde geflogen,
da lieg' ich, da liegen die Lügen zuhauf.
Und trotzdem bleib' ich dem Traume gewogen,
so läuft er sich leichter, der Lebenslauf.

Karl Kraus

Honoré Daumier kannte das Experiment ›Der frei schwebende Knabe‹ aus dem Theater Robert-Houdin. Er zeichnete den Vorgang als Allegorie auf das Europa seiner Zeit. Auf der Bajonettspitze balanciert die Symbolgestalt, angestarrt vom Volk, das wie der Zeichner gegen Aufrüstung und Krieg ist. Aus ›Le Charivari‹, 1867

Die Menschen der Urzeit konnten zum Himmel aufsteigen. Ihre eigene Kraft hob sie empor. Aber auch den Wolken oder den Flügeln der Vögel vertrauten sie sich zum Fluge in die Höhen an. Die Flugkraft jener Menschen ist in den Mythen dokumentiert.

Wir Heutigen wissen, daß die Wirklichkeit der Mythen eine andere ist als die, die wir erfahren. Wunschvorstellungen sind psychische Realitäten. Und diese sind nicht umsetzbar: Das freie Schweben ohne technische Nachhilfe wird Wunschtraum bleiben.

In den Märchen steigen die Helden und Magier in die Lüfte, um Entfernungen zu überbrücken. Schuhe und Pferde, Kutschen und Teppiche sind dabei distanzüberwindende Hilfsmittel. Auch in unseren Träumen können wir fliegen, schweben. Wollen wir es sonst erleben, müssen wir uns ins Einvernehmen mit den Zauberern setzen. Müssen ihnen nachsehen, daß sie mit Trickvoraussetzungen ein Erlebnis suggerieren, das anders nicht zu haben ist. Gelingt uns diese Selbsttäuschung, schwebt auf der Bühne die Assistentin des Illusionisten tatsächlich.

Die SCHWEBEILLUSIONEN haben eine relativ kurze Geschichte. Da existieren Berichte von einem ›Wundermann‹, der sich um 1830 in Madras »in die Luft setzt«. Sheshal hieß dieses Genie. Er schenkte den Zauberern ein Thema, das bis heute seine Faszination behalten hat. 120 Zentimeter nur hockte der Wundermann vom Erdboden entfernt in der Luft. Ein Handgelenk stützte sich noch auf einen undefinierbaren Gegenstand, der den Kontakt zur Erde herstellte. Sheshal schwebte also nicht frei. Aber sein Bild ging in den Gazetten als der erste Mensch um die Welt, der »auf Nichts in der Luft sitzt«.

Robert-Houdin verbesserte 1847 in seinem Pariser Zaubertheater diese Täuschung. Er gab ihr einen zeitbezogenen Rahmen, tat so, als ob er seinen Sohn mit Äther betäube und ließ ihn, leicht von einem Stab unterstützt, in der Luft ruhen (s. S. 87).

Wenig später plakatierte der Münsteraner Alexander Heimbürger, auf seiner Amerikatournee damals gerade in Guatemala angekommen, ›Das Wunder von Hindustan oder Das in der Luft schwebende Kind‹.

Und bald darauf ist diese Art der Levitation so volkstümlich wie ab 1920 die ›Zersägte Jungfrau‹ oder heutzutage Robert Harbins ›Zig-Zag-Illusion‹.

Eines Tages nahm der Engländer Alfredo Sylvester, der sich ›Fakir von Oolu‹ nannte, den stützenden Stab fort. Der Gehilfe schwebte nun ›frei in der Luft‹. Eine wesentliche Verbesserung also.

Aber noch gab es kein ›bewegtes Schweben‹ – keine Illusion des Durch-die-Luft-Gleitens. Die gelang schließlich 1867 John Nevil

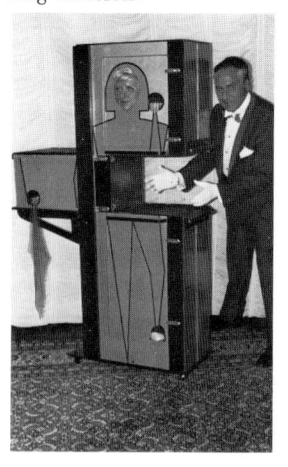

Pan Zéro mit der ›Zig-Zag-Illusion‹

Maskelyne, der seine Frau im Londoner Kristallpalast frei über die Bühne schweben ließ.

Um die Jahrhundertwende zeigte der Berliner Illusionist Otto Heinemann († 1930) im Passage-Theater ›Aga, die schwebende Jungfrau‹, die mit anderen technischen Behelfen als die vorhergehenden Bühnen-Levitationen ausgeführt wurde. Die Zauberkünstler unterscheiden seither zwischen der ›Asrah‹- und der ›Aga‹-Levitation, letztere wurde wegen ihrer einfacheren Konstruktion oft in den Buden der Vergnügungsparks verwandt.

Robert-Houdin: Der frei schwebende Knabe

Im Jahre 1847 sprach man von nichts anderem als vom Äther und seinen erstaunlichen Nutzanwendungen. Damals kam mir der Gedanke, das Interesse des Publikums zu benutzen, um ein Gelegenheitsstück daraus zu machen, das unerhörten Erfolg hatte.

Jean-Eugène Robert-Houdin (1805–1871), bedeutendster französischer Prestidigitateur, schildert so die von ihm erdachte erste bühnenwirksame Form der Schwebe-Illusion. Sie wird, in nahezu gleicher Form, auch heute noch gezeigt. Allerdings meist immer mit einer schwebenden Dame. (Über Robert-Houdin siehe auch S. 141)

»Meine Herrschaften«, sagte ich mit dem Ernst eines Professors an der Sorbonne, »ich habe im Äther eine neue, wirklich wunderbare Eigenschaft entdeckt. Wenn ein Lebewesen diese Flüssigkeit – hochgradig konzentriert – einatmet, wird dessen Körper binnen kurzem so leicht wie ein Ballon.«

Nach dieser Einleitung ging ich zum Experiment über. Ich stellte drei Hocker auf eine Holzbank. Mein Sohn stieg auf den mittleren Hocker, ich hieß ihn die Arme ausbreiten, die ich durch zwei auf je einem Hocker aufgesetzte Stäbe in der Luft abstützte.

Dann hielt ich dem Knaben einfach ein leeres Fläschchen, das ich sorgfältig entkorkte, unter die Nase, während man in der Kulisse auf eine stark erhitzte Eisenschaufel Äther goß, dessen Dämpfe sich im Saal verbreiteten.

Mein Sohn schlief sofort ein, seine Beine wurden leichter und begannen sich vom Hocker abzuheben. Ich war der Ansicht, daß das Unternehmen geglückt war, zog also den Hocker unter dem Knaben fort, so daß dieser nur noch von den beiden Stäben gestützt wurde.

Dieses seltsame equilibristische Kunststück rief im Publikum bereits großes Staunen hervor. Es wuchs noch, als man sah, daß ich den einen der beiden Stäbe und den Hocker, auf dem er aufgesetzt war, wegnahm; und schließlich erreichte es seinen Höhepunkt, als ich meinen Sohn mit dem kleinen Finger in horizontale Lage brachte, ihn so frei schwebend schlafen ließ und noch, den Gesetzen der Schwerkraft zum Trotz, die Füße der Bank entfernte, die sich unter dem ungewöhnlichen Aufbau befand, wie es der Stich darstellt.

Die erste Vorführung fand am 10. Oktober 1847 statt.

Wenn Pan Zéro eine Dame »engelgleich im Schwebehang« hoch über die Bühne gleiten läßt, dann verstummt die Frage nach »dem Trick« vor der Vollkommenheit dieser Illusion.

Die schwebende Jungfrau

Lange Zeit war sie die Attraktion der Attraktionen.

Ihr Name wechselte. Aber, er erinnerte doch immer an ein alkoholfreies Erfrischungsgetränk.

Der Ausruf »Schwebende Jungfrau« trägt alle Zauberkraft schon in den zwei Worten aufgespart. Vom Adjektiv zum Subjektiv steigert sich die Neugierde – und beide zusammen ergeben einen Sachverhalt, der schwindlig macht wie die Achterbahn.

Das Unmögliche wird hier zum Ereignis – und so besteige ich mit meinem Freund Alois Loichinger die Treppe zum Palast.

Leicht gewickelt und nur mit Deckblatt versehen, hebt sich auf der offenen Bühne die Dame empor. Sie schwebt durch brennende Reifen – und man kann es fast hören, wie sie die Gesetze der Schwerkraft zerbricht, die uns alle binden.

Dazu schläft sie – und weiß von nichts. Und daß sie nie im Leben zum Zuschauer ihrer magischen Genialität werden kann, das ist ihr einziger Fluch . . .

Mein Freund Loichinger, der den Fehler hat, jegliches Ereignis sofort in Beziehung zu sich selbst zu setzen, tuschelt mir ins Ohr: ». . . Interessant wär' sie schon . . ., aber als Braut möcht' i's net g'schenkt . . .!«

»Wieso?«

». . . Ja, wennst moanst – jetzt wär's a bisserl zünfti, da fangt sie zum Schweben an – und schon fliagt s'oben auf'm Plafond umanand . . .!«

»So sei doch staad . . .! Du störst ja.«

Der Loichinger gab keine Ruhe, bis mir die ganze schwebende Jungfrau zu Zweifel zerpflückt war.

Und heute lebt sie nur mehr als zweidimensionaler Öldruck, wie ein Schlafzimmerbild, in meiner Erinnerung . . .

Ernst Hofrichter: Die Straße der Abnormitäten
Ein Spaziergang durchs Münchner Oktoberfest (1960)

Die schwebende Jungfrau

Von Hans Leip

Meine erste Liebe war
eine Dame auf dem ›Dom‹,
und sie kam wie jedes Jahr
als das ›schwebende Phantom‹.

Über ihrer Bude schwang
sie auf mächtigem Plakat
engelgleich im Schwebehang
ohne Spur von Apparat.

Still gab ich den Groschen hin,
stand gespannt im grauen Zelt,
und sie ward als Königin
ihres Faches vorgestellt.

Lila Seide ihr Gewand,
ach, wie war sie zart und klein!
Und ein Mann mit bleicher Hand
schläferte sie redend ein.

Nieder sank sie, steif und stumm.
Wie ein Holz war sie gelegt
auf ein Sammetpodium
und blieb vorerst unbewegt.

Nur die Hand des Mannes strich
bleich. Noch glaubte man es kaum,
da, ganz langsam hob sie sich
seiner Hand nach in den Raum.

Und verhielt wohl augenhoch,
und ein Reifen, den er frei

über ihren Körper zog,
war Beweis, wie echt es sei.

Von der bleichen Hand gelenkt,
ward sie langsam wie ins Grab
auf den Samt zurückgesenkt,
ward erweckt und sprang herab.

Ob sie wohl ein Engel war?
Ich war gleich in sie verliebt.
Mancher glaubt mit sieben Jahr,
daß es wirklich Engel gibt.

Und sie trat zu uns herab
mit dem Teller. Ach gering
war, was ich bebend gab.
Bleib! so sprach sie. Doch ich ging.

Wartete, wo hinterm Zelt
ich den bunten Wagen fand.
Rings die Nacht war grell erhellt,
während ich im Dunklen stand.

Spät kam sie und müd heraus.
Staunend faßte mich ihr Blick,
doch dann lachte sie mich aus
und verriet mir ihren Trick.

Erde ist der Augen Preis,
irdisch bleibt, was uns erscheint,
und kein Reif ist der Beweis
dessen, was das Herze meint.

Aus: ›Die Hafenorgel‹, Hamburg, 1948

Das Seilmirakel — orientalische Magie

Kommt die Rede auf die Wunder des Orients, stellt sich alsbald das indische Seilmirakel als Diskussionsstoff ein. Denn dieses wundersame Phänomen hat den Vorteil, weithin bekannt zu sein. Jeder hat eine ungefähre Vorstellung von ihm, und kein Zweifel nagt an denen, welche die altvertrauten Geschichten weitererzählen: Vom erstarrten Seil, das im Himmel befestigt scheint, vom Knaben, der es erklettert und schließlich von seinem Gebieter zerstückelt, später aber wiederhergestellt wird.

Der aus Tanger stammende arabische Reisende Ibn Batuta gilt als der erste Schilderer des Seilwunders. Von 1333 bis 1347 hielt er sich in Indien und China auf. In Hangtschau erlebte er eine Gauklerdarbietung im Hause des Mandarins: »Ein Zauberer ergriff eine Hohlkugel, in der sich mehrere Löcher befanden, durch welche lange Riemen liefen. Er warf die Kugel in die Luft und stieg empor, bis sie unseren Blicken entschwand. Als sich in seiner Hand nur mehr ein kurzes Ende der Riemen befand, gab er einem seiner Lehrlinge eine Anweisung. Dieser klammerte sich an den Riemen fest und stieg in die Luft, bis er unseren Augen entschwand. Dreimal rief ihn dann der Zauberer an, aber er gab keine Antwort. Da erfaßte der Magier ein Messer, als ob er im höchsten Zorn wäre, und hängte sich an die Riemen, bis auch er unsichtbar wurde. Dann warf er eine Knabenhand auf die Erde, hierauf einen Fuß, dann die zweite Hand, den zweiten Fuß, den Rumpf und schließlich den Kopf. Nun stieg er keuchend herab. Seine Kleider waren mit Blut bespritzt. Er nahm die Glieder des Knaben, befestigte sie aneinander, gab dem ganzen einen Fußtritt, und siehe, der Knabe stand unverletzt auf. Der Richter Afsar-ed-Din stand an meiner Seite und sprach zu mir: ›Bei Gott, hier gab es weder ein Hinauf- noch Hinabsteigen, noch ein Gliederabschneiden. Das ist alles nur Taschenspielerei.‹«

Die Erzählung des Arabers verrät nicht nur lebhafte orientalische Einbildungskraft, sie bietet auch mit den letzten Worten Ansätze zur Wahrheitsfindung. Diese fehlen aber bei all jenen, die durch die Jahrhunderte jene Geschichte weitergaben. Und aufschlußreich ist es, wie sehr sich alle Nacherzähler bemühen, vom Seiltrick als von einem Wunder zu sprechen und ihn dadurch jeder kritischen Fragestellung zu entziehen.

Auch der Mongole Khan Jehangir, der in Delhi von 1605 bis 1627 regierte, schrieb in seinen Lebenserinnerungen von einer entsprechenden Vorführung. An seinem Hof führten bengalesische Gaukler

Experimente mit in die Luft geworfenen Ketten vor, an denen Hunde, Panther und Löwen hinaufrannten.

Im Jahre 1676 behauptete der englische Seemann Edward Melton, er habe das Experiment in Batavia gesehen, und von da an datiert die Volkstümlichkeit dieses Themas: In den meisten Kuriositäten-büchern des 18. Jahrhunderts findet sich Meltons Bericht.

Sachliche Berichterstatter, unter ihnen Kronprinz Rupprecht von Bayern in seinem 1922 erschienenen Reiseerinnerungen aus Indien, gaben zu, daß sie keine Spur des Seiltricks gesehen hatten. Ebenso Arthur Koestler, der in seinen Asienbuch ›Von Heiligen und Auto-maten‹ bemerkte: »Ich habe den Seiltrick nicht gesehen und habe auch keine verläßliche Person finden können, die ihn gesehen hat.«

Der Seiltrick hatte Ende des vergangenen Jahrhunderts eine un-wahrscheinliche Publizität erlangt, ohne daß es glaubhafte Augen-zeugen gab. Also ging man auf die Suche nach jemandem, der den Vorgang demonstrieren konnte. Hohe Geldpreise wurden für die Vorführung ausgesetzt. Aus der langen Liste der Persönlichkeiten, die mit Geld einen Wundermann herbeilocken wollten, mag nur Lord Lonsdale, der indische Vizekönig, genannt sein. Er setzte 1875 zehn-tausend Pfund Sterling aus für den Fakir, der auf einem Fest zu Ehren des Prince of Wales (des späteren Königs Eduard VII.) das Seilmirakel vorführen würde. Niemand meldete sich.

Unter den Versuchen, den Seiltrick zu deuten, scheint einer bemer-kenswert: Die Hypnosetheorie. Hier wird von Anfang an auf einen inner-seelischen Vorgang verwiesen, bei dem das Irreale während des hypnotischen Tiefschlafes als real im Sinne eines Traumerleb-nisses erscheint. So bestechend diese Deutung auch sein mag, so we-nig hielt sie näherer Untersuchung stand.

Die Entstehung der Hypnosetheorie fällt in das Jahr 1890. Ein Mister S. Ellmore teilte der ›Chicago Times‹ mit, daß er und sein Reisegefährte Augenzeugen des Seilwunders gewesen seien. Genauer gesagt: Der Verfasser des Artikels habe Lichtbilder angefertigt, der Begleiter den Vorgang gezeichnet. Später habe sich herausgestellt, daß auf den fotografischen Platten nichts von dem enthalten sei, was der Zeichenstift festgehalten habe. Also bleibe nur die Schlußfolge-rung, der Wundermann habe die umstehenden Menschen hypnoti-siert. Nur die Kamera habe sich dieser Beeinflussung entzogen.

Aber eine solche Massenhypnose ist unmöglich. Auch der beste Hypnotiseur vermag es nicht, einem ihm fremden Zuschauerkreis, der dazu noch – wie es bei Touristen der Fall ist – nicht seine Sprache versteht, Bewußtseinsinhalte aufzudrängen, die in der wahrnehm-baren Welt keine Entsprechung haben.

Chinesische Gauklertruppe 1820

Die Geschichte des Mister S. Ellmore entpuppte sich als typisch angelsächsischer practical joke. Die ehrenwerte ›Society for Psychical Research‹ sandte einen Dr. Richard Hodgson von London nach Indien, um das von S. Ellmore neu beschriebene Kunststück zu finden. Er brachte folgende Entdeckung mit nach Hause: Der Bericht in der ›Chicago Times‹ stammte von einem geschickten Journalisten namens John Wilkie, der alles frei erfunden hatte. Als besondere Pointe gab er sich einen Verfassernamen, der aufmerksamen Lesern einen Schlüssel geben mußte: Denn S. Ellmore meint ja nichts weiter als: sell more – verkaufe mehr!

Eines jedoch behauptete die weltweit gebrauchte Hypnosetheorie zu Recht: Daß nämlich das Vorhandensein des Seiltricks, wie er immer dargestellt wurde, Legende ist. Eine Legende allerdings, deren archetypische Fracht so bedeutsam ist, daß ihre Bestandteile verstreut in Mythen, Sagen und Märchen zu finden sind. Zerlegen wir die einzelnen Vorgänge dieser Legende, nehmen wir ihre Inhalte nicht nur

als blinde Neigung zum Wunderglauben, sondern als Bilder und Gleichnisse, in denen sich Ur-Sehnsüchte gesammelt haben, dann haben wir einen Schlüssel zum Mysterium.

Das in den Himmel ragende Seil knüpft gleichnishaft die niederen Gebundenheiten an die höhere Welt, aus der alles Heil ersehnt wird, in der die Lösung aller Probleme zu finden ist. Der in den Höhen verschwindende Knabe symbolisiert die Sehnsucht des Menschen, sich dereinst aufzulösen, schattenlos zu sein und endgültig geborgen im leidlosen Nirwana. Zerstückelung wie Heilwerden sind Zeichen der Verwandlung zum Vollkommenen hin, Symbole für Tod und Auferstehung.

Das in den Himmel geworfene Seil ist Sinnbild des Kontaktes mit dem eigentlichen Lebensquell, der im Jenseitigen liegt. Es ist anderen Symbolen verwandt, die alle in verschiedener Gestalt das gleiche auszudrücken suchen. Die Weltenesche ist eines, sie steht an heiligen Quellen, berührt den Himmel und reicht mit ihren Wurzeln durch die Reiche der Asen, Riesen und Toten. Die Schöpfer des Turms zu Babel wollten sich mit dem Bauwerk, das bis an den Himmel reichen sollte, ›einen Namen machen‹ – also Macht gewinnen aus der Anmaßung der Gottähnlichkeit. Auch die Genesis zeigt im Traumerlebnis einen solchen Heilsweg, dessen Symbol die Leiter ist.

In norddeutschen und böhmischen Sagen finden sich Hexen, die kurz vor ihrer Verbrennung einen Zwirnsfaden in die Luft werfen, um daran in die Höhe zu fahren. In Irland kennt man den legendären Gaukler Caol Riava. Der holte aus einem Sack einen großen Ballen Zwirn, wickelte ein Ende um die Finger und warf den Ballen schräg in die Luft, wo er sich in den Wolken verlor. Und die Ureinwohner von Queensland glauben auch heute noch, daß die Seele der Toten mit Hilfe eines Seiles einen Platz am Sternenhimmel erklimmen. Fällt schließlich das Seil herunter, erscheint es den auf der Erde Zurückgebliebenen als eine Sternschnuppe. Auch für den Stamm der Yuin aus der Ureinwohnerschaft Südost-Australiens ist die Möglichkeit einer Kontaktaufnahme mit dem Himmel heute noch eine Realität. Nach dem Glauben der Stammesangehörigen ist es ihrem Anführer, der in seiner Person die drei Ämter des Häuptlings, des Medizinmanns und des Zauberers vereinigt, gegeben, an einem Faden, der so dünn wie ein Grashalm ist, bis zum Himmel hinaufzuklettern. Die Macht dazu hat er von Daramulun, dem Höchsten Wesen.

Aber wir brauchen gar nicht so weit zu gehen: Das flämische Märchen ›Die wunderbare Bohnenranke‹ stellt ebenfalls diesen unmittelbaren, vertikalen Weg in den Himmel dar, den der Bauer an der in die unendliche Höhe gewachsenen Bohnenranke kletternd zurücklegt, um dort seine maßlosen Bitten erfüllt zu bekommen. Ähnlich erkletterte der Lügenbaron Münchhausen an einer türkischen Bohne den Mond, den er glücklich erreichte . . .

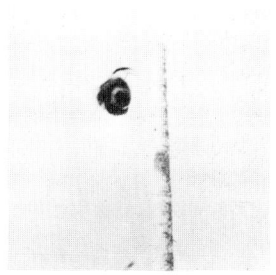

Auch das Unsichtbarwerden – durch das Verschwinden des Knaben am Ende des Seils dargestellt – geistert durch die Märchenliteratur des Abendlandes, findet sich als selbstverständliches Ergebnis der Kraft von Heiligen, Yogis und Zauberern. Was für unsere Vorstellungswelt die Tarnkappe, ist der unsichtbar machende Stein oder das Kraut in der Hand des Walis. Für die Yogis sind es die magischen Augensalben, unter anderem das Antimon, das sie ›nach Belieben unsichtbar machen soll‹. Und Zerstückelungen von Lebewesen kennen wir aus dem alten Ägypten: Marco Polo hat sie als religiöses Opfer beschrieben; in Mexiko gab es Selbstzerschneider.

Die Zauberer der westlichen Welt haben auf ihre Weise von dem Seilwunder, das es nicht gibt, profitiert. Sie erfanden technische Vorrichtungen, die es ihnen erlauben, auf großen Bühnen den geschilderten Vorgang zu zeigen. Besondere Seile wurden erfunden und Bühnentechniken geschaffen, die dem Betrachter das Seilerlebnis der Legende vorgaukeln. Der Illusionist Horace Goldin, von dem eine der besten Versionen stammt, nahm Spiegelungen zu Hilfe. Howard Thurston plakatierte, er werde diese berühmteste Illusion der Welt zum erstenmal außerhalb Indiens vorführen, und dem Engländer Louis Nikola gelang die beste Kopie der Seiltricklegende. Er ließ eine Assistentin das Seil hinaufklettern und in einer sich plötzlich entwickelnden Rauchwolke verschwinden.

Es ist nicht verwunderlich, daß auch der Film den Vorwurf des Seiltricks übernahm. In Douglas Fairbanks Stummfilm ›Der Dieb von Bagdad‹ war der Seiltrick zu sehen, so wie er ursprünglich geschildert worden war. Und auch der Varietéfilm ›Truxa‹ zeigte eine Version des Seiltricks. Aber im Film läßt sich vieles realisieren, was außerhalb des Studios nicht mehr durchführbar ist . . . Auch die hier beigegebene Bilderfolge ist einem Film der dreißiger Jahre entnommen worden. Vorsichtig hieß es damals im Begleittext zu diesen trickmäßig gestellten Aufnahmen (man beachte, daß man niemals das Seil in seiner ganzen Länge stehen sieht und daß es überhaupt mehr den Charakter eines umwickelten Bambus- und Metallstabes hat), der Film stellte den Vorgang so dar, »wie ihn die gespannt noch oben starrende Menge zu sehen glaubt«. Mit dieser einschränkenden Anmerkung zeigte man die Fotos 1938 erstmalig in der ›Berliner Illustrirten‹. Als im Februar 1949 der ›Stern‹ die Bilder wieder veröffentlichte, wurde so kommentiert: »Daß es sich aber nicht um gestellte Bilder handelt, scheint einwandfrei aus der Faszination der

eingeborenen Zuschauer hervorzugehen.« Ein weiterer Schritt also zur Festigung der Legende.

So muß man, zumal wenn man selbst ein Zauberer ist, dem nie gesehenen Mirakel doch gern zugestehen, daß es den Meistern in der Kunst der möglichen Täuschung einen starken Anreiz gab, immer wieder auch das Unmögliche zu versuchen.

Tönnessens indischer Seiltrick
Berliner Wintergarten
Maiprogramm 1937

Plötzlich taucht ein junger Mann namens Tönnessen auf und behauptet, den indischen Seiltrick zu können. Und tatsächlich führt er diesen Trick aus! Das Seil, mit dem er das Kunststück zeigt, unterscheidet sich in nichts von einem gewöhnlichen Schiffstau. Es fliegt, von seiner rechten Hand geschleudert, empor, bis es eine Höhe von ca. 5 m erreicht hat. Den Rest läßt der Fakir zu Boden fallen, und plötzlich ist das Seil starr. Man kann es von allen Seiten anfassen – es ist ganz hart. Ein kleines Mädchen klettert an dem Wunderseil empor – und das Seil hält. Wieder herabgeklettert, winkt er nur mit der Hand, und das Seil fällt in sich zusammen. Die Zuschauer sind fasziniert und möchten gern wissen, wie der Zauberer Tönnessen den Seiltrick zustande bringt. Nun, das ist sein eigenes Geheimnis, das er nicht so leicht einem anderen mitteilen wird. Aber vielleicht errät es einer von Ihnen, meine Herrschaften!

VI Weibliche Mirakel

Weibliche Mirakel entstammen dem 19. Jahrhundert. Schnell breiteten sie sich über ganz Europa aus. ›Miß Aimée‹ ging mit dem Kopf nach unten hängend unter der Decke der Varietétheater spazieren. Es gelang ihr mit Hilfe pneumatisch sich ansaugender Sohlen. Rasch fand sie eine Nachfolgerin, die dabei aber tödlich verunglückte. ›Dida, die Erschaffung des Weibes aus dem Nichts‹, gehörte zu den Attraktionen der Jahrhundertwende. Otto Heinemann stellte in Berlin seine ›Nereiden-Illusion‹ vor, bei der in einem leeren Bassin plötzlich einige schwimmende Damen erschienen. Einmal gab es dabei einen echten Theaterskandal, als das Bassin platzte, die Wassermassen sich über Bühne und ins Orchester ergossen und das Eintrittsgeld zurückgezahlt werden mußte.

Das erste Mal verschwand eine Dame spurlos von der Bühne des Eden-Theaters in Paris an einem Frühlingsabend des Jahres 1886. Was der geniale Buatier de Kolta sich ausgedacht hatte, nahmen die Zuschauer so wahr: Eine Dame setzte sich auf einen Stuhl, der auf einer sorgfältig ausgebreiteten Zeitung stand. Es sollte so bekundet werden, daß die Dame nicht einfach in einer Versenkung verschwand. Ein Seidentuch wurde über sie geworfen, Buatier de Kolta zählte bis drei, zog das Tuch fort, und die Dame war nicht mehr zu sehen. Kollege Charles Bertram, den Eduard VII. häufig zur Unterhaltung seiner Gäste heranzog, erkaufte sich die Vorführungsrechte für England. Andere Künstler waren nicht so rücksichtsvoll – sie stahlen die Idee. Und bald verschwanden überall in der Welt Damen auf den Bühnen. Karikaturisten zeichneten ›würdige Ehemänner, die dem Zauberer zuflüsterten, er solle doch gegen eine stattliche Belohnung die ihnen Angetraute wegzaubern‹. Geheime Wünsche offenbarten sich auch, als ein englischer Zeichner nach dem Vorbild jener verschwindenden Dame das ganze irische Problem vom politischen Parkett hinwegeskamotieren wollte.

Die ›Verschwindende Dame‹ regte andere Illusionen an, die sich in vielerlei Verkleidungen bis heute gehalten haben. In Amerika kam die erste Verbesserung auf. Alexander Herrmann und William E. Robinson ließen den Stuhl, auf dem die Dame saß, in die Luft ziehen,

In einer sich öffnenden Rose erschien Tery Uferini und sang: »Ich weiß, es wird einmal ein Wunder geschehen . . .«, dann schloß sich die Blume, verschwand in einem Lichtschein, und die Künstlerin stand im weißen Frack auf der Bühne.
Aus dem Programm ›100 Jahre Uferini‹, um 1950

erst dort verschwand sie. Der Engländer Hercat dramatisierte die Idee. Eine junge Dame bestieg einen Tisch, ein Tuchvorhang wurde über sie niedergesenkt, dann feuerte der Künstler eine Pistole gegen die verhüllte Dame ab. Rauch quoll aus dem Vorhang, Flammen wurden sichtbar. Als Hercat die Umhüllung fortzog, kamen nur die schreckenerregenden Überreste einer Dame zum Vorschein. Die Anregung will Hercat aus der Höhlenszene der damals vielgelesenen Novelle ›She‹ von H. Rider Haggard entnommen haben.

Als Kind sah ich in Berlin einige dieser Mirakel auf dem ›Stralauer Fischzug‹ und im ›Lunapark‹. Nachhaltig blieb mir eines in Erinnerung, das ich in einem Kuriositätenkabinett am Friedrichshain erlebte. Da stand auf einer kleinen, griechisch zurechtgemachten Säule eine Marmorbüste. Musik ertönte, und langsam begann der Kopf lebendig zu werden. Die steinernen Falten des leblosen Gesichtes lösten sich in Bewegungen auf, und schließlich öffneten sich zögernd die Augen, die sich fragend und verwundert von einem tiefen Schlaf zu distanzieren schienen. Dann schlossen sie sich wieder langsam in dem Gesicht, das erneut zu Stein erstarrte. Damals wußte ich noch nichts von Pygmalion und Galatea. Später erfuhr ich, daß der englische Zauberkünstler Albini diese Illusion schon in den achtziger Jahren des vergangenen Jahrhunderts im Londoner ›Royal Aquarium‹ darbot.

Glücksfälle sind es, wenn man heute derartigen Illusionen begegnet. In Dublin konnte man sich noch vor einigen Jahren anstellen, um die ›Lebende Seejungfrau im Zimmeraquarium‹ zu sehen. Umspielt von Süßwasserfischen, konnte man sie betrachten. Zuerst war man zwar enttäuscht, daß diese seltsame Verbindung von Mensch und Fisch nicht größer als zehn Zentimeter war, da doch die Reklame die volle Lebensgröße erwarten ließ. Aber wie groß soll eine ›Lebende Seejungfrau‹ denn sein? Die Proportionen stimmten jedenfalls, sie bewegte sich sehr munter – das hatte zu genügen.

In England entdeckte ich ein anderes Mirakel. Es war einem Tüftlergehirn entsprungen, das sich die neuesten wissenschaftlichen Erkenntnisse zu eigen gemacht hatte – so jedenfalls behauptete der Ausrufer vor der Schaustellung. Das Unausdenkbare sollte zuwege gebracht werden: Ein Mensch verschwindet vollständig. Ein zufällig Anwesender wohlgemerkt, nicht etwa die Assistentin des Schaustellers! Eine Dame aus dem Publikum brauchte nur in einen Glasschrank zu treten, der nahe beim Rampenlicht auf der Bühne stand. Er war mit einer großen Anzahl von Lampen ausgestattet, die einen ausreichenden Überblick zuließen. Der Schausteller schaltete seine ›Elektronische Maschine‹ an – und allmählich verschwand die Dame

›Die Dame ohne Körper‹, von Dr. Lynn erdacht. London, 1893

vor unseren entsetzten Augen! Das Kabinett blieb im Inneren deutlich sichtbar, von der Dame fehlte jede Spur. Erst als der Vorführende seinen Apparat zurückschaltete, begannen sich langsam menschliche Umrisse abzuzeichnen, schattenhaft zuerst, sich dann verdichtend, bis schließlich der ganze Mensch wieder auf der Bühne stand.

Schon 1810 verwandelte ein Schweizer Künstler namens Chalon im St. James Theater in London ein junges Mädchen in einen Vogel. Etwas später zeigte Henry Phillips eine ›Sprechende Büste‹, einen ›Lebenden Kopf in der Glasflasche‹ und einen anderen, der auf einer Metallschaukel ruhte. Der vielseitigste Künstler derartiger Illusionen war Roltair. Im Londoner Kristallpalast waren gleich zehn seiner ›Wunder‹ zu bestaunen. Er gab ihnen klangvolle Namen wie ›Der fliegende Engel‹, ›Marie Antoinette‹ (deren Kopf man sehr lebendig auf einer Schüssel liegen sah, ein Leib war nicht zu entdecken), ›Die Wassernymphe‹ und ›Die Schwatzhafte‹, die ihren eigenen, lieblichen, ständig redenden Kopf vor sich selbst auf einem Tablett dahertrug. Auch ›Rolla‹ war unter ihnen, die halbe Frau. Später errichtete Roltair auf Coney Island (New York) seinen ›Dreamland-Park‹. Hier stellte er einige der erstaunlichsten und aufwendigsten Großtäuschungen aus, die je erdacht wurden. 1911 wurde der ›Dreamland-Park‹ durch Feuer zerstört, alle Illusionen des großen Illusionisten gingen in Flammen auf, nie wieder wurden sie in dieser Meisterschaft dargeboten.

Die Frau ohne Unterleib im Luna-Park

Sie war in Mode als das beliebteste Unge-heuer. Man drängte sich um ihren Sockel, mit erhobenem Haupt, wie Ödipus. Die Leserinnen Freuds befragten sie über ihre Träume. Wäre es nicht der Gipfel des Raffinierten gewesen, wenn man sie mit Hilfe eines Systems von Spiegeln, wodurch man auf Jahrmärkten die köstlichen Frauen ohne Unterleib erzielt, mit ein Paar Beinen versehen hätte?

Jean Cocteau

Wer je die erste ›Dame ohne Unterleib‹ ausstellte, wird nicht mehr zu ermitteln sein. Die einen meinen, Barnum* habe diesen Begriff geprägt, als er 1890 nach Europa kam. Doch bereits um 1880 gab es im Wiener Prater – ausgestellt von Karl Bernhaupt – einen ›Spre-chenden Kopf‹ und eine ›Dame ohne Unterleib‹. Bei diesen Schau-stellungen ist zu unterscheiden, ob das ausgestellte Geschöpf ›echt‹ und wirklich bedauernswürdig war – wie zum Beispiel ›Lily, das beinlose Wunder‹, deren Körper tatsächlich an ihrer Taille aufhörte und die mit Hilfe kräftiger Arme auf den Händen laufen konnte und so ihren Körper über der Erde hielt –, oder zu den ›getrickten‹ ge-hörte, deren Unterkörper auf raffinierte und nicht zu entdeckende Weise der Betrachtung entzogen wurde. Die echten Damen ohne Unterleib, die von der Natur benachteiligten, denen nichts weggespie-gelt werden mußte, unterschrieben den Vertrag mit ihren Schau-stellern nur, wenn er den Passus ›Familienanschluß wird gewährt‹ enthielt und menschliche Behandlung garantiert wurde . . .

Damen ohne Kopf und ohne Unterleib
Elegische Erinnerung an verjährte Jahrmarktswonnen

Nur selten noch sind sie auf unseren Volksfesten und Jahrmärkten zu finden. Unsere von der Technik und dem Horror beherrschten Vergnügungsplätze geben nicht mehr den passenden Rahmen ab für die romantisch verklärten Schaustücke. ›Weibliche Mirakel‹ wollen in Muße betrachtet sein, wozu der hastige Jahrmarktsbesucher heut-zutage nicht mehr die Zeit mitbringt.

Im Londoner Battersea Park zog mich vor einigen Jahren ein Zelt an, über dem in großen Lettern geschrieben stand: ›Spidergirl‹. Es gehört zur großen Familie der ›Frauen ohne Unterleib‹. Ein Mäd-chenkopf war an einem übergroßen Spinnenleib angewachsen und lag in dieser schaurig-schönen Verbindung auf einem weitmaschigen Spinnennetz.

Es gibt Frauen, die als Zauberinnen auf die Bühne gehen. Sie ha-ben mit den ›Weiblichen Mirakeln‹ nichts gemeinsam. Zauberinnen sind tätig, wie Kirke es war, als sie die Gefährten des Odysseus in Tiere verwandelte. ›Weibliche Mirakel‹ dagegen werden zur Schau

---

* Phineas Taylor Barnum (1810–1891), amerikanischer Schausteller, eröffnete 1871 einen Zirkus, der zu seiner Zeit als die ›größte Schau der Welt‹ galt.

gestellt, sie sind passiv und wirken nur durch ihre jeweilige Absonderlichkeit. Sie strafen das in England entstandene Wort Lügen, eine Frau sei ein Wesen, das es verstehe, aus Nichts eine Szene zu machen. Sie machen keine – sie regen nur die Phantasie ein wenig an. Deshalb ist ihre Wirkung auch größer als die der tätigen Zauberin. Weibliche Mirakel zaubern nicht, sie verzaubern.

Die Chronik der Weiblichen Mirakel ist lang und vielfältig, jedoch kann sie niemals vollständig sein. Denn die Spuren der meisten Schausteller, Erfinder und Zauberkünstler, die ›Weibliche Mirakel‹ dargeboten haben, lassen sich nicht mehr auffinden. Aus Anzeigen, Plakaten, Flugschriften und Berichten in alten Journalen ist aber manches von dem zu rekonstruieren, was unsere Vorfahren ergötzte.

Amanda Halbe, die Dame ohne Oberleib

Wir zeigen Ihnen anschließend die Sensation der Sensationen, Amanda Halbe, die Dame ohne Oberleib! In der guten alten Zeit war die Spidergirl – das Entzücken unserer Großväter.

Dame ohne Unterleib das Interessante, das Elektrisierende, das Angemessene, der heimliche Wunschtraum des Mannes! Aber welch grausamer Wunsch, welch ein böser Traum! Suchen Sie sich in die Dame ohne Unterleib hineinzuversetzen! Welch Leben voller Mängel und Nachteile mußte die Bedauernswerte führen! Bar der Mutterfreuden und der vorausgehenden Annehmlichkeiten, untauglich für Spaziergänge aller Art, eine Existenz an Ort und Stelle und statt auf ein ausgefülltes Dasein auf die Leihbibliothek angewiesen, gewissermaßen eine liebreizende Blume ohne Topf (trocknet sich die Augen), – nein, die Dame ohne Unterleib war nicht das Richtige, sie war ein Mißgriff der Zivilisation! Dies schließlich erkennend, haben wir unermüdlich geforscht, gezüchtet, experimentiert. Zunächst erzeugten wir die Dame ohne Vorderleib! Ein gewagtes Projekt und ein tieftrauriges Ergebnis! Der Herr dort links nickt und pflichtet mir bei. Er scheint Phantasie zu besitzen. Der Anblick war schauderhaft. Die Dame ohne Vorderleib war ein Mißgriff, und wir warfen sie weg. Wir zahlten Lehrgeld und schritten zum nächsten Versuch: Wir schufen die Dame ohne Hinterleib. Auch sie war ein Mißgriff, und was für einer! Ersparen Sie mir, näher darauf einzugehen. Ein Mensch, der nicht sitzen, noch liegen kann, der immer stehen muß, bei Tag und Nacht, und immer mit dem Rücken, den er nicht hat, zur Wand! (trocknet sich die Augen). Wir warfen sie weg! Erst die letzte, die vierte Möglichkeit brachte die Erfüllung! Amanda Halbe, die Dame ohne Oberleib, vereinigt in sich alle Vorteile ohne jeden Nachteil. Sie ist das Ideal des modernen Mannes. Ich darf das sagen. Ich spreche aus Erfahrung. Ich bin mit ihr verheiratet. Wir haben drei Kinder, und unsere Ehe ist eine denkbar glückliche. Amanda ist von den entzückenden Füßen bis zur mit zwei Händen umspannbaren Taille vorhanden und besitzt innerhalb dieser Grenzen eine himmlische Figur. Treten Sie näher. Überzeugen Sie sich selbst. Sie kann stehen, liegen und sitzen, ist häuslich und spart Hüte, Jumper, Schminke und Handtaschen. Sie ist von ausgesprochen lustigem Temperament, außerdem Landesmeisterin im Langstreckenlauf, beherrscht alle Drahtseilakte vollendet, und ihre Lieblingsbeschäftigung ist der Ausdruckstanz. Sie zeigt Ihnen zwei Tänze. Zuerst den ›Guten Kameraden‹ mit ihrer geradezu ergreifenden Ausdeutung der Zeile »Kann dir die Hand nicht geben!« und spielt und tanzt dann die ihr auf den Leib geschriebene Hauptrolle in der beschwingten Kurzrevue »Ich hab' den Kopf in Heidelberg verloren!« Gehen Sie nicht an Amanda vorüber! Treten Sie näher! Treten Sie ein! (erstarrt)

Aus Erich Kästner, ›Die kleine Freiheit‹

A LIVING HALF WOMAN
SUSPENDED IN MID-AIR

Suche Stellung als

DAME OHNE UNTERLEIB
Sofort frei!

Mein Sohn, 16 Jahre alt, kann als
Zettelverteiler mit tätig sein.

Witwe Schulze. Adr: Die Exped.

Internationale Artisten-Zeitung

Zehn Bilder waren es – und sie waren lebendig. Es ist notwendig zu sagen, daß sie lebendig waren. Und daß sie bezaubernd waren, zeigten die Menschenmengen, die sich im ›Olympia‹ um sie drängten. Sie waren Täuschungen, wie der ihnen gegebene Name – Illusionen – andeutet. Und dennoch, die Illusion war so perfekt, die Darstellung so realistisch, daß kein Tag verging, an dem nicht jemand ihre Echtheit bekundete.

»Um Himmels willen!«, rief eine Dame, als sie Rolla, die ›halbe Frau‹ erblickte, »und sie lebt wirklich?«

»So sehr wie Sie und ich, Madame«, erwiderte Professor Roltair, der Illusionist.

»Und wann passierte es?«

»Was sollte wann passiert sein?«

»Der Unfall, als sie von der Eisenbahn halbiert wurde.«

»Kein Unfall hat sie in zwei Hälften geteilt. Es war unser Plan – und wir teilen sie in zwei Hälften, viermal am Tag und alles nur, um dem Publikum zu gefallen.«

Ein anderes Ereignis konnte ich selbst beobachten. Ein Knabe betrachtete ›Folly‹ – einen Mädchenkopf, der auf einem Tisch lag. »Oh, der ist ja nur aus Wachs«, sagte der Junge triumphierend zu seinem Vater. »Kann Wachs denn sprechen?« fragte ihn Folly und sah ihn lachend an. »Sie ist nicht aus Wachs«, unterbrach nun ein anderer Betrachter, der einigen Freunden zu erklären versuchte, wie die Illusion produziert wurde, »aber sie sieht uns durch Glas hindurch an«.

»Nein, das tue ich nicht«, seufzte süßlich Folly zurück.

»Es ist eine Lüge – eine absolute Lüge!« erboste sich der Betrachter. »Ist es wirklich so?« fragte höflich Professor Roltair, der daneben stand. »Der Knabe kann zu ihr gehen und sie küssen, und das könnte er nicht, wenn sie durch Glas von uns getrennt wäre.« Roltair führte den Knaben in das Kabinett und hin zu Follys Gesicht. Es war kein Glas da – jeder konnte es nun bestätigen. Und der Mann, der das so boshaft bekundet hatte, wurde für einige Minuten zum Gespött der anderen. Natürlich war da irgendwo Glas, aber vollkommen anders verwendet, als man vermuten konnte.

Als der Vorhang gefallen war, nahm mich Roltair mit hinter die Kulissen. Folly stieg gerade aus dem Kabinett, und sie tat das so, wie jeder normale Mensch es tun würde, mit Hilfe ihrer Beine. Mehr noch als Folly selbst interessierte mich der Prozeß, der sie zu einer harmlos Enthaupteten machte. Da ist zuerst der Tisch, der ihren isolierten Kopf trägt. Er ist länglich und hat ein Loch in der Mitte, das groß genug ist, den Kopf durchzustecken. Direkt darunter befindet sich eine Plattform, auf der Folly immer dann steht, wenn sie ›enthauptet‹ erscheinen soll. Aber was wird aus ihrem Körper? Wäre der sichtbar, dann gäbe es keine Enthauptungsillusion. Denn man blickt ja direkt unter dem Tisch hindurch auf die Rückwand des Kabinetts. Ohne jede Behinderung.

Der Tisch hat nur vier Beine; die Illusion täuscht ein fünftes Tischbein vor: eines an jeder Tischecke und ein fünftes in der Mitte zwischen den anderen sichtbaren Beinen. Unter dem Tisch, auf dem Boden stehend, sind zwei Spiegel im rechten Winkel zueinander angebracht. Sie reichen von der Mitte der Tischfront zu den rückwärtigen Tischbeinen, und diese Spiegel verbergen Follys Körper. In jedem Spiegel reflektiert sich eines der vorderen Tischbeine und erscheint als ein Tischbein an der Rückseite. Man erhält so den Eindruck, unter dem Tisch hindurchsehen zu können, was das Vorhandensein eines Körpers dort unmöglich erscheinen läßt – und dennoch ist er da, voller Leben, ebenso wie das lachende Gesicht, das wir sehen können. Natürlich muß größte Sorgfalt angewandt werden, damit die Spiegel zu den Dimensionen des Tisches und des Raumes passen, ebenso sorgfältig muß die Beleuchtung des Ganzen arrangiert werden.

Zehn dieser Illusionen sind zu sehen, und ausgenommen der ›Dreigesichtige Mann‹ muß sie jeder als ›Visionen der Lieblichkeit‹ ansehen. Der ›Dreigesichtige Mann‹ ist lediglich ein mechanischer Effekt, mit Hilfe zweier wirklicher Gesichter und einer Maske produziert. Er hat vier Augen, vier Wangen und drei Nasen. Wenn zwei Menschen eine Maske zwischen ihre Gesichter halten und der eine mit dem linken Auge durch das rechte Auge der Maske schaut, der andere dagegen mit dem rechten Auge durch das linke Auge der Maske, so kann man mühelos begreifen, wie diese Illusion zustande kommt.

Die meisten mit Illusionen vertrauten Menschen denken, die präsentierten Bilder seien lediglich Reflektionen, und deshalb halten sie an der Decke und an den Seiten Ausschau nach Spiegeln. Aber was sie sehen von dem lebenden Subjekt, sehen sie tatsächlich direkt. Spiegel werden zwar – wie im Falle von Folly – gebraucht, aber sie werden in jeder Illusion auf unterschiedliche Weise verwendet. Manchmal wird nur ein Spiegel genommen, ein andermal zwei. Die ›Lebendigen musikalischen Arme‹, bei denen zwei Arme auf einem röhrenförmigen Glockenspiel Musik machen, ohne daß man Körper oder Kopf erkennen könnte, werden von nur einem Spiegel hervorgebracht; der ›schwebende Cherubin‹, ein körperloser Kopf mit Flügeln auf einer sich bewegenden Schaukel ruhend, und der ›Kopf der Marie Antoinette‹, der sich auf einem Teller dreht, werden von je zwei Spiegeln vorgetäuscht; ›Rolla, die halbe Frau‹, ›Die menschliche Spinne‹ und die ›Wassernymphe‹, bei der Kopf und Oberkörper aus einem Flüssigkeitsbehälter erscheinen und verschwinden, werden allgemein nur von einem Spiegel produziert. Aber Roltair verwendete auch hier einen zweiten, um die Illusion perfekt zu machen.

›Die Schwatzhafte‹ erwies sich als sehr attraktiv. Hier scheint eine kopflose Frau ihren eigenen Kopf auf einem Silbertablett zu halten. Obgleich es so staunenerregend aussieht, ist nur ein Trick im Spiel. Roltair hatte nichts dagegen, daß ich ihn erkläre. Zwei Frauen bewirken diese Täuschung. Die eine liegt so auf einer Plattform, daß ihr Kopf auf dem Silbertablett zu ruhen kommt, die zweite liegt auf einer anderen Plattform über ihr, und ihre herausragenden Arme halten den darunterliegenden Kopf auf dem Tablett. Die aufrecht stehende kopflose Frau ist lediglich eine drapierte Figur. Der Hintergrund des Kabinetts ist durch jenen als ›Verwischer‹ bekannten Effekt verdunkelt. Das heißt, die Objekte des Hintergrundes sind verhältnismäßig dunkel gehalten und wirken durch das blendende Licht im Vordergrund noch dunkler.

Was Professor Roltair mit seiner Kunst vollführen konnte, wurde eines Tages in New York offenbar, als ihn Barnum und Bailey baten, eine neue Illusion einzurichten – irgend etwas »Starkes und Aufregendes«. Er präparierte daraufhin ›Blaubarts Kammer‹. Sieben Frauenköpfe, die wie tot erschienen, lagen im Raum auf Präsentiertellern verteilt, von denen Blut zu tropfen schien – das Blut war Anilin und wurde durch Gummiröhren zugeleitet. Als alles fertig war und das Publikum eingelassen wurde, zählte man in den ersten anderthalb Stunden zwölf ohnmächtig gewordene Besucherinnen. Roltair ging zu Barnum und fragte ihn, was zu tun sei. »Laß sie ohnmächtig werden«, gab der zur Antwort, »das ist es ja, was ich wünsche!«

Aus Cassell's Magazine, 1900

Bei der betreffenden Stelle des Vortrages öffnet sich langsam die Blume, aus deren Kelch der jugendlich frische Körper einer verschleierten Bajadere bis zu den Hüften hervorkommt. Bei den Worten: ›Der Mond, der ist ihr Buhle‹, geht der Mond auf, so daß aus der Dunkelheit sein Schein auf die Blume fällt. Die Bajadere läßt den Schleier sinken, blickt sehnsüchtig träumerisch zum Monde auf, verhüllt dann mit wehmütiger Gebärde ihr Angesicht wieder und sinkt langsam in den Kelch der Blume zurück, deren Blütenblätter sich über ihrem Haupte schließen.

Während der Illusion ›Die Lotosblume‹ deklamierte der Künstler:

> Die Lotosblume ängstigt
> Sich vor der Sonne Pracht
> Und mit gesenktem Haupte,
> Erwartet sie träumend die Nacht.
>
> Der Mond, der ist ihr Buhle,
> Er weckt sie mit seinem Licht,
> Und ihm entschleiert sie freundlich
> Ihr frommes Blumengesicht.
>
> Sie blüht und glüht und leuchtet
> Und starret stumm in die Höh';
> Sie duftet und weinet und zittert,
> Vor Liebe und Liebesweh.

Der bestrafte Illusionist

Ein Illusionist ist in Solingen wegen Betrugs verurteilt worden. Derselbe hatte dort in der Umgebung mit einem Gehilfen eine Schaustellung veranstaltet, die er als ›Röntgen-Strahlen-Durchleuchtung, das Skelett im Körper einer lebendigen Dame‹ öffentlich ankündigte. Ein Wirt im Wald, der sich die Nummer für einige Zeit verpflichtete, entdeckte, daß die ›Durchleuchtung‹ der Dame lediglich eine Illusion war, die mittels des Skeletts eines Verstorbenen hervorgerufen wurde, während durch Spiegelkunst und Lichtreflexe die in einem Glaskasten liegende Dame derart unsichtbar gemacht worden war, daß nur die Umrisse ihres Körpers schwach erkennbar waren. Die Angeklagten behaupteten vor Gericht, daß jeder Besucher der Schaustellung sofort hätte erkennen müssen, daß es sich nicht um eine Röntgen-Strahlen-Durchleuchtung, sondern nur um eine Illusion handele. Das Gericht fand aber die beiden des Betrugs schuldig, indem es das Publikum als den geschädigten Teil ansah. Das Publikum, das der Vorstellung beiwohnte, habe in seiner Mehrheit den wahren Charakter der Vorführung nicht erkannt, wenn auch zugegeben sei, daß die Vorstellung einem anderen Publikum gegenüber vielleicht nicht als Betrug anzusehen sei. Mit Rücksicht hierauf kamen die beiden mit je 3 Mark Geldstrafe davon.

Aus: ›Die Zauberwelt‹, Oktober 1903

Das Mädchen ohne Kopf
Von Jacoby Stein

»In meiner Jugend habe ich viele Zauberkünstler gesehen. Sonntags nachmittags ging ich gern zu dem Zauberer Block, der am Severinstor Kindervorstellungen gab und im Nebenhaus von uns wohnte. Schon damals habe ich ihm manches abgeschaut, so die Wanderung des Würfels durch den Hut, das Tuch im Ei, den Eierbeutel, was ich dann in meinem Hänneschen-Theater vorführte. Auch in späteren Jahren habe ich von diesem Künstler viel gelernt. Block war ein großer Bastler, der mir manches Gerät gebaut hat. Wir waren in einer kleinen Zauberrunde vereinigt, der auch Edmund Urbanschek angehörte. Eines Abends sagte Block: ›Ihr müßt mal einen Menschen bringen, dessen Körper lebt, während der Kopf tot ist, also umgekehrt wie bei der Enthauptungsillusion.‹ Wir lachten zunächst über diesen Einfall, doch wiederholte Block des öfteren seine Anregung, die wir uns durch den Kopf gehen ließen und die auch Wirklichkeit

Castans Panoptikum
Hohe Straße 11/13.
Neu!   Neu!   Neu!
Ohne Extra-Entree.
Die neueste Pariser Illusion:
Die Enthauptung einer Dame auf offener Bühne.
Im Vorderhause:
Das wahrsagende Haupt sagt jedem die
Zukunft voraus,
ein Wunder der Mnemotechnik.
Eintrittspreis 25 Pfg.
Original-Kölner Hänneschen-Theater.
Täglich große Faxen-Vorstellungen.

wurde. Mit diesem ›Mädchen ohne Kopf‹, das große Aufregung hervorrief, reiste ich los. Frau Hugo Haase erklärte mir, daß ich wirklich etwas Neuartiges und Aufsehenerregendes herausgebracht hätte.

Ich zeigte diese Täuschung in Lübeck, Kiel, Flensburg, Danzig, Tilsit, Memel, Reichenberg, Innsbruck, Salzburg, Jugoslawien und dann wieder auf dem Hamburger Dom. Besonderen Wert legte ich auch auf die Gestaltung des Erlebnisses und leistete mir bei den Vorstellungen gelegentlich sogar zwei echte Krankenschwestern. Den Vortrag zu dieser Attraktion hielt Rolf Fehrmann aus Köln, ein durchgefallener Arzt, der in Jena studiert hatte. Dort entwickelte sich eines Tages eine regelrechte ›Studentenschlacht‹ im Verlauf einer Schaustellung, da die angehenden Mediziner und andere Studenten in eine hitzige Erörterung gerieten, ob ein Mensch ohne Kopf überhaupt bestehen könne.«

Aus den für Alexander Adrion aufgezeichneten Erinnerungen des Kölners Jacoby Stein, der heute mit 87 Jahren in Linz lebt. Als Sechzehnjähriger brach er seine Buchhändlerlehre ab und zog in die Welt. In volkstümlichen Unterhaltungsstätten verdiente er sich sein Geld als ›Schnellmaler‹. 1909 wurde er Zauberkünstler. Als ›Kü-Wang-Sü‹ trat er mit seiner chinesischen Nummer auch in großen Varietés auf. Für einige Jahre besaß er im Wiener Prater ein eigenes Illusionstheater: Kuriositäten wie das ›Marsweib‹ und das ›Spidergirl‹ zeigte er auf vielen europäischen Kirmesplätzen.

Kind an einem Menschenhaar

Vor mehr als hundert Jahren geschah es, daß ein Menschenhaar zum eigentlichen Mittelpunkt eines unerklärbaren, staunenerregenden Effekts wurde. Am 16. Januar des Jahres 1860 führte der französische Künstler Hamilton im Pariser Zaubertheater Robert-Houdin die Illusion ›L'enfant enlevé par un cheveu‹ vor. Ein zierliches, wunderschön gekleidetes Mädchen betrat die Bühne. Einige Zuschauer konnten sich überzeugen, daß es auf keinerlei Weise für den kommenden Trick vorbereitet worden war – sie konnten nichts Verdächtiges entdecken. Daraufhin wählte der Künstler sorgfältig ein Haar des Kindes aus dem Haarschopf, rollte es subtil zwischen Daumen und Zeigefinger und erhob langsam mit ausgestrecktem Arm das Mädchen ungefähr 40 cm vom Boden. In dieser Position ließ er das Kind an diesem einen Haar ein Weilchen hängen, um es dann – betont langsam – wieder herunterzulassen.

Das Kunststück mit dem an einem Haar hängenden Mädchen war derartig beliebt, daß die Konkurrenz sich rasch des Geheimnisses bemächtigte: der Zauberkünstler Robin zeigte es bei Gastspielen in London und später in seinem eigenen Illusionstheater in Paris. 1885 bot der Konstrukteur Voisin den Trick für lächerliche 15 Francs zum Verkauf an: »Mit Hilfe dieses Apparates, der unsichtbar ist, können Sie ein Kind an einem Haar hochheben.«

Aber seltsamerweise machte sich niemand mehr die Mühe, dieses herrliche Kunststück einzustudieren, das 25 Jahre vorher das Entzücken des Publikums in dem berühmtesten französischen Zaubertheater war. Auch Zauberkünste unterliegen dem Zeitgeschmack, auch in der Kunst der schönen Täuschungen gibt es Moden. Und was selten in der Zauberkunst geschieht, widerfuhr diesem Trick: spätere Generationen von Zauberkünstlern rätselten über dieses Kunststück nach, und die gewagtesten Erklärungen erschienen in den Fachjournalen.

Jedenfalls gebührt in den Annalen der Zauberkunst dem ›Kind, das an einem Haar in die Höhe gehoben wurde‹ ein unbestreitbarer Rang. Es war der einzige Zaubertrick, bei dem ein Haar die Hauptrolle spielte und Tausende von Menschen faszinierte.

Robin hebt in seinem Illusionstheater in Paris ein Mädchen an einem Haar in die Höhe.

Das Mädchen in der Glaskugel

>»Denn seht, Kreisler, so versessen sind die Menschen auf Wunder, daß, war auch das Kunststück mit dem unsichtbaren Mädchen nicht anders möglich, als durch die Mitwirkung eines menschlichen Wesens, sie doch das ganze Ding für eine dumme Fopperei geachtet haben würden, sobald sie erfuhren, daß das unsichtbare Mädchen von Fleisch und Bein.«
> Abraham Liscov im ›Kater Murr‹

Im Paris des ausgehenden 18. Jahrhunderts gab es ein weibliches Mirakel, das schnell zum Tagesgespräch wurde: das ›Unsichtbare Mädchen‹. Schauplatz des Ereignisses war der ehemalige Kapuzinerkonvent nahe der Place Vendôme. Hatten die Besucher die hell erleuchtete Halle betreten, sahen sie einen an vier Metallketten hängenden leeren Kasten. An einem Kastenende war ein Schalltrichter angebracht. Sprach jemand eine Frage in diesen Trichter hinein, antwortete ihm eine Geisterstimme. Hielt er einen Gegenstand vor den Trichter, so wurde er von jener Stimme genau beschrieben. Unheimlich war das schon – sogar der Atem der mysteriösen Sprecherin war durch den Trichter zu vernehmen. Manchmal sang das unsichtbare Geschöpf, auch gab es Ratsuchenden orakelhaft Antwort und Weisung. Doch das Tagesgespräch war die Unsichtbarkeit. Die verworrenen Deutungsversuche waren nicht uninteressanter als das Phänomen selbst.

Der Herr des ›Unsichtbaren Mädchens‹ von Paris war Etienne-Gaspard Robertson (1763–1837). Er stammte aus Lüttich, wo er Professor für Physik war. 1794 hatte er der französischen Regierung den Bau eines Riesen-Brennglases vorgeschlagen. Es sollte die englische Flotte, die zu jener Zeit die französischen Seehäfen blockierte, in Brand setzen. Sein Plan wurde abgelehnt. Bald darauf ging er unter die Schausteller kurioser Experimente. Ihm sind jene ›Phantasmagorien‹ zu danken, die zur Vorgeschichte der Kinematographie zählen. Und besucht man in Paris den Friedhof Père-Lachaise, dann entdeckt man bald sein unübersehbares, weil sechs Meter hohes Grabmal, das mit phantastischen Reliefs noch heute von Ruhm und Wohlhabenheit des erfindungsreichen Illusionsfanatikers kündet.

Weil zwei seiner Gehilfen, die Brüder Aubée, im Pavillon de l'Echiquier ein Konkurrenzunternehmen eröffneten und im Verlaufe der sich daraus ergebenden Prozesse Robertsons Vorführungsmethoden bekannt wurden, gab es bald Dutzende von ›Phantasmagorien‹ in der Seinestadt, jene gefahrlosen Gruselkabinette, in denen man liebe oder gefürchtete Verstorbene in Rauchschwaden hineinprojiziert erleben konnte.

Robertsons rastloser Erfindergeist kam durch diese Konkurrenzunternehmen auf neue Ideen. Er befaßte sich mit aerostatischen
Versuchen, mit neuartigen Feuerwerken und den öffentlichen Park-
anlagen der Stadt. Und dann kam auf einem Stadtbummel die Entdeckung, die er in seinen Memoiren so beschreibt: »Ein akustisches
Experiment von größter Simplizität, doch auf geniale Weise präsentiert, ließ ganz Paris zusammenlaufen. Es war ›La fille invisible‹.
Neugierig las man das einmalig lächerliche Plakat, auf dem das
große Phänomen des unsichtbaren Mädchens mit einer so schamlosen
Scharlatanerie angekündigt war, von der man sich in einem Dorfe
hätte Erfolg versprechen können, aber nicht inmitten von Paris: ›Entdeckung der Unsichtbarkeit des menschlichen Körpers‹. Es gelang mir
rasch, hinter das Geheimnis zu kommen, dessen Prinzipien sich schon
in Portas ›Magica naturalis‹ gefunden haben.«

Robertson brachte dieses Experiment bald in neuer, genial verbes-
serter Form heraus. Bei ihm sprach das ›Unsichtbare Mädchen‹ aus
einem Kristallkasten. »In meinem Kabinett hatte sie einen großen

In Paris stellte E. G.
Robertson 1796 ›Das
unsichtbare Mädchen‹
vor. Aus einem frei
aufgehängten Kasten
kamen Antworten auf
alle Fragen. Diese
akustische Illusion
bewegte Jahre hin-
durch die Gemüter.

Erfolg. Sie zog eine große Zahl von Neugierigen an. Ich gab ihr den Namen ›Ein akustisches Experiment‹.«

Auch E. T. A. Hoffmann kannte dieses Experiment. In Berlin mag er dem ›Unsichtbaren Mädchen‹ begegnet sein. Denn Robertson berichtet von den abenteuerlichen Wegen, die dieses Mirakel durch Europa nahm. Ein italienischer Schausteller brachte es nach Rußland, wo die Vorführung nach wenigen Tagen verboten wurde. Ein Zauberkünstler namens Schuert übernahm das Experiment und zeigte es in Berlin. Dort gab man sich aufgeklärt und fand derartig viele Erklärungsversuche, daß das Mirakel nach Königsberg entfloh. Weitere Spuren entdeckte man in Wien, Prag und Düsseldorf.

Als E. T. A. Hoffmann zwischen 1819 und 1821 seinen ›Kater Murr‹ schrieb, gab er dem ruhelos über die Straßen Europas gezogenen ›Unsichtbaren Mädchen‹ ein literarisches Zuhause. Der Kapellmeister Johannes Kreisler, »Hoffmanns anderes Ich und die tiefste und höchste der von ihm erschaffenen Gestalten« (Bergengruen), hörte geduldig den Berichten des Orgelbauers Abraham Liscov zu, der selbst »großen Geschmack fand an allerlei wunderlichen Spielereien« und vorübergehend als Taschenspieler auftrat, nachdem er sich an der großen Orgel von Göniönesmühl krankgearbeitet hatte. Auf seinen Reisen, auf denen er selbst »die artigsten Kunststücke« vorführte, lernte er eines Tages einen Herrn Severino kennen, der mehr als er von magischen Künsten verstand. Severino schien mit dem Teufel oder wenigstens »mit anderen honetteren Geistern« im Bunde zu stehen. E. T. A. Hoffmann läßt Liscov erzählen: »Das mehreste Aufsehen erregte sein weibliches Orakel, ein Kunststück, das eben später unter dem Namen des unsichtbaren Mädchens bekanntgeworden. Mitten im Zimmer, von der Decke herab, hing frei eine Kugel von dem feinsten klarsten Glase, und aus dieser Kugel strömten, wie ein linder Hauch, die Antworten auf die an das unsichtbare Wesen gerichteten Fragen. Nicht allein das unbegreiflich Scheinende dieses Phänomens, sondern auch die ins Herz dringende, das Innerste erfassende Geisterstimme der Unsichtbaren, das Treffende ihrer Antworten, ja ihre wahrhaftige Weissagungsgabe verschaffte dem Künstler unendlichen Zulauf. Ich drängte mich an ihn, ich sprach viel von meinen mechanischen Kunststücken, er verachtete aber, wiewohl im andern Sinn, als Ihr es tut, Kreisler, all mein Wissen und bestand darauf, ich sollte ihm eine Wasserorgel bauen zu seinem häuslichen Gebrauch, unerachtet ich ihm bewies, daß, wie auch der verstorbene Hofrat Meister zu Göttingen in seinem Traktat: ›De veterum Hydraulo‹ versichre, an einem solchen Hydraulos gar nichts sei und nichts erspart werde als einige Pfund Luft, die man, dem Himmel

Das Geheimnis des ›Unsichtbaren Mädchens‹, entlarvt von E. J. Ingennato, in: ›The Invisible Woman and Her Secret Unveiled‹, 1800

sei es gedankt, doch noch überall umsonst haben könne. Endlich beteuerte Severino, er brauche die sanfteren Töne eines solchen Instruments, um der Unsichtbaren beizustehen, und er wolle mir das Geheimnis entdecken, wenn ich auf das Sakrament schwöre, es weder selbst zu gebrauchen, noch andern zu entdecken, wiewohl er glaube, daß es nicht leicht möglich sein werde, sein Kunstwerk nachzuahmen ohne – hier stockte er und machte ein geheimnisvoll süßes Gesicht, wie weiland Cagliostro, wenn er von seinen zauberischen Verzückungen zu Weibern sprach. Voll Begier, die Unsichtbare zu schauen, versprach ich die Wasserorgel zu verfertigen, so gut es ginge, und nun schenkte er mir sein Zutrauen – gewann mich sogar lieb, als ich ihm willig Beistand leistete in seinen Arbeiten.«

Liscov also willigte ein, für Severino tätig zu werden, nur, um hinter das Geheimnis des ›Unsichtbaren Mädchens‹ zu kommen. Dieses aber enthüllte sich auf bestürzende Weise durch den plötzlichen Tod des Schaustellers. Das Mädchen kam in Gestalt des Zigeunermädchens Chiara aus einem Verschlag zum Vorschein, der an den Vorführungsraum grenzte. Von dort konnte sie, durch einen für das Publikum unsichtbaren Sehschlitz, die Szene überblicken. Und ein versteckt angebrachtes Sprachrohr, das die in den Schalltrichter gesprochenen Worte aufnahm und ihr zuleitete, erlaubte ihr nicht nur ein klares Verstehen der Fragen, sondern auch die sinnentsprechende Antwort, die auf dem Gegenweg das Ohr des Fragenden erreichte.

Abraham Liscov übergab das Mädchen Chiara einer Familie, die sie halten sollte »wie ihr liebes Kindlein«. Ein Jahr später ist ihm Chiara dann nachgeeilt, brachte ihm das Zauberbuch mit allen Geheimnissen ihres ehemaligen Herrn und wurde nicht nur sein ›unsichtbares Mädchen‹, sondern auch seine ihm angetraute Frau.

Die Erklärung E. T. A. Hoffmanns entsprach den Tatsachen. Er hatte sich in seiner Schilderung jedoch an eine formal abweichende Vorführungsform gehalten, die in London schon 1803 von Robert Charles am Leicester Square gezeigt wurde: aus dem Kasten Robertsons war ein Kupferball mit herausragenden Schalltrichtern geworden. Die einzige Umformung, die sich der Dichter erlaubte: der Kupferball war im ›Kater Murr‹ eine Glaskugel. Übrigens ist sogar der Name des Mädchens überliefert, das die ›Unsichtbare‹ für den französischen Escamoteur Charles in London spielte, es war Margaret Tenniel, deren Eltern in Soho lebten.

Für viele Wissenschaftler war damals das ›Unsichtbare Mädchen‹ eine Denkaufgabe. Der Physiker Ingennato versuchte schon 1800 unter dem Titel ›The Invisible Woman and Her Secret Unveiled‹, das Geheimnis herauszufinden; ein anderer Physiker, Christian Heinrich

Pfaff, schrieb 1807 in seinen ›Annalen der Physik‹ darüber, und David Brewster schilderte 1833 das Mirakel und seine Lösung in den ›Briefen über die natürliche Magie an Sir Walter Scott‹. Trotz aller Aufklärung bestaunte das Publikum noch lange Jahre das Wunder. Bis 1851 läßt sich die Spur des ›Unsichtbaren Mädchens‹ verfolgen. Auch Achim von Arnim muß dieses Mirakel gekannt haben. Im neunten Kapitel von ›Armuth, Reichthum, Schuld und Buße der Gräfin Dolores‹ läßt er den Grafen seiner Geschichte mit dem wunderlichen Helmstedter Professor Beireis zusammentreffen, der ihm seine Automaten und mechanischen Kunstwerke vorführt und ihm auch einen Dialog mit jenem unsichtbaren Geschöpf ermöglicht.

1833 erschien in Wien ein Intermezzo von August von Kotzebue mit dem Titel ›Das unsichtbare Mädchen‹, vierzehn Jahre also, nachdem der Autor von dem Studenten Sand erdolcht worden war. Das Bühnenbild zu diesem Stück lüftete das Geheimnis, das die Schaustellung bei Achim von Arnim noch umgab. Auf der geteilten Bühne waren die akustischen Verbindungen zwischen der Glaskugel und der Unsichtbaren zu sehen. Bedeutsamer als die Aufschlüsselung des Geheimnisses aber war die Einsicht, mit der der Dramatiker sein Stück enden ließ:

> »Die große Welt ist auch eine Kugel,
> Vor der ein Jeder die Ohren spitzt,
> Doch ohne zu ahnen im Gedränge,
> Daß hinter der Wand die Thorheit sitzt.
> Sie treibt mit Euch nur ihr Gespötte,
> Doch was sie flüstert, dünkt Euch wahr.
> Ihr rennt und klettert um die Wette,
> Allein das Glück bleibt unsichtbar.«

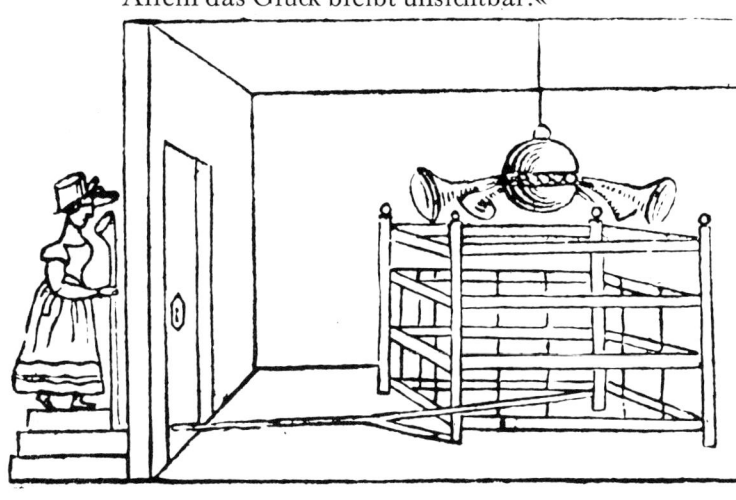

›Das Mädchen in der Glaskugel‹ in der Form, in der es bei E. T. A. Hoffmann im ›Kater Murr‹ geschildert wurde.

Auf diese Weise zeigte der aus Frankreich stammende Robert Charles 1803 seine Schaustellung an, mit der er lange Zeit das Londoner Publikum begeisterte.

Die zersägte Jungfrau

Ich habe noch nie eine Dame zersägt. Und ich beabsichtige auch nicht, es jemals zu tun. Obschon ich ein Zauberer bin. Nicht alle Zauberer zersägen Damen. Und auch die Umkehrung gilt: eine zersägte Dame allein macht noch keinen Zauberer! Als Horace Goldin seine Sägeillusion uraufführte, lockte er mit Riesenlettern die Besucher an: »Sehen Sie zu, wie Goldin eine Dame zersägt!« In einem Theater, das dem seinen gegenüberlag, trat gerade Emil Jarrow auf, ein hochgeschätzter Geschicklichkeitskünstler, der ohne jeden Apparat auskam. Der ließ ein Plakat veröffentlichen: »Sehen Sie Jarrow eine Zitrone zersägen!« In seiner zerschnittenen Zitrone fand sich nämlich ein unversehrter Geldschein wieder, den er vorher entliehen hatte. Er hatte das Spektakel nicht nötig. Es ist eine Geschmacksfrage, ob man eine zersägte Dame vorführt. Erstaunlicher als das Experiment ist die Tatsache, daß man soviel darüber spricht und es schlechthin für den Inbegriff der Zauberkunst hält. Ein Zaubervorgang auf der Bühne kann nur dann nachhaltig auf die Zuschauer wirken, wenn er unbewußten Wünschen und Sehnsüchten entgegenkommt, wenn er etwas möglich werden läßt, was mit den sonst zur Verfügung stehenden Mitteln nicht erreichbar ist.

Deshalb möchte ich auch nicht diese schaurig-schöne Illusion abtun mit dem Hinweis auf die niederen Publikumsinstinkte, denen der Illusionist effekthaschend nachkommt. Das wäre nur vordergründig, denn jene zersägte Dame wird immer wieder zusammengezaubert und präsentiert sich lächelnd und unversehrt dem Publikum. Der Trickvorgang des Zersägens allein kann mit seinem Nervenkitzel nicht vollkommen befriedigen. Das Zusammenfügen, das Ganz-zaubern ist es, was den Zuschauer eigentlich beglückt. Ein Mensch auf der Bühne, der doch – würde man dem Augenschein trauen – in zwei Teile zersägt nicht mehr lebensfähig ist, hat das Leben wieder-gewonnen und steht heil vor einem! Das aber ist ein Vorgang von stark archaischem Charakter, wenn man von allem Drumherum auf der Bühne absieht und nur die sinnbildhaften Elemente auf sich wirken läßt. Aus dem weiteren magischen Bereich wissen wir, daß die künftigen Schamanen in Initiationsträumen ihrer eigenen Zer-stückelung durch ›Geister‹ oder ›Dämonen‹ beiwohnen. Ein ekstati-sches Erlebnis läßt auf den symbolischen Tod die Erneuerung der Organe und die Auferstehung des Kandidaten folgen. Ähnliche Visionen und Erlebnisse sind von australischen Ureinwohnern, von den Eskimos und afrikanischen Stämmen bekannt. Auch in den My-then finden sich diese Vorgänge. So zerschneidet der Gott der Dun-kelheit den Körper des Osiris in vierzehn Stücke, die über die Land-schaft Ägyptens verstreut werden. Rufe und Gebete lassen die Teile wieder zueinanderfinden und sich zu einem Körper verbinden; bis dann eine Zauberformel der Isis ihren Gemahl ins Leben zurückholt und er das Totenreich verlassen kann. Von religiös motivierten Selbstzerstückelungen wußte Marco Polo aus Indien zu berichten. Reiches Material liefern auch legendäre Berichte: so der von dem jüdischen Kabbalisten Zedekias, der unter der Regierung Pippins des Kurzen Menschen zerstückelt haben soll, die er alsdann wieder zu-sammensetzte und lebendig machte.

Wie sehr das ›Heilwerden‹ des scheinbar zerteilten Menschen auch in der Täuschungskunst unserer Zeit dazugehört, wurde vor einigen Jahren bei Probeaufnahmen des amerikanischen Fernsehens deut-lich. Der indische Illusionist Sorcar hatte den seltsamen Einfall, bei seiner Zersägungsillusion die beiden Körperhälften getrennt von-einander liegenzulassen und damit das Experiment zu beenden. Das Studiopersonal war dermaßen schockiert über dieses unbefriedigende, nicht erwartete Ende, daß es sich weigerte, diese Spielart zu senden.

So sah man dann später auf den Bildschirmen den üblichen Schluß mit dem ›ganzgezauberten‹ Mädchen: Miß Dipty Dey, der zersägte Teenager aus Bengalen, zeigte sich ›lebendig‹ den Zuschauern. Das englische Fernsehen dagegen ließ Sorcar gewähren. Daraufhin erhielt die BBC Tausende von besorgten Anrufen, ob dem Mädchen auch wirklich nichts geschehen sei!

›Die zersägte Jungfrau‹ gehört heute zu den klassischen Großtäuschungen. Und dabei ist diese Darbietung noch keine sechzig Jahre alt. Der Mann, der zuerst die Idee hatte, eine Dame zu zersägen, war der englische Zauberkünstler Percy Tibbles, der von 1879 bis 1939 lebte und dem die magische Kunst viele Erfindungen und Anregungen verdankt. Als P. T. Selbit wurde er der Öffentlichkeit bekannt. Er hatte erkannt, daß der Zersägungsvorgang eines hübschen Mädchens noch sensationeller wirken mußte als die ›Enthauptungskünste‹, die man noch im vergangenen Jahrhundert in den Zaubervorstellungen von Alexander Herrmann und ›Professor‹ Vanek, bei Rubini und Dr. Lynn sehen konnte. Selbit führte seine Illusion Anfang 1921 vor: ein Mädchen wurde in eine Holzkiste gelegt, die nicht viel größer war als sie selbst. Ihre Hände und Füße, die durch Öffnungen nach außen gingen und von Zuschauern ständig zu sehen waren, wurden mit Seilen gefesselt. Und dann wurde die Kiste

Der Illusionist Horace Goldin brachte 1921 in Amerika seine Illusion ›The Great Divide‹ heraus, hierzulande als ›Die zersägte Jungfrau‹ bekannt.

in der Mitte zersägt ... Auch Zauberer erkennen an, daß Selbits Methode bis heute die täuschendste Illusion ist, weil nur ein Mädchen beteiligt war und die vollkommen unpräparierte Holzkiste auf Holzblöcken stand und nicht wie bei späteren Versionen auf einem Verdacht erweckenden Tisch.

Wenn der Erfinder dieser Illusion der breiteren Öffentlichkeit nicht bekannt wurde, dann liegt das an Horace Goldin, der im Juli 1921 in Amerika mit einem überwältigendem Reklameaufwand seine Illusion ›The Great Divide‹ herausbrachte. Er benutzte eine gänzlich andere Methode als Selbit. Goldin hatte lediglich Berichte über die Vorführung des englischen Kollegen gelesen und sofort die Möglichkeit dieser Illusion erkannt. Das Geheimnis, das hinter Selbits Täuschung steckte, interessierte ihn nicht. »Man gebe mir einen Effekt – und ich werde eine Methode finden, ihn zu produzieren« –, das war sein Motto. Außerdem war er so klug, sich seine Methode patentamtlich sichern zu lassen, woran Selbit nicht gedacht hatte. Die traurige Konsequenz war, daß Selbit seine Illusion nicht in Amerika zeigen durfte, er, der Erfinder! Die Methode des Horace Goldin war zwar nicht so gut, er verstand aber, sie sensationeller aufzumachen. Vor dem Theatereingang stand ein Krankenwagen mit dem Schild: ›Für den Fall, daß die Säge ausrutscht!‹ Das lockte die Neugierigen.

Gelegentlich ließ er Männer im Frack und mit weißen Handschuhen gemessenen Schrittes in verkehrsreicher Zeit zum Theater paradieren – offensichtlich Leichenbestatter, die bei der ›Großen Teilung‹ zugegen zu sein hatten. Die zerteilte Dame war übrigens eine Miß Irena Vanderbilt, die Goldin in seiner Werbung als »Die erste Frau, die in zwei Hälften zersägt wurde« marktschreierisch herausstellte, was natürlich wieder nicht stimmte, weil dieser ›Ruhm‹ ja Selbits Assistentin zukam – nur verstand der sich nicht so auf Werbung!

In seiner in den dreißiger Jahren in London erschienenen Selbstbiographie versucht Goldin, wenigstens seine ideelle Urheberschaft zu sichern. Lange vor Selbit wollte er den Plan zu dieser Täuschung fertig auf dem Papier gehabt haben allein seine Manager hätten davon nichts gehalten. Den Anstoß will er schon 1906 in Berlin erhalten haben, als er im Wintergarten gastierte. Auf einem Spaziergang sah er in einem großen Spielwarengeschäft eine Puppe in einer Wiege liegen. »Und plötzlich kam mir der Gedanke, daß es ein guter Effekt sein würde, wenn man eine Puppe zersägen und wiederherstellen könnte.« Doch diese so viel später publizierte Geschichte ist ziemlich unglaubwürdig.

Aber man sprach von Goldins Zersägungsillusion, und der war rasch dabei, sieben Schausteller mit diesem Trick auszurüsten und in die kleineren amerikanischen Städte zu schicken. Leider blieb die Freude an der Sache nicht ungetrübt. Bereits ein Jahr nach der amerikanischen Uraufführung produzierten sich mehr als hundert Illusionisten, einer davon sogar in Kalkutta, mit dieser chirurgischen Hexerei. Nahezu jede von technischen Behelfen abhängige Großtäuschung ist von ›Kollegen‹ leicht zu durchschauen und nachzuahmen. Ein zweites böses Ereignis: die R. J. Reynolds Tobacco Company ließ sich, nicht sehr fair, den Werbeschlager einfallen, das Geheimnis der ›Großen Teilung‹ in Anzeigen zu erklären, die für Camel-Zigaretten werben sollten. Goldin versuchte, gerichtlich gegen die Zigarettenfabrik vorzugehen. Fünf Jahre opferte er neben seiner Berufsarbeit Zeit und Geld dafür – vergeblich, denn die Zigarettenfabrik konnte nachweisen, daß sie das Geheimnis einem Zauberbuch von Walter Gibson hatte entnehmen dürfen. So blieben die 50 000 Dollar, die sich Goldin als Entschädigung erhofft hatte, ein Traum, eine Illusion.

Nachdem das Geheimnis der in der Kiste zersägten Dame entschleiert war, ließ sich Goldin eine Verbesserung einfallen, mit der er im Juli 1931 im Londoner Palladium überraschte: eine riesige rotierende Kreissäge wurde langsam durch einen Mädchenkörper geführt, der offen – also ohne durch eine Kiste den Augen entzogen zu

Horace Goldin (1873 bis 1939), Herr über viele ›Zersägte Jungfrauen‹.

sein – auf einem Brett lag. Noch sensationeller, noch mehr Nervenkitzel als zuvor. Aber auch hier hatte Goldin nur der Idee eines anderen die aufsehenerregende Form gegeben. Als ihm nämlich während eines Gastspiels im Apollo-Theater in der Berliner Friedrichstraße das Unglück geschah, daß die ›BZ am Mittag‹ die Erklärung der ›Zersägten Jungfrau‹ – so nannte man die Illusion unterdessen hierzulande – anhand von Originalabbildungen aus der Patentschrift veröffentlichte, ließ er die Illusion aus dem Programm nehmen und durch eine andere ersetzen: er wollte mit einem Elektrobohrer einen Türken durchbohren! Zur selben Zeit besuchte ihn der damals noch sehr junge Fred Milano* und gewährte ihm Einblick in die Unterlagen zu einer ihm bereits patentierten Illusion: ›Zerteilung einer jederzeit zur Gänze sichtbaren Person‹. Leider fehlte dem jungen Fred Milano das Geld, seine Illusion wenigstens im Modell herstellen zu lassen. Wie erstaunt war er, als Goldin ein

Horace Goldin überraschte 1931 im Londoner Palladium und später in der Berliner Scala mit einer atemberaubenden Verbesserung seiner Vorführung: die Dame wurde von einer rotierenden Kreissäge zerteilt . . .

* Vielseitiger deutscher Zauberkünstler, der schon als 13jähriger in Berlin vor 400 Kindern auftrat. War später Autor vieler Fachzeitschriften.

Jahr später wieder nach Berlin kam und in der Scala sein Experiment plakatierte: ›Ein jederzeit zur Gänze sichtbares Mädchen wird von einer Kreissäge zerteilt.‹ Der durchaus zugkräftige Gedanke mit der Kreissäge stammte von Goldin; das hinter der Illusion steckende und die Täuschung ermöglichende Prinzip war von Fred Milano, der allerdings über der Situation stand und lächelnd kommentierte, Goldin hätte sicher nur seine Anschrift vergessen...

Wie in allen artistischen Berufen ist es auch in der unterhaltsamen Täuschungskunst schwer, für einen Trick den Urheber zu benennen. Dinge, die heute hochmodern wirken, lassen sich oft auf Prinzipien zurückverfolgen, die schon vor Jahrhunderten bekannt waren. Jede Künstlergeneration findet kleine Verbesserungen, sucht formale Anpassungen an den jeweiligen Zuschauergeschmack, so daß oft das ursprüngliche Bild eines Kunststückes kaum noch erkennbar ist. Auch die ›Zersägte Jungfrau‹ reicht in ihrer Entwicklungsgeschichte weit zurück. Unmittelbarer Vorläufer und vielleicht sogar die eigentliche Anregung zu Selbits Erfindung mag ein Clownerie-Akt der Hanlon Brothers gewesen sein, über den sich 1878 Paris amüsierte. Einer der beiden englischen Schausteller ließ sich von dem anderen in eine Kiste stecken, die darauf zersägt wurde. Beide Kistenteile konnten weit voneinander getrennt werden. Die Brüder hatten Erfolge in vielen europäischen Ländern und zeigten ihre Nummer in Italien, ja sogar in Griechenland. Aber noch war es nicht die endgültige, bühnenwirksame Form...

Zu den Vorläufern der ›Zersägten Jungfrau‹ kann man vor allem auch alle Darbietungen rechnen, bei denen Gliedmaßen und vorzugsweise der Kopf eines Menschen vorübergehend abgetrennt wurden. Diese oft grausigen und abstoßend dargebotenen Künste fanden schon auf den Marktplätzen des Mittelalters ihr Publikum. In seinem ›Theatrum Historicum‹ berichtet Hondorff um 1575 von einem »zauberischen Gaukler«, der 1272 »aus den Niederlanden gen Kreutznach kam« und auf öffentlichem Markt in Gegenwart vielen Volkes seinem Knecht den Kopf abhieb, den er ihm dann später wieder aufsetzte. Ähnliches ist aus der Türkei bekannt: Zauberer konnten dort »Kinder auseinanderhauen und wieder zusammensetzen«.

Meist wurde das Experiment als ›Enthauptung von Johannes dem Täufer‹ vorgestellt, und Reginald Scot, der als erster in seiner ›Discoverie of Witchcraft‹ Zauberkünste erklärte, berichtet von der Ausübung dieser erschrecklichen Kunst durch den Gaukler Kingsfield, den er damit 1582 in London sah (s. S. 25). Selbstverständlich wurde auch hier der Kopf nur scheinbar abgeschlagen. Während einer geschickten Verdeckung schob sich der zu einem zweiten Gehilfen gehö-

Um 1867 brachte Rubini diese ›Enthauptung‹. Auf Plakaten bezeichnete er den Effekt als »die größte sensationelle Errungenschaft des Zeitalters – ebenso neu wie original!«

rende Kopf durch ein Loch im Tisch, während der andere Kopf in einer anderen Öffnung verschwand. Simpel und doch wirkungsvoll für einfältige Gemüter, besonders wenn die Rahmenveranstaltung entsprechend gruselig arrangiert wurde. Als 1960 das Jubiläumsjahr des Münchner Oktoberfestes begangen wurde, zeigte Papa Schichtl jene uralte Täuschung – und auch das heutige Publikum hatte seinen Spaß an der ›Enthauptung einer lebenden Person auf offener Bühne‹. Die Zeitungen schrieben lakonisch: »Schichtl enthauptet wieder!«

Die Beliebtheit dieser Kategorie von Zauberkünsten bei den Schaustellern aller Jahrhunderte mag auf die Wortpropaganda zurückzuführen sein, deren sie von seiten der Augenzeugen des Spektakels sicher sein konnten. Solch eine handfeste Demonstration aus dem Reiche des schier Unwirklichen kann eher in Worte gefaßt werden als ein subtiles Kartenexperiment. So wurden jene deutlicheren Künste nachgerade zum Werbeschlager – auch außerhalb des Bühnengeschehens. Das erkannte zuerst wohl der Illusionist Philadelphia, der zum Stadtgespräch werden wollte, als er 1788 in Berlin sein Theater eröffnete. Als der bestellte Barbier in sein Zimmer kam, fand er seinen Kunden »mit abgeschnittenem Hals und den Pudermantel voller Blut« auf dem Stuhle sitzen und rannte mit dieser Schreckensbotschaft schreiend auf die Straße. Die Passanten, die ihm ins Zimmer folgten, fanden Philadelphia vergnügt und mit dem Kopf an der richtigen Stelle vor.

Sicher sind derlei Darbietungen nicht immer angenehm für die Zuschauer, besonders, wenn sie ein unvorbereitetes Publikum treffen. Es gab auch immer Stimmen, die sich gegen allzu drastische Schaustellungen wandten. Carl Willmann, selbst Inhaber einer Werkstatt, in der Zauberapparate hergestellt wurden, geht 1886 in seinem Buch ›Moderne Wunder‹ gegen die Enthauptungsszenen an: »Die Vorführung des Wunderwerkes, welches in einer Täuschung des Publikums als höchste Wunderleistung erscheint, dient nur dazu, den Sinn des Volkes gegen blutige Thaten abzustumpfen und es zum Behagen an rohen Szenen aufzureizen, weshalb man sich nicht wundern darf, daß in vielen eine bestialische Geschmacksverwilderung großgezogen wird.« Dann stellt er die Hamburger Polizeibehörde als vorbildlich hin, die die Vorführung dieser grauenerregenden Szenen nicht mehr gestattete.

Was hätte Willmann wohl gesagt, wenn er den Südamerikaner Richiardi gesehen hätte, der heute eine geradezu nervenzerfetzende Spielart der Kreissägen-Illusion vorführt. Sicher gibt es ästhetische Grenzen auch für Zauberer, und eine Zauberbühne sollte nicht zum Grand Guignol werden.

Robert Harbin (1909 bis 1978), hervorragender Interpret der Zauberkunst und genialer Erfinder von Tricks und Illusionen. Er entwickelte die sog. ›Zig-Zag-Illusion‹, die – 1965 von ihm uraufgeführt – heute in der ganzen Welt gezeigt wird.

Daß bei einer guten Vorführung diese Illusion aber auch ein anspruchsvolles Publikum erfreuen kann, weiß sogar der Herzog von Edinburgh zu bestätigen. An einem Montagabend des Jahres 1955 beehrte er mit einem Begleiter ein Clubtreffen des Magic Circle von London. Thema des Abends war das »sichtbare Zersägen eines Menschen auf hellerleuchteter Bühne«. Robert Harbin, Oberstleutnant a. D. der englischen Armee und im Zivilberuf Zauberkünstler, wollte seine letzte Verbesserung präsentieren. Er bat um einen Assistenten aus dem Zuschauerraum, Prinz Philip stellte sich zur Verfügung und ging auf die Bühne. Dann überlegte man sich, wen man zersägen sollte. Prinz Philip befahl dem Offizier, der ihn begleitet hatte, das ›Opfer‹ zu spielen. Dem machte Robert Harbin Mut: »Sie werden sich nachher doppelt so stark fühlen.« Und dann wurde gesägt. Robert Harbin am einen, seine Königliche Hoheit am anderen Ende der Säge. Die Holzpflöcke, die man seitlich vor den Körper des Opfers gelegt hatte, splitterten, und man hörte erst auf, als die Säge unter dem Körper wieder sichtbar wurde. Das Publikum war hingerissen, es sparte nicht mit Beifall: für diese revolutionäre Vorführungsweise des altbekannten Kunststückes, für den Mut des Opfers, das keinen Kratzer abbekommen hatte, und für den hochgestellten Gehilfen. Der war am meisten erstaunt, daß er das Geheimnis auch aus unmittelbarer Nähe nicht ergründen konnte. Er nahm später Harbin beiseite und meinte: »Wissen Sie, Harbin, ich habe ja mitgesägt, aber ich kann mir nicht erklären, wo der Trick lag. Sagen Sie mir das doch mal.« Darauf bedeutete Harbin Ihrer Königlichen Hoheit, daß das leider nicht ginge, weil das Schweigegebot des Clubs ihm das Offenbaren von Zaubergeheimnissen nicht erlaube – es sei denn, daß Königliche Hoheit sich entschließen würde, Mitglied zu werden . . .

Wunderbar, Robert Harbin! Als Oberstleutnant hättest Du gehorchen müssen, als Zauberer aber wußtest Du, daß die Welt Geheimnisse braucht!

Die zersägte Dame

Von Friedrich Hollaender

Sie kennen sicher die Attraktion,
das Zersägen einer Dame in zwei Stück.
Also ich bin die Dame in Person,
ich bin von dem Kunststück der Trick.
Doch anstatt daß man mich hätschelt und pflegt,
sieht es leider gerade umgekehrt aus,
schließlich ich leg mich hin
Schließlich ich werd zersägt
und der Säger bekommt den Applaus.
Wie ungerecht, wie ungerecht!
Sie werden fragen, warum macht sie's denn, die Kuh?
Weil ich ihn liebe,
und wenn man liebt, dann ist man doof, nun rede Du.
Und er kennt nicht das Gefühl in mir drin,
und er guckt mich nur an wenn er muß,
denn ich bin für ihn nur die Partnerin,
die man auf der Bühne durchsägt und dann Schluß.
Und da hab ich ihm ein Kissen gestickt,
da steht drauf: säg' mir ein liebes Wort!
Und er hat's nicht verstanden und er hat nur genickt
und dann ging er mit 'ner Radfahrnutte fort.
Wie ungerecht, wie ungerecht!
Warum mein Herz bei seinem Anblick nur so schlägt?
War das denn immer so, war das denn immer so?
Ja, ja so wars, er kam und sah und hat gesägt (gesiegt)
Doch eines Tages, da wirds geschehen,
daß dies Leben, daß dies Leben mir zu schwer,
und mein Herz wird brechen aus Versehen,
und dann leg ich heimlich mich im Kasten quer!
Und er sägt mich mitten durch in Wirklichkeit,
und er ahnt nicht die Blamage, die ihm droht,
plötzlich fällt mir ein, was hab ich denn davon,
er blamiert sich, aber ich bin leider tot.
Wie ungerecht, wie ungrecht!
Der Lump darf weiterleben, ich dagegen nein.
Leb wohl Geliebter, leb wohl Geliebter,
immer, immer soll Dein Sägen um mich sein!

Die zersägte Dame

Der Zaubrer fesselt also meine Frau.
Er legt dieselbe dann in eine Kiste.
Vernagelt sie (die Kiste) sehr genau.
Und fragt, wo er sie nun zersägen müßte.
Ich sage diesem wunderbaren Mann,
Daß er sie vertikal halbieren solle.
Er nickt, greift nach der Säge. Setzt sie an,
Und kalten Bluts zersägt er meine Olle.
Mir rinnt ein Schweißstrom übers Angesicht.
Blutbäche rieseln durch die Kistenbretter.
Die Säge kreischt und pfeift und knirscht und zischt
Und alle Leute murmeln Donnerwetter!
Da ist er fertig. Legt die Säge fort.
Entfernt die Kistenhälfte eigenhändig.
Und – vor Erstaunen finde ich kein Wort –
Mein Weib entsteigt der andern sehr lebendig!
Ihr Körper zeigt auch nicht den kleinsten Ritz,
Obwohl er auseinanderklaffen müßte.
Ich nehm' sie seufzend wieder in Besitz
Mitsamt der vertikal zersägten Kiste.
Der ganze Zirkus applaudiert und lacht.
Die Ehemänner wiehern vor Vergnügen.
Ich hab sie allerdings stark im Verdacht,
Auch ihre Frauen sind nicht totzukriegen!

Hanns Max Hackenberger,
aus: ›Die zehnte Muse‹, 1955

VII   Das Symboltier der Zauberer

»Ermutigt durch den ausschweifenden Beifall, trat der Zauberer
überraschend an den Rand der Arena, langte meinem Onkelchen, dem
Stanislaw Griegull, unter die Weste, und zum Vorschein kam – ja,
wer weiß wohl, was zum Vorschein kam? Ein Hase natürlich, zap-
pelnd und ganz lebendig.«

Aus: Siegfried Lenz,
›So zärtlich war Suleyken‹

Kaninchen aus dem Hut

Das noch halb in einem Zylinderhut zappelnde Kaninchen ist
zum Berufssymbol der Zauberer geworden. Ungezählte Karikaturen beweisen das. Die Beliebtheit dieser Kombination von
Zauberer und Kaninchen war schon offenbar, als Jules de Rovère
1828 im Haymarket Theatre in London ein Kaninchen »zu den ent-
ferntesten und unerreichbarsten Teilen des Theaters hinzauberte,
was ihm lauten Beifall einbrachte« – so der ›Evening Standard‹ damals.

Wiljalba Frikell, der aus Deutschland stammende Künstler, hatte
sich abseits von der üblichen Bekanntmachung durch Plakate und
Ausruf eine besondere Werbemethode ausgedacht. Er ging auf den
Markt der Stadt, in der sein Gastspiel stattfinden sollte, und kaufte
ein totes Kaninchen. Ein geschicktes Vertauschen ermöglichte es dem
vorher in aller Heimlichkeit erworbenen und unter dem Rock getra-
genen Artgenossen, über den Marktplatz zu eilen und die Aufmerksamkeit des Volkes zuerst auf das Kaninchen und dann auf den
Künstler zu lenken.

Carl Hertz produzierte Kaninchen, wo immer es ihm günstig erschien. In seinen Erinnerungen erzählt er von einer Abendgesell-
schaft im Hause von Alfred von Rothschild am Seymour Place, bei der
sich die Spitzen der englischen Gesellschaft versammelt hatten. Auf
Wunsch des genialen Gastgebers mußte Carl Hertz ein Kaninchen
aus dem Jackett des Prince of Wales hervorholen. Der Franzose
René Laquier allerdings wurde von einem Kaninchen an die Grenzen
seines Könnens erinnert. Der Künstler ließ einen vorher entliehenen
und dann verschwundenen Trauring regelmäßig am Hals seines Ka-
ninchens wiedererscheinen. Einmal aber glückte das Kunststück nicht,
und das war sicher recht unangenehm für Laquier. Nie wieder wollte

Um 1850 war für viele Zauberkünstler eine ›Kaninchenproduktion‹, wie hier auf einem englischen Holzschnitt, gefälliger Programminhalt.

er dieses Experiment darbieten. Er schenkte das Tier seiner Tante. Die schlachtete es und entdeckte den Ring in den Eingeweiden . . .

Im Herbst 1928 fand man unter den Nachrichten im ›Sunday Picturial‹ die Mitteilung: »Vierzig Kaninchen wurden am vergangenen Wochenende aus einer Farm entwendet. Die Saison der Zauberer beginnt wieder.« In ihrer lakonischen Knappheit steht dieser Meldung die Äußerung eines Jungen im Kinderkrankenhaus von Marseille nicht nach. Ein Zauberkünstler verlor nämlich dort kürzlich sein Kaninchen. Am nächsten Morgen fand eine Krankenschwester das Tier im Bett des siebenjährigen Henri Troulle. Der Junge sagte nur: »Was der gestern zeigte, das kann ich schon lange.«

Wie überhaupt die Schadenfreude der Augenzeugen immer dann am größten ist, wenn sie von der vorübergehenden Ohnmacht eines Zauberers in einer ausweglosen Situation zu erzählen wissen. Groß aufgemacht druckte man vor einigen Jahren in den Gazetten eine Mel-

Auch Honoré Daumier assoziierte 1867 die Kunstfertigkeiten der Pariser Prestidigitateure mit dem plötzlichen Hervorbringen dieser Tiergattung.

dung aus Atlantic City, daß das Maskottchen der 500 Zauberer, die sich dort trafen, das Kaninchen Harvey, verschwunden sei. Zwar hätte jeder gute Zauberer aus seinem Hut ein Kaninchen produzieren können, aber keiner sei in der Lage gewesen, Harvey wieder herbeizuschaffen.

Ich habe zwar noch nie ein Kaninchen aus einem Hut gezogen, aber doch oft genug aus dem Anzug eines Zuschauers. In den ersten Jahren meiner Bühnenlaufbahn holte ich dem Herrn, den ich zum Mitspielen auf die Bühne bat, regelmäßig ein Kaninchen aus dem Jackett. Ich klopfte mit der einen Hand gegen seine linke Brust, sah ihn verwundert an und zog mit der anderen Hand das zappelnde Tier hervor. Und fragte, ob er denn wirklich glaube, daß hamstern schon wieder nötig sei. Das kam um 1950 an. Für mein Publikum war es immer erstaunlich, wie das Kaninchen in den Anzug kam. Ich wiederum wunderte mich darüber, daß meine Zuschauer das Kaninchen für ein echtes, lebendes hielten. Denn es wirkte nur so. Es wurde sogar von westfälischen Landwirten als echt anerkannt. Einmal kamen am Tage nach der Vorstellung einige Damen zu mir, um Grünzeug für das arme Tier abzugeben, das es sicher nicht so leicht habe bei den vielen Reisen. – Und ich erfuhr wieder einmal mehr, welch großartigen Beruf ich gewählt hatte.

Die Kaninchen der Mary Toft

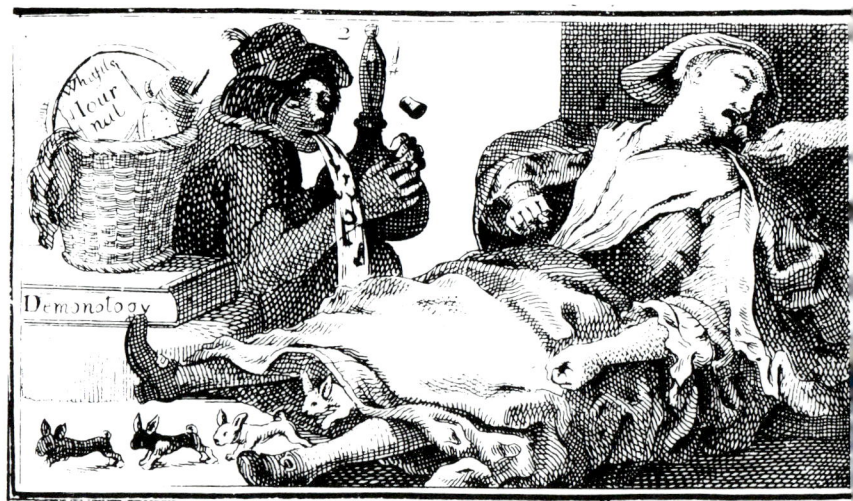

William Hogarth machte sich 1762 in dieser bissigen Spottzeichnung über die Kaninchengeburt der Mary Toft lustig.

Zauberei schien im Jahre 1726 in England im Spiel zu sein, als eine Frau namens Mary Toft in Goldaming in Surrey einen Wurf Kaninchen zur Welt brachte. Noch Jahre später kursierten in ganz England Schriften, in denen die ungewöhnliche Lügengeschichte der Mrs. Toft nachzulesen war. Der ganze Vorgang wurde schließlich als Schwindel entlarvt. Zuvor jedoch entfaltete sich im Umkreis der Mary Toft eine erstaunliche Bereitwilligkeit, der Legende der Kaninchen aus ihrem Bauch das Lebenslicht zu erhalten. Das kam so:

Mr. John Howard, seines Zeichens Geburtshelfer in Surrey, machte König Georg I. und Königin Caroline so neugierig, daß der Hofanatom, Mr. Nathaniel St. André, zu Nachforschungen nach Surrey geschickt wurde.

Mary Toft war inzwischen nach Guildford gebracht worden, und am 15. Oktober 1726 kam St. André dort an, äußerst gespannt darauf, was er wohl vorfinden würde. Howard erzählte ihm, bevor er ihn zur Patientin brachte, eine seltsame Geschichte: am 1. oder 2. Novomber habe Mary Toft ihr erstes Kaninchen entbunden, dem dann zwischen dem 4. und 6. November drei weitere gefolgt seien. Das letzte, so erzählte Howard, habe »volle 18 Stunden lang in ihrem Bauch gehüpft«, ehe es tot geboren wurde. Kaninchen seien auch weiterhin in Abständen zur Welt gekommen, und am Nachmittag von St. Andrés Besuch lag die unglückliche Webersfrau mit dem fünfzehnten in den Wehen. Da die Geburt jeden Augenblick erfolgen könne, schlug Howard vor, man möge sich unverzüglich zu Mrs. Toft begeben.

Die beiden Herren kamen keine Sekunde zu früh, der berühmte Herr aus London hatte tatsächlich das Vergnügen, dem 15. Kaninchen selbst ans Licht verhelfen zu können. Er untersuchte es und stellte fest, daß es so groß sei wie ein normales Kaninchen von 4 Monaten, aber außergewöhnlich kleine Lungen und ein großes Herz habe. Dieses bewunderungswürdige Exemplar war aber keineswegs das letzte, denn in den nächsten Tagen folgten ihm eine weitere Anzahl, die man zuvor von Zeit zu Zeit in der rechten Bauchhälfte der Patientin deutlich hatte ›hüpfen‹ hören können. Mit gutem Grund hatte Mr. St. André das Gefühl, seine Reise nicht umsonst gemacht zu haben.

Die Echtheit des Falles schien ausreichend belegt zu sein so daß sich John Howard und Mary Toft nunmehr erkühnten, um Pensionen als Anerkennung ihrer Leistungen nachzusuchen. Das machte den König skeptisch, er ordnete weitere Nachprüfungen an, und Londons berühmtester Gynäkologe, Sir Richard Manningham, sollte ein Gutachten abgeben. Dieser reiste am 28. November nach Guildford. Zu dieser Zeit hatte Mary Toft ihre Produktionsgeschwindigkeit erheblich gedrosselt, und erst, nachdem der Patientin heiße Tücher auf den Unterleib gelegt wurden, ließen sich die Kaninchen bereitwillig zu neuen Hopsern herbei. Manningham beschrieb das später folgendermaßen:

»Die Bewegungen waren verschiedenartig, manchmal mit starkem Werfen quer über den Leib, besonders auf der rechten Seite, ein andermal mit plötzlichen Zuckungen und Aufwölbungen und zittrigen Bewegungen und Stößen, wie ein heftig pulsierendes Herz; während ich mit fünf oder sechs Frauen auf dem Bett saß, schüttelte es uns alle zuweilen ziemlich heftig.«

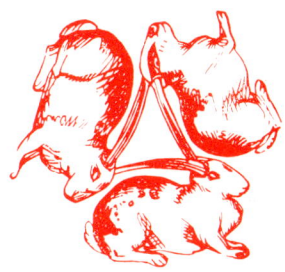

In diesem Stadium zeigte sich sogar Sir Manningham, der Mary Tofts Kaninchen zunächst sehr reserviert begegnet war, recht beeindruckt. Dann aber tat Marys unternehmungslustiges Betrügertalent des Guten zuviel. Mit den nächsten Wehen wurde sie nicht von einem Kaninchen, sondern von Teilen einer Schweinsblase entbunden. Das aber war selbst für die Medizinkunst des frühen 18. Jahrhunderts zuviel. Die höchst ungewöhnliche Kaninchengeburt hätte man in jenen abergläubischen Zeiten noch gelten lassen. Auch daß eine Frau ein Schwein gebären könnte, schien gerade noch möglich. Aber beides nacheinander innerhalb weniger Tage, das hieß wirklich zu weit gehen. Manningham brachte also seine Patientin zur weiteren Beobachtung nach London.

Dort fand der groß angelegte Schwindel dann sein trauriges Ende. In ›Mrs. Lacys 'Bagnio' in Leicester Fields‹, einem Badhaus, das die Frauen damals bei Geburten aufsuchten, weil dort heißes Wasser und andere Einrichtungen zur Verfügung standen, hielt man Mary Toft unter Beobachtung. Ihre Wehenperioden variierten an Intensität und Dauer, die Kaninchen, noch ungeboren, hopsten fast ununterbrochen bis zum 4. Dezember. Dem Laufburschen der Mrs. Lacy schließlich blieb es vorbehalten, die Aufklärung des Schwindels einzuleiten. Dieser Thomas Howard nämlich plauderte aus, Mrs. Toft habe ihn gebeten, ihr ein lebendes Kaninchen zu besorgen – Sinn und Zweck dieser Bitte waren dem cleveren Burschen ziemlich klar. Beim scharfen Verhör durch Sir Manningham brach die Frau schließlich zusammen und legte ein volles Geständnis ab. Danach gaben mehrere Einwohner von Goldaming zu Protokoll, Mary Toft im Umkreis der Geburtszeiten mit Kaninchen versorgt zu haben. Inzwischen hatten mehrere Ärzte das sogenannte ›Hüpfen‹ als willkürliche Bewegungen des Körpers diagnostiziert, teils pathologischen, teils hysterischen Ursprungs, die durch simulierte Zuckungen noch gesteigert wurden.

Dem aufgeklärten Leser wird es ein ewiges Geheimnis bleiben, auf welche Weise ihr die Täuschung der Ärzte über den Geburtsvorgang gelang – ein echt weibliches Mirakel jener Zeit. Wäre der Laufbursche ein tumber Tor gewesen und weniger helle – ihre Zeitgenossen hätten Mary Toft auf dem Jahrmarkt für Geld bewundern können, denn dorthin ging ihr Streben, um die magere Haushaltskasse aufzubessern, was ihr schon mit dem Antrag auf Pension nicht gelungen war. So starb die Webersfrau, arm wie eh und je und zurückgesunken in ihre frühere Bedeutungslosigkeit, im Jahre 1763. Weiterer vierfüßiger Nachwuchs war ihr nicht mehr vergönnt gewesen.

VIII   Betrug mit der Dame

Kümmelblättchen – ein altes Spiel wird wieder modern

> »Habt Ihr auch von dem Spiel gehört, das man drüben Kümmel-
> blättchen nennt, Mr. Hammer?« fragte Jones.
> »Nein.«
> »Hier heißt es ›Three Card Monte‹ und ist das schönste Spiel, das es
> gibt. Ich habe es zwar nur einmal gesehen und bin Anfänger darin,
> aber ich werde es Euch doch einmal zeigen.«
>
> Karl May: ›Old Surehand II‹

Auch er war einer von jenen, die nicht ungeschoren davonge-
kommen waren. Und er ist auch nicht der einzige, der mir seine
trüben Erfahrungen mit Kümmelblättchenspielern anvertraute. Aber wenigstens hatte meinen Bekannten dieser Griff nach
dem Glück nur fünf englische Pfund gekostet.

In einer schmalen Straße der Londoner City ließ er sich darauf ein,
sein Geld auf eine von drei Spielkarten zu legen, die der Unbekannte verdeckt auf einen winzigen Tisch geworfen hatte. Jedes
Risiko schien ausgeschlossen, ging es doch nur darum, von drei Karten
die Position der Herz-Dame zu ermitteln. Aber er hatte sich geirrt.
Er hatte seiner Beobachtungsgabe zuviel zugemutet und die ungewöhnliche Geschicklichkeit des Spielers nicht einkalkuliert.

Kümmelblättchen zu spielen, ist wieder in Mode gekommen. In
der Greek Street in Soho, der Rue Thubaneau in Marseille, in den
internationalen Luxuszügen und auf den Rennplätzen trifft man die
kleinen Gruppen von Menschen, die vom Reiz dieses ältesten aller
betrügerischen Glücksspiele fasziniert werden und Einsätze placieren.

Die Simplizität der Spielregel ist von magnetischer Anziehungs-
kraft. Nur drei Karten werden verwendet, und derjenige, der zum
Mitspielen einlädt, zeigt die Werte dieser Karten offen vor. Im allgemeinen ist eine Damenkarte dabei, weshalb das Spiel in England
auch ›Find the Lady‹ genannt wird. Die anderen beiden Karten sind
beliebige Zahlenkarten.

Der Austeiler wirft die drei Karten nacheinander schnell auf einen
kleinen Klapptisch, auf eine von zwei Zuschauern gehaltene Zeitung

oder sogar auf den Rücken eines gebeugt dastehenden Beteiligten und behauptet, daß niemand die Position der Damenkarte herausfinden könne. Augenscheinlich ist das eine leichte Herausforderung; in Wirklichkeit aber ein seltenes Glück, wenn die Angesprochenen gewinnen.

In der Bundesrepublik ist das ›Kümmelblättchen‹ ebenso verboten wie in England. Ntinos Leonida, den man vor einigen Jahren in London als Werfer der drei Karten erwischte, kam mit einer Strafe von fünfzig englischen Pfund davon. Im Wiederholungsfall mag er im Gefängnis die schlechten Zeiten beklagen, in der eine so hohe Kunstfertigkeit dem Richter keine Bewunderung abnötigt.

Unverstanden wie er blieb auch einer der ersten großen Karten-Werfer, ein Louisianer namens Phillips, der 1837 in New Orleans zu zwei Jahren Gefängnis verurteilt wurde, nachdem er einem Farmer 700 Dollar abgewonnen hatte. Nach diesem Schreckensurteil blieb New Orleans zehn Jahre von Kümmelblättchen-Spielern verschont. Dafür fanden sie in New York ideale Möglichkeiten: Sie arbeiteten oft auf den Straßen, in Hotels und Bars. Nachdem sie 1850 durch Anti-Spielgesetze aus Louisville und Cincinnati vertrieben worden waren, umstanden sie sogar das New Yorker Rathaus.

Es ist sinnlos, sich auf ein Mitspiel einzulassen. Man hat keine Chance, je zu gewinnen. Denn dieses Kümmelblättchen – es hat nichts mit dem gleichnamigen Gewürz zu tun, der Begriff wurde von dem hebräischen Zahlzeichen für 3 = gimel abgeleitet – ist eben kein Spiel und durchaus nicht ehrenwert, sondern schlicht Betrug.

Mit taschenspielerischer Behendigkeit bringt der Werfer die Damenkarte in eine Position, an der sie der Uneingeweihte nicht vermutet. Um die Ahnungslosen sicher zu machen, knickt der Werfer gelegentlich sogar eine Ecke der Glückskarte an, um sie von der Rückseite her erkennbar zu machen. Oder er klebt eine Briefmarke auf die Rückfront.

Holt man, so in Sicherheit gewiegt, den hohen Einsatz aus der Tasche, ist man genarrt. Die Kennzeichen finden sich auf den Zahlenkarten wieder, die nicht gewinnen. Streicht aber ein Zuschauer doch einen Gewinn ein, kann man sicher sein, daß es sich um einen Komplicen handelt, der Enthusiasmus für die Einsätze der anderen erwecken soll.

Dieser Komplice ist es auch, der auf eine andere Karte einen höheren Einsatz als der unwissende Passant setzt, der durch einen seltenen Glücksfall einmal seinen Geldbetrag auf die richtige, die gewinnende Karte gelegt haben sollte. Der Werfer wendet sich dem höheren Einsatz zu und umgeht so die für ihn kritische Situation.

»... interessanter waren die Fastenkuchenverkäufer, weil die in Wirklichkeit Kümmelblatt spielten: sie warfen blitzschnell drei Karten aus, und man mußte sagen, wo die Cœurdame lag. Immer wieder fielen die Leute herein, Arbeiter und Soldaten, aber ich hatte mir ein winziges Fleckchen auf dem Rücken der Damenkarte gemerkt: von da ab gewann ich jedesmal – in Gedanken. Schade! Denn der Einsatz von einem Rubel ging über unsere Finanzkraft ...«
Aus: Sigismund von Radecki, ›Der runde Tag‹

»Es ist eines der subtilsten und ingeniösesten Glücksspiele, die je erdacht wurden, um Geld ehrlich mit Karten zu gewinnen. Es gibt kein anderes Kartenstück, das sich so auszahlt, das so stark mystifiziert und auch so viel Amüsement bereitet.«
Aus: Samuel W. Erdnase, ›The Expert at the Card Table‹ Chicago, 1902

Seit 150 Jahren sind alle Gutgläubigen überzeugt, an einem Spiel mit echten Chancen beteiligt zu sein, wenn die drei Karten geworfen werden. Aber sie können beim Kümmelblättchen *nie* gewinnen. Ein Vertauschvorgang bringt die Gewinn-Karte immer an eine andere Position.

    Kümmelblättchen-Spieler sind von jeher überall dort zu finden, wo es mühelos Geld zu verdienen gibt: »In der Frühzeit Californiens wurde das Land von Drei-Karten-Werfern und ihren Helfern überrannt. Man begegnete ihnen in jeder Stadt und in der Nähe eines jeden Bergwerks von einiger Bedeutung. In den Straßen von San Francisco und Sacramento konnte man mehrere von ihnen täglich auf den Bürgersteigen und in jeder miesen Kneipe finden« – so schreibt der amerikanische Historiker John O'Connor.

Zwischen 1845 und 1880 waren die Werfer auch auf den Mississippi-Dampfern. Sie alle bewunderten ihren Zunftgenossen William Jones, einen nach Kanada ausgewanderten Engländer, der sich sein Vermögen vor allem in Eisenbahnen zusammengegaunert hatte. Es war so gewaltig, daß er in einem anderen Spiel, dem einzigen, das er ohne zu betrügen gespielt hatte, 180 000 Dollar auf eine bestimmte Karte setzen konnte – und das Geld auf einen Schlag verlor.

›Das alte und ehrenwerte Spiel‹ tauchte zuerst um 1830 in der Neuen Welt auf. Von Texas aus, das damals noch ein Teil von Mexiko war, wurde es nach New Orleans eingeführt. Zwei Jahrzehnte später kannte man es auch in Europa und Australien. Es war der Ruin aller Arglosen. All jener, die ihren Augen zutrauten, drei hingeworfene Karten verfolgen zu können. Daß viele, die während des australischen Goldrausches ihr Glück gemacht hatten, ihren Reichtum rasch verloren, regte den Australier Jen McCade derartig auf, daß er ein Anti-Spielmuseum eröffnete.

Er war von der fixen Idee besessen, alle Spielkarten wären auf Schiffen mit Krankheitskeimen nach Australien transportiert worden. Und unter allen Seltsamkeiten entdeckte man in seinem Museum auch eine einbalsamierte Hand, neben der die schriftliche Erklärung eines Arztes aus Melbourne stand, die folgendes besagte: »Dieses ist die Hand von John Singers. Sie wurde während des Find-the-Lady-Spiels von der Lähmung befallen.«

Die Idee zum Kümmelblättchen stammt von einer viel älteren Gaunerei, dem Nußschalenspiel. Unter einer von drei Nußschalen wurde eine winzige Gummikugel versteckt, die von den Zuschauern entdeckt werden mußte. Auch hier waren diejenigen, die auf die Position des Kügelchens ihren Einsatz wagten, die Genasführten. Weil nämlich das Kügelchen unter keiner der drei Schalen war, sondern vom Spieler versteckt zwischen Zeige- und Mittelfinger gehalten wurde. Erst nachdem das Geld gesetzt war, praktizierte er es dorthin, wo es ihm selbst zum Gewinn gereichte. In den angelsächsischen Ländern nannte man das Spiel ›Thimble-rig‹, weil man sich dreier Fingerhüte bediente.

Auch das Nußschalenspiel hat seinen unvergessenen Meister: jenen Dr. Bennett aus Shreveport, der auf dem Red River spielte und der als ›Napoleon der Thimble-Riggers‹ bekannt wurde. Er und seine Kumpanen waren derartig gefürchtet, daß um 1840 in Georgia, Alabama, Tennessee und Mississippi strenge Gesetze gegen dieses Spiel erlassen wurden. Das Spiel wird, ebenso wie Kümmelblättchen, auch heute noch gespielt.

W. P. Frith, Ausschnitt
aus ›The Derby Day‹.
National Gallery, London

Schon 1752 wurde vor den
Gefahren dieses ›Spiels‹
vergeblich gewarnt. Hun-
dert Jahre später stellte
Henry Mayhew fest, der
›Fingerhut-Trick‹ habe
den Status eines öffent-
lichen Straßenspiels ange-
nommen.
Es wird heute noch, vor
allem in Nordafrika und
im Vorderen Orient,
gespielt.

Für diejenigen, die dieses Spiel nie auf ihren Reisen sahen, noch
ein Tip: In der Londoner National Gallery hängt ein Gemälde
enormen Ausmaßes von William Powel Frith (1819–1909), ›The
Derby Day‹. Im Vordergrund der linken Bildhälfte steht, über einen
winzigen Klapptisch gebeugt, ein Mann in schäbiger Eleganz und
bewegt die Fingerhüte. Neben ihm ein junger Mann, der offenbar
vergeblich in seinen Taschen nach dem letzten Penny sucht.

»Spiele nie mit Unbekannten« – diese Regel wird auch er nicht
beherzigen. Sie aber ist die einzige, die davor bewahrt, beim Spiel
ausgenommen zu werden. Damals wie heute.

Ein ›Thimble-Rigger‹ (Fingerhütchen-Spieler) auf einer englischen Karikatur von Henry Bunning (1839) mit Seitenhieben auf die Regierung.
Um 1850 wurden die Rennbahnen von Hunderten von ›Fingerhutmännern‹ heimgesucht, die die Vertrauensseligen hereinlegten.

Das Fingerhütchenspiel

Der Spieler hat drey kleine Becher, wie Fingerhüthe, von Holz oder Metall, und ein kleines seidenes Kügelchen an einem Faden. Damit alfanzert er, ziehet das Kügelchen herum, daß es bald unter dem bald unter jenem Hütchen stecket; und rufet wie ein Marktschreyer: Wer erräth, wo das Kügelchen stecket? es stehet zehen Thaler oder so viel einer will, er soll es gewinnen, wenn er es trift. Die Leute sperren die Mäuler auf, und er macht das Spiel ganz langsam, sie zu kirren. Es kommen auch wohl ein paar Vertraute, die sich dumm anstellen, das Kügelchen zu haschen, und zum Volk rufen: Ey hier ist es. Ehe man es sich aber versiehet, vertuschelt er solches in der Hand; oder es thut es auch wohl der Spieler selber. Wer sich also mit ihnen abgeben will, muß ihnen genau auf die Finger sehen. Wider solche Leute haben Schalke auch einen Gegenbetrug. Man nimmt ein Härchen aus dem Nacken, und bringet daran etwas Ohrenschmalz, nimmt das Kügelchen, um es zu besehen, und würgelt während dem das Härchen daran. Wenn nun der Gaukler wieder spielet: Hier ist nichts und da ist nichts! So giebt man Acht auf die Becherchen, so wird das Härchen ein kleines Merkchen vorgucken.

Aus: ›Der verrathene und von allen seinen trüglichen Geheimnissen entblösste falsche Spieler‹, 1776

IX Eine neue Epoche —
Zaubertheater und Kinemathographie

»Die Kunst zu zaubern besteht nicht so sehr darin, wunderbare Dinge
zu vollbringen, als darin, die Zuschauer zu überzeugen,
daß wunderbare Dinge geschehen.«
Robert-Houdin

»Der Baum, von dem man jenen magischen Stab abbricht, der meine vorgeblichen Wunder bewirkte, ist nichts anderes als beharrliche, harte Arbeit, die mich sehr viel Schweiß gekostet hat.«
Robert-Houdin

Robert-Houdin, der ›Vater der modernen Magie‹

Bevor Robert-Houdin am 3. Juli 1845 im Palais Royal in Paris sein Illusionstheater eröffnete, hatte er sich bereits als Uhrmacher, als Erfinder und Konstrukteur sensationeller Apparate einen Namen gemacht. Er war der erste Prestidigitateur, der sich bei seinen Experimenten magnetischer, hydraulischer und elektrischer Prinzipien bediente und damit vor einem ahnungslosen Publikum ungeheure Effekte erzielte. Als ›Vater der modernen Magie‹ ist er in die Geschichte seines Berufsstandes eingegangen.

Durch ihn ließen sich sowohl der Bürgerkönig Louis-Philippe als auch Königin Victoria verzaubern; Arbeiter in den englischen Industriestädten applaudierten ihm ebenso begeistert wie algerische Stammeshäuptlinge. Auf der kleinen Bühne seines Theaters gab er in seinen ›Phantastischen Soireen‹ vor jeweils 200 Zuschauern ein

Stelldichein der machbaren Wunder des 19. Jahrhunderts. Seine Experimente schienen reine Zauberei, keine Erfindungen, weil die geniale Phantasie des Konstrukteurs ihnen immer neue Verkleidungen zu geben verstand: »Er bringt jede mögliche Anwendung mechanischen Scharfsinns und wissenschaftlichen Einflusses ins Spiel, er erschlägt uns vollkommen. Er ist der einzige Monarch in der Welt der Wunder . . .«, so eine Kritik in ›The Illustrated London News‹.

Viele Kunststücke, die auch heute noch vorgeführt werden, gehen auf Robert-Houdin als geistigen Vater zurück. So machte er die als ›Zersägte Jungfrau‹ populär gewordene Zerteilungsillusion in seinen Memoiren bekannt. Auch die ›Levitation‹ seines Sohnes blieb mit nur geringen Änderungen gefälliger Programminhalt vieler Illusionisten. Die kabbalistische Uhr, der Flug der Münzen, der Getränketrick finden nach wie vor ihr Publikum. Und wenn Zauberer Münzen aus der Luft greifen, den ›Traum des Geizhalses‹ darbieten, dann haben sie Robert-Houdin die erste exakte Beschreibung dieses Experimentes zu verdanken. Zwar hat es auch vor ihm schon Hellsehdarbietungen gegeben. Aber er fand für sie eine so wirksame Form, daß sie bis heute Gültigkeit behalten hat.

Robert-Houdin über sich selbst

»Meine Vorstellungen sollen zwei völlig verschiedene Merkmale aufweisen: Fingerfertigkeit und Mechanik, dargestellt durch Taschenspielerkunst und Automaten. Das eine sollte den Reiz des anderen unterstützen, indem es den Geist durch Abwechslung entspannt.

Ich träume von einer eleganten, einfachen Bühne, ohne die vielen Werkzeuge aus lackiertem Blech, deren Zusammenstellung – von den Taschenspielern ›Pallas‹ genannt – eher einem Spielwarenladen gleicht als dem Kabinett eines Physikers.

Ich möchte bei der Ausführung meiner Kunststücke auf die Verwendung von Schachteln mit doppeltem Boden verzichten, mit denen die meisten Taschenspieler soviel Mißbrauch betrieben haben, sowie auf Apparate, die einen falschen Eindruck von der Geschicklichkeit des Vorführenden geben.

Die wirkliche Zauberkunst darf nicht das Werk eines Klempners sein, sondern das eines Künstlers; man kommt nicht zu ihm, um Apparate funktionieren zu sehen.

Nach der Art, wie ich die Mitwirkung von Helfern kritisiert habe, kann man verstehen, daß ich auf sie völlig verzichte. Ich habe diesen

Betrug immer als eines Taschenspielers unwürdig angesehen, denn er läßt Zweifel an seiner Fertigkeit aufkommen.

Schließlich möchte ich neue Kunststücke ohne jede Scharlatanerie vorführen, ohne andere Hilfsmittel als jene, die durch die Geschicklichkeit der Hände und die Wirkung von Sinnestäuschungen erzielt werden.

Wirkliche Zauberkunst verlangt äußerste Einfachheit der Ausführung. Je einfacher und natürlicher die Bewegungen des Vorführenden, um so weniger ist es wahrscheinlich, daß der Zuschauer den Trick entdecken wird. Es ist wahr, daß hier ein viel höherer Grad an Geschicklichkeit nötig ist als dort, wo Zauberer fortwährend verwirrende Bewegungen machen, um ihre Manipulationen zu verdecken.«

»Der Name Robert-Houdin ist ein Symbol der Zauberkunst geworden. Und das ist gerecht, denn er war ein vollkommener Künstler. Überaus geschickt, hat er erfunden, verändert, verbessert. Mit seinen Fähigkeiten konnte er eine große Anzahl sensationeller Experimente ausführen.

Seine soliden wissenschaftlichen Kenntnisse versetzten ihn in die Lage, mit Hilfe von Elektrizität gänzlich neue Effekte zu erzielen. Das Uhrmacherhandwerk und die Präzisionsmechanik kannte er von Grund auf, was ihm bei der Herstellung phantastischer Automaten zugute kam.

Er hatte ausdrucksvolle Gesichtszüge und einen gewinnenden Blick, war ein Mensch mit Geschmack und Takt, was ihn zu einem außergewöhnlichen Darsteller machte, bei dem sich die Autorität der Attitude mit dem Charme des Wortes und der Grazie der Gesten verband.

Robert-Houdin hat die Zauberkunst verwandelt. Sein Einfluß war beträchtlich, und bis heute sind sich alle über sein schöpferisches Genie einig.«

Aus: Camille Gaultier,
›La Prestidigitation sans Appareils‹.
Paris, 1914

Robert-Houdins ›Mysteriöse Uhr‹ (La Pendule Mystérieuse) war nach einem Bericht in ›Le Moniteur Universel‹ vom 10. Juni 1839 das bemerkenswerteste Objekt einer Ausstellung der ›Produits de l'Industrie Française‹ in Paris.

Im Wuppertaler Uhrenmuseum steht Robert-Houdins ›Mysteriöse Uhr‹. Sie zeigt die Zeit mit größter Präzision an, ohne daß ein antreibender Mechanismus zu erkennen ist. Die Antriebsimpulse werden von einem im Sockel versteckten Uhrwerk durch den Glaszylinder zu den Uhrzeigern geleitet.

Robert-Houdin wurde für seine Erfindungen elfmal von der französischen Akademie der Wissenschaften ausgezeichnet. Für die Pariser Stadtverwaltung konstruierte er einen Taxameter. Er wurde zum Vorbild der heutigen Taxi-Tarifanzeiger. Einige andere Erfindungen kann man in dem ihm gewidmeten Museum unterhalb des Schlosses von Blois sehen.

»Also, wie ich euch sage: So was is wirklich noch nich dajewesen! Daß man sich bei seine sichtliche Augen sagen muß, daß man nichts sieht, sondern mit Blindheit jeschlagen ist. Ich setze mir also z. B. für 15 Silbermorgen an dem Brette, wo er von's Theater runterkommt, janz dichte ran, weil man da die Jejebenheit am nächsten hat, wenn er Punsch oder Bongbongs rumreicht. Er kommt und bittet mir: Monsieur Schultze, un Thaler. Da ich nun Franschösch verstehe, jebe ich ihm einen, und sieben andre Herrn desgleichen. Er nimmt das Jeld, legt es unter einer Jlocke, und wech is es. Dies is nun zwarst jar nichts Neues; so was kann man in Cassel alle Tage sehn, wo nich bloß des Jeld, sondern sojar Menschen wechkommen und Keiner weiß wohin; daß man aber wieder zu sein Jeld kommt, wo man es schon als Abjabe betrachtet, is doch immer merkwürdig. Er wirft es wech – des thun Andre auch – und zwar in der Luft, und hast de nich gesehn, hängt es an die Decke. Musjö Houdin zeigt eine Karte, und wie man hinseht, wird sie immer kleiner und kleiner, bis endlich absolut jar nichts mehr davon da is. Dieses Kunststück hat ihn Jemand in Frankreich abjelernt, weßhalb es dort nich mehr jemacht zu werden braucht. Wenn Mosjö Houdin fragt, wächst mich hier nich eine Pomeranze? denn könnt ihr druf schwören, daß ihm auch eine da wächst. Aus ein Portefölch, das janz eng ist, nimmt er euch ein Paar Dutzend lebende Vögel, als wenn et jar nischt wäre, und wenn er sagt: Tischlein deck' dich! so steht jleich die janze Prostemahlzeit mit den schönsten warmen Punsch, weil ich ihm selbst jekostet, vor mir da, un das Comité vor den 9. November braucht sich bloß dran zu setzen, um seinen Jram bei dies Zweckessen zu vertrinken. Daß sie den Mosjö Houdin noch nich wejen seine Jeldmachekunst nach Wien jerufen haben, wundert mir. Neben mich saß Einer von'n Treubunde, der mir ärjerte, weil er sagte, es wäre allens mal Schwindel un jar nichts weiter bei – es jäbe ooch hier in Berlin Menschen, die een janzes Haus in de Hand nehmen un es dauert jar nich lange, so is es zwischen de Finger verschwunden. Na meintswejen! So viel steht fest: ich jlobe jetzt an Wunder, denn Mosjö Houdin macht allens mit ein janz klein Stöckchen, woraus man schließen kann, was erst een jroßer Stock für Wunder verrichten kann, wenn er jehörig jeschwungen wird. Mit dies Stöckchen macht er Jroßes klein un Kleines jroß, gerade als wenn es ein Zepter wäre, un wenn er nur wollte, so könnte er aus Jera een Königreich un aus manchen kleenen Menschen 'nen jroßen Mann machen. Ich habe ihm deßhalb um dieses Stöckchen jebeten und will damit mein tägliches Brot berühren, weil ich weiß, daß es jleich jrößer werden wird, weßhalb ich erjebenst bitte, dem Mosjö Houdin eine lebenslängliche Anstellung in Berlin zu jeben, am liebsten bei die Bäcker.«

Aus: ›Kladderadatsch‹ Heft 52/53 Jahr 1853

Als das Zaubertheater Robert-Houdin nach 75jähriger Existenz abgebrochen wurde, entdeckte man einen geheimnisvollen Apparat, der aus zwei muschelähnlichen Schalen bestand. Sie wurden durch einen Elektromagneten angetrieben und schlugen ebenso laut wie heftig aufeinander.

Der vorführende Künstler brauchte, um diesen Apparat in Gang zu setzen, nur auf einen unsichtbar an einem Seitentisch angebrachten Knopf zu drücken.

Also eine künstliche ›Claque‹, die die Zuschauer zum Applaudieren anregen sollte. Es ist eine alte Theaterweisheit, daß ein Publikum über einem besonders staunenerregenden Effekt den Beifall vergessen kann. Auch Robert-Houdin war dies bekannt. Aber er wußte sich zu helfen. Er war klug genug, an alles zu denken, um seine Zuschauer zu überzeugen, »daß wunderbare Dinge geschehen sind«.

»Das Jahrhundert war fasziniert von der technisch betriebenen Magie dieser Theaterchen... Es liebte die phantastischen Tricks - die Herren, die sich ungerührt blitzende Rapiere durch den Leib stoßen ließen, die Damen, deren Kopf losgelöst auf einer Tischplatte schwebte. Die Magier dieser Szenen waren tüftelnde Mechaniker - wie Méliès - oder Uhrmacher, wie Houdin, geborene Zauberer und Erben der mechanischen Spielereien des Barock.«   *Kyra Stromberg*

»Er war ein wahrer Zauberer des Lichts.«   *Charlie Chaplin*

Ende 1852 war das Theater Robert-Houdin an den Boulevard des Italiens 8 verlegt worden. Robert-Houdin selbst gab noch die Eröffnungsvorstellung in diesem knapp 200 Personen fassenden Raum. Sein Schwager Hamilton leitete es bis 1862, andere Künstler übernahmen es, auch Emile Robert-Houdin leitete das Theater elf Jahre und trat persönlich auf.

Georges Méliès, der Magier der Leinwand, in ›Les Cartes Animées‹.

Dieses Zaubertheater, dicht bei der Passage de l'Opéra, war in aller Welt bekannt und beliebt. Man gab Sondervorstellungen für Rothäute und Gesandtschaften orientalischer Potentaten.

1888 kaufte Georges Méliès das Zaubertheater. Zwar verdankt ihm die Zauberkunst viele neue Ideen; aber sein eigentliches Verdienst lag in einer neuen Kunst, die noch dazu ein legitimes Kind der ›natürlichen Magie‹ war. Denn von der ›Laterna magica‹, die man vor mehr als zwei Jahrhunderten in den Zauberbüchern erklärt hatte, bis zu den Nebelbildprojektionen und vorgetäuschten Geister-

erscheinungen führt eine gerade Entwicklungslinie zur Kinematographie.

Georges Méliès: »Ich erkannte in der sich entwickelnden Kinematographie sofort ein neues Ausdrucksmittel, das es mir erlauben
würde, den Phantasien, die mir durch den Kopf gingen, Gestalt zu
verleihen, und vor allem ein Mittel zur Verwirklichung dessen, was
auf dem Theater völlig undurchführbar ist.«

Der 4. April 1896 ist die eigentliche Geburtsstunde des künstlerischen Films. An diesem Tag gab Méliès in seinem Zaubertheater die
erste kinemathographische Vorführung. Sie war ein Teil seines Dar-
bietungsprogramms.

So wie er gewohnt war, auf der Bühne mit Tricks zu arbeiten, so
entdeckte er in dem neuen Medium Film eine Fülle von Möglich-

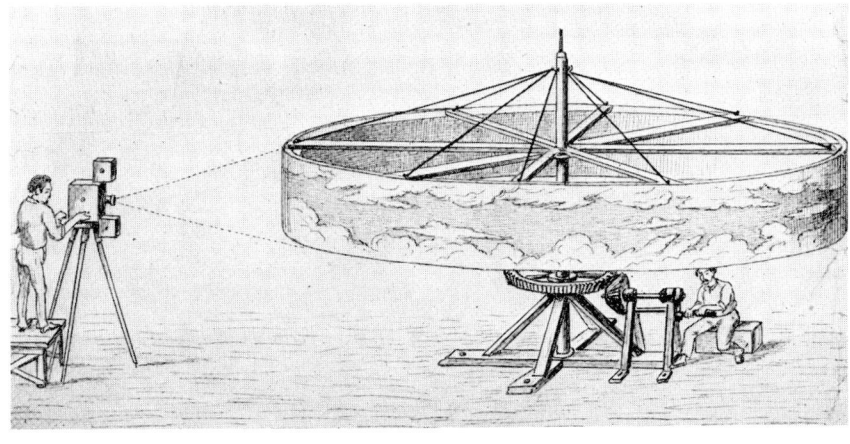

Man hat diesen
genialen Mann den
›Jules Verne des
Films‹ und den
›Märchenerzähler des
Kinos‹ genannt.
Dieser Zauberer ent-
deckte für den Film
das Feenhafte und
Phantastische, das
ihm von seinen
eigenen Inszenie-
rungen im Theater
Robert-Houdin ver-
traut war.

keiten. Sie sind das Geheimnis des Erfolges seiner Filme, sie machen
ihren eigentlichen Reiz aus: Tricks durch Überblendung, Tricks durch
Bildschnitte, Tricks durch Bildgeschwindigkeit und Rückwärtsbe-
wegung des Films, Tricks mit Geisterphotographien und Theater-
maschinerie, Tricks mit Pyrotechnik, Tricks durch Doppelrollen und
natürlich jene Tricks der Prestidigitation, die ihm vertraut waren.

Die ersten Filme mit einem Handlungsablauf sind Zauberdar-
bietungen. Da verschwindet in Méliès' erstem Film ein Mädchen, im
nächsten verwandelt es sich in Mephisto, aus miteinander ringenden
Damen werden Männer, die sich die Gliedmaßen ausreißen und mit
den abgetrennten Köpfen spielen (›Neue extravagante Kämpfe‹, 1900).

Manche Filmtitel decken sich mit Kunststückthemen, die zu jener Zeit allgemein bekannt waren: ›Le Dé magique‹ (1902), ›La Guirlande merveilleuse‹ (1903), ›La Boîte à malices‹ (1903), ›Le Coffre enchanté‹ (1904).

Das Theater Robert-Houdin sah viele Uraufführungen der nahezu 500 Méliès-Filme. Es blieb aber auch weiterhin Illusionstheater. Und am 6. Dezember 1905, am Vorabend des 100. Geburtstages Robert-Houdins, beherbergte das Theater einen erlesenen Kreis geladener Gäste zum Gedenken des ›Vaters der modernen Magie‹.

Georges Méliès führte selbst den Robert-Houdin-Automaten ›Antonio Diavolo‹ vor, Edouard Raynaly las ein Gedicht zu Ehren des Meisters, anschließend wurde eine Büste Robert-Houdins mit einem Lorbeerkranz geziert. David Devant, bedeutendster englischer Illusionist jener Tage, war anwesend. Er war es auch gewesen, der

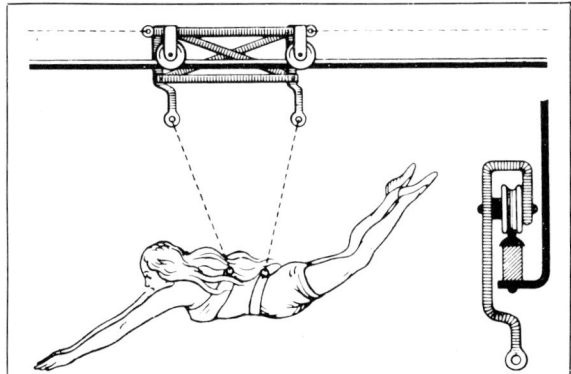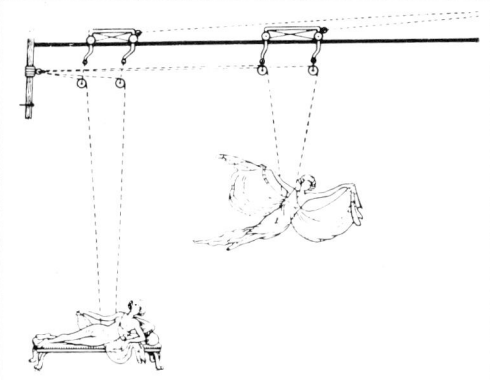

Georges Méliès war nicht nur Autor, Schauspieler, Kameramann, Schnittmeister, Regisseur und Produzent seiner Filme, er ersann auch die technische Ausstattung seines Filmateliers in Montreuil.

Méliès 1884 bei einem London-Besuch die ersten Kunststücke gezeigt hatte. Caroly, Legris, L'Homme masqué und dessen Frau Zirka zeigten Proben ihrer Kunstfertigkeit.

Und dennoch konnten derartige Erinnerungen nicht über die für Zauberer herbe Realität hinwegtäuschen: die Illusionstheater – es gab um 1890 allein in Paris ein halbes Dutzend! – hatten keine Überlebenschancen. Denn die Kinemathographie zog die Menschen an und beeindruckte sie. Die große Film-Illusion löste die eigens für Illusionsdarbietungen hergerichteten Theater ab – ein neues Zeitalter der Unterhaltungskunst begann.

X Entfesselungskunst

Harry Houdini – er brach jede eiserne Fessel

Jedes Jahr gehen am 31. Oktober amerikanische Zauberer in die Hospitäler, Waisenhäuser und Altersheime und zeigen ihre Kunst. Sie tun es zum Gedenken an Harry Houdini, der am gleichen Tag im Jahre 1926 kurz nach 13 Uhr im Grace Hospital in Detroit gestorben war. Kurz zuvor hatte er seinem Bruder Hardeen zugeflüstert: »Ich bin zu müde, um weiterzukämpfen. Ich glaube, diese Sache ist zuviel für mich.«

Houdini war ein Showman. Und auch mehr als fünfzig Jahre nach seinem Tod gilt er als der Größte aus der goldenen Zeit der Varietés und Music-Halls. Kaum ein Jahr vergeht, ohne daß nicht irgendwo ein Buch über ihn erscheint – im Gedächtnisjahr 1976 beschäftigten sich fünf amerikanische Autoren mit jenem seltsamen Mann, dem auch ein Hollywood-Film, ein Londoner Musical und zahlreiche Fernsehsendungen gewidmet sind. 1977 wurde im Amsterdamer Theater Carré die Zirkusoper ›Houdini‹, eine Hommage an den größten Entfesselungskünstler aller Zeiten, uraufgeführt.

Houdinis Karriere war typisch amerikanisch. 1874 wurde er als Sohn des Rabbiners Dr. Mayer Samuel Weiß in Budapest geboren. Bald danach zog die Familie mit diesem (ihrem fünften) Kind namens Erich nach Amerika. In jungen Jahren begann er als Zeitungsverkäufer und Arbeiter in einer Krawattenfabrik. Durch Joe Rinn, einen Freund aus dem Athletik-Klub, kam er mit dem Spiritismus zusammen. Gemeinsam besuchten sie die Seancen des Mediums Minnie Williams. Gemeinsam lasen sie auch das Buch, das 1891 die spiritistische Welt erschütterte: ›Die Enthüllungen eines spiritistischen Mediums‹. Darin wurde exakt erklärt, wie sich Medien, die gefesselt waren, befreiten, um später wieder in die Fesselung zurückzukehren, nachdem sie durch andere Tricks Geistererscheinungen vorgetäuscht hatten.

Mit Rinn begann Houdini Fesselungskünste einzuüben – bald waren beide Experten. Harry addierte zu seinem frisch erworbenen Können einige herkömmliche Zauberexperimente und trat als ›Eric the Great‹ in Kirmes-Buden und in Dime Museums vor das Publikum. Es war ein Hungerleben. Einmal konnte er in St. Louis nicht 25 Dollar Fracht für die Packkiste bezahlen, aus der er sich Abend für Abend befreite. Ein andermal stahl er ein halbes Dutzend Kartoffeln, um sie seiner sehr jungen Frau Bessie zu bringen. Als die Zauberei nichts einspielte, trat das Ehepaar als komische Tramps auf.

Doch Houdini gab nicht auf. Im Gegenteil, er investierte jeden Pfennig in die Werbung. Seine frühen Plakate tragen den Namen eines fiktiven englischen Druckers, berichten von Gastspielen in England und Frankreich, noch ehe er jemals jenseits des großen Teichs gastiert hatte. Aber diese Werbeübertreibungen festigten beim unwissenden Publikum das Image dieses jungen Mannes. Er mußte ›groß‹ und ›bekannt‹ sein, um erfolgreich zu sein – der umgekehrte Weg schien ihm lächerlich. Werbemoral existierte für ihn nicht.

Und er war kühn genug, seinen Künstlernamen aus den Vor- und Zunamen der größten Zauberkünstler des 19. Jahrhunderts zusammenzusetzen: Robert-Houdin (1805–71) und Harry Kellar (1849–1922). Also nannte er sich ›Harry Houdini‹.

Ungeniert gab er sich den Titel ›Professor‹ und gründete eine ›Schule der Magie‹. Die erste große Publicity bekam er, als er sich in einem Chicagoer Gefängnis aus Handschellen befreien konnte. Im Jahre 1900 kam er nach London. Niemand kannte ihn dort. Aber als er die in Scotland Yard angelegten Handschellen abschüttelte, wurde man auch dort auf ihn aufmerksam. Bald war aus dem Zirkus-Artisten die Hauptattraktion des Londoner Alhambra-Theaters geworden. »Nicht schlecht für Kirmes-Buden-Harry«, notierte er in sein Tagebuch.

Wenig später konnte er im Berliner Wintergarten sein Publikum in deutscher Sprache begrüßen – der Rabbi Weiß hatte sie seinen Kindern gelehrt. Sechs Tage im voraus war das Theater ausverkauft, es blieb so bis zum Ende seiner Karriere. Wo immer er erschien, war er das Tagesgespräch. In Dresden sprang er von einer Brücke in die Elbe – natürlich fachmännisch gefesselt. Nachdem er mit den Fesseln in der Hand aus dem Fluß stieg, wurde er von Polizisten auf die Wache geführt und mußte 2 Mark Strafe bezahlen – weil er den Rasen betreten hatte.

Entfesselungskünstler gab es schon vor ihm. Aber erst Houdini gab diesen eher langweiligen Darbietungen den prickelnden Reiz des absolut Einmaligen. Er schien von der fixen Idee besessen, sich

»Die Jugend liebt Abenteuer, das Ungewöhnliche, das Erregende. Und eben das ist es, was ich versuche, der Welt zu geben.«
Harry Houdini

£100 REWARD.

During his engagement at the REGENT THEATRE, SALFORD, and for the remainder of week commencing **October 3rd,**

HOUDINI

The Original Jail Breaker, will introduce

his

INEXPLICABLE

BARREL

MYSTERY

WHICH HAS

NEVER BEEN PRESENTED

IN EUROPE.

HOUDINI HANDCUFFED

He will be heavily manacled, Hand and Foot, Strapped and Locked into a Heavy Oak Barrel, then placed into a

TRIPLE-LOCKED CELL.

The above Reward will be paid to any person who can detect any faked panels, bolts or locks in the cell used.

befreien zu müssen, er forderte die Weltöffentlichkeit heraus, Fesseln zu ersinnen, aus denen er sich nicht lösen könne. Mit eigens für ihn – oder sollte man besser sagen: gegen ihn?! – konstruierten Handschellen und Ketten, Fußeisen und Zwangsjacken versuchte man, ihm beizukommen. Dreißig Jahre hindurch blieb er ungeschlagen.

Fand er ein Gefängnis am Gastspielort, so ließ er sich in eine Zelle einsperren und entfloh bald darauf. Das gelang ihm sogar aus der Zelle, in der Guiteau, der Mörder Präsident Garfields, eingesperrt war. Wie eine Fahne ließ er sich, an den Füßen gefesselt und aufgehängt, den Körper in einer Zwangsjacke, hoch über dem New Yorker Straßenverkehr aus einem Wolkenkratzer hängen. Er kam frei – ebenso wie von dem Brett, auf das er geschnürt und das unter eine laufende Kreissäge geschoben wurde. Harry Houdini sah es so: »Bei dieser Art von Experimenten ist es das Element der Gefahr, das die Zuschauer anzieht. Man wünscht nicht, meinen Tod mit ansehen zu müssen, natürlich nicht. Aber die Menschen sind mehr an einem Experiment interessiert, wenn es gefährlich ist. Sieht eine Menschenmenge einen Mann, der auf dem Dach eines zehnstöckigen Gebäudes arbeitet, geht sie vorüber. Rutscht er aber aus und hängt mit einer Hand an der Regenrinne, dann erregt er Aufmerksamkeit.«

Um allen Strapazen gewachsen zu sein, unterwarf sich Houdini einem harten Training. Er rauchte nicht, trank keinen Alkohol, er badete täglich in eiskaltem Wasser. Seine Füße hatte er so trainiert, daß er damit Nadeln aufnehmen und einen Faden einfädeln konnte.

Sein Metier studierte Houdini mit besonderer Gründlichkeit. Das Interesse an Schlössern ging so weit, daß er jeden Schloßtyp aus drei Jahrhunderten aufkaufte, den er entdecken konnte; er machte sich mit ihren Mechanismen vertraut. Als er zum erstenmal nach Deutschland kam, ließ er sich zwei Monate lang von einem Schlosser unterweisen, um alles über deutsche Schlösser zu erfahren.

Was in ihm vorging, wenn er seinen Zuschauern entzogen war und an das Werk seiner Selbstbefreiung ging, drückte er so aus: »Meine wichtigste Aufgabe war, die Furcht zu bekämpfen. Wenn ich gefesselt und in eine Packkiste eingenagelt ins Wasser geworfen werde oder unter der Erde liege, dann ist es notwendig, absolute Klarheit des Geistes zu bewahren. Ich muß mit äußerster Vorsicht und höchster Geschwindigkeit arbeiten. Überfiele mich dabei Panik, so wäre ich verloren. Das Publikum hat schließlich nur die Erregung über den ausgeführten Trick. Es hat keine Vorstellungen von der Tortur, die das Selbsttraining mir auferlegt, um meine Angst zu besiegen.«

Harry Houdini, der größte Entfesselungskünstler und Sensationsdarsteller aller Zeiten. Mit immer neuen Einfällen machte er auf sich aufmerksam: in Fässer, Gefängniszellen eingesperrt, kopfüber aus einem Wolkenkratzer hängend, dazu in einer Zwangsjacke eingeschnürt oder an ein Rad gebunden – immer kam er frei.

Im März 1903 lockte Houdini die Kölner mit dieser Anzeige im ›Stadt-Anzeiger‹ ins Reichshallen-Theater. Diesmal befreite sich der »Universalkünstler« aus einer zugenagelten Holzkiste.

Um seinen Ruhm zu festigen und die vielen Nachahmer seiner Darbietung auszuschalten, ersann seine schier unerschöpfliche Phantasie stets neue Sensationen: Befreiungen aus zugeklebten Papiersäcken, aus Eisenkäfigen und Postsäcken lockten die Zuschauer an. In Boston entstieg er einem Sarg, dessen Deckel mit dem Boden verschraubt worden war; in Chicago verschwand er aus einer zinkverkleideten Pianokiste. Hafenarbeiter siegelten ihn in Liverpool in einen mit Öl und Teer bearbeiteten Seesack ein, die Reach Company of Philadelphia stopfte ihn in einen großen Fußball, Eisenbahn-Gesellschaften banden ihn an die Räder der Lokomotiven – nichts konnte ihn festhalten . . . Einmal ließ er sich vor eine Kanone binden. Der Abzugsmechanismus war mit einem auf fünfzehn Minuten eingestellten Zeitzünder versehen. Innerhalb von sechs Minuten war Houdini frei und schoß das Geschütz selbst ab. Houdini hatte sich mit seiner Rolle als ›Selbstbefreier‹ derartig identifiziert, daß er mit geradezu pathologischer Empfindlichkeit reagierte, wenn ihm jemand seinen Ruhm streitig machen wollte – aber auch, wenn sich jemand auf seine Kosten nur einen Spaß erlaubte:

Ein Mr. Wilkins schloß ihn einmal in der Halle des Savoy Hotels in Kansas City während eines Telephongesprächs in eine Telefonzelle ein. Houdini gebärdete sich wie ein Wahnsinniger. Er schrie, trat gegen die Tür, hämmerte wie wild mit den Fäusten an die Wände. Später machte er seiner Frau klar, seine Karriere sei ruiniert, die ganze Nation lache über ihn, kurz – er könne sich nicht mehr öffentlich sehen lassen.

Bei seiner ersten Gastspielreise durch Deutschland 1901, kam es zu der ›Kölner Affäre‹. Houdini fühlte sich von dem Schutzmann Werner Graff ›verleumdet‹ – und das nur, weil jener in einer Leserzuschrift an die ›Rheinische Zeitung‹ seine private Meinung über den Artisten aus Amerika bekanntgegeben hatte. Graff meinte, es gäbe einfach keinen Menschen, der sich aus jeglicher Fesselung befreien könne. Houdini sah darin einen persönlichen Angriff und strengte eine Gerichtsverhandlung gegen den biederen Schutzmann an. Houdini konnte sich von den Fesseln befreien, die ihm bei der Verhandlung auf seinen Wunsch hin angelegt wurden – und trat so den ›Gegenbeweis‹ an. Obschon der Schutzmann zu einer lächerlich geringen Geldbuße verurteilt wurde, stellte Houdini den Vorfall so dar, als habe er ›die Polizei des deutschen Kaisers‹ insgesamt besiegt.

Houdini suchte geradezu Schwierigkeiten, gegen die er ankämpfen konnte. Der Vorfall mit dem Kölner Schutzmann mit all seiner Publicity lehrte ihn einen seiner wichtigsten Grundsätze: »Gib den Menschen die Gelegenheit, einem Kampf beizuwohnen.« Und das

The Imperial Police of Cologne slanderously libeled HARRY HOUDIN stating his advertised tricks were swindles!

HOUDINI answered them by sueing for "An Honorary Public Apology". The Police lost the case in the three highest Courts as they were unable t fetter or Chain HOUDINI in an unescapable manner. he was even successfu in opening a special lock that they had constructed which after it had onc been locked could not be opened"

FIRST TRIAL "Königliches Schöffengericht in Köln. Feb. 26. 190

SECOND TRIAL "Königliche Strafkammer" in Köln. July. 26. 190

THIRD TRIAL "Königliches Oberlandesgericht" Sept. 26. 190

Having lost the case in all three trials the Police were ultimately compelle to publicly advertise "An Honorary Apology" and pay all costs of the trial

BY COMMAND OF KAISER WILHELM II. EMPEROR OF GERMANY

sollte sich auszahlen. Zwar bedeutete ihm Geld nicht viel – aber es war sein Erfolgsbarometer. Längst hatte er die höchsten Honorare erreicht: 7000 Dollar als Wochengage in den Vereinigten Staaten, 1920 im Londoner Palladium gar 3750 englische Pfund.

Houdini klebte nie ungünstige Kritiken in sein ›scrapbook‹. Es war ihm zur Gewohnheit geworden, seine Assistenten jede Woche einmal zu ›feuern‹. Aber wehe, sie verließen ihn tatsächlich – dann erst wurde er wirklich böse. Er war der erste Mensch, der über Australien ein Flugzeug steuerte – im Jahre 1910. 1920 stieg er ins Filmgeschäft ein. Natürlich war er alles in einer Person: Drehbuchautor, Regisseur, Hauptdarsteller. Und natürlich triumphierte er immer, besiegte jede Gefahr. Aber auch das war Houdini: der Ehemann, der seine Frau Bessie abgöttisch liebte, deren Kritik er fürchtete; jener, der

Houdini demonstrierte sein Talent vor einem Kölner Gericht, weil er sich von einem Schutzmann »verleumdet« fühlte. Und er sorgte dafür, daß die Meinung eines Privatmannes zur ›Kölner Affäre‹ wurde und alle Welt davon erfuhr.

nach jeder Tournee auf den Friedhof ging und seiner Mutter von allem berichtete, was er erlebt hatte. In Edinburgh war er über die große Zahl der Kinder bestürzt, die im Winter keine Schuhe anzuziehen hatten. Er lief zu einem Schuhgeschäft, kaufte dreihundert Paar Schuhe. Mit den anderen Artisten aus dem gleichen Programm paßte er den Kindern die Schuhe an. Nach seinem Tode erst wurde bekannt, daß er eine große Anzahl von Menschen, vor allem verarmte Artisten, mit monatlichen Zuwendungen aus seiner eigenen Tasche unterstützt hatte. Niemals hatte der Showman darüber gesprochen.

Die Psychoanalytiker legten für den Entfesselungsdrang eine eigene Deutung zurecht: Houdini habe in seinem ganzen Leben die erste Flucht seiner Existenz wiederholt – die Befreiung des Neugeborenen aus dem Schoße der Mutter. Die Behältnisse, in die er sich zusammengeschnürt stecken ließ (Särge, Fässer, Geldschränke, Zellen), symbolisieren die Isolierung, die das Ungeborene im Mutterleib erlebt. Und verstärkend wirke noch die Symbolkraft des Wassers, in das er häufig – eingeschlossen in diese Behältnisse – geworfen wurde. Wiedererschaffung der menschlichen Ausgangssituation also als Antriebskraft für die Entfesselungskunst.

Welches immer die Beweggründe für Houdinis Entfesselungsdrang gewesen sein mögen, jedenfalls war es ihm gelungen, seine Zeitgenossen von der Einzigartigkeit seines Könnens zu überzeugen. Sarah Bernhardt bat ihn 1917 auf ihrer letzten Amerika-Tournee – sie hatte eben eine seiner spektakulären Befreiungen miterlebt –, ihr Bein, das sie verloren hatte, zurückzuzaubern: »Houdini, Sie sind ein so wunderbarer Mensch. Sie müssen außerordentliche Kräfte besitzen, um Ihre Wunder vollführen zu können. Wollen Sie sie nicht benutzen, um mein Bein wiederherzustellen?«

Aber das konnte er nicht – er war ein Showman, kein Wundermann. Wie seltsam, daß gerade er durch das Spektakel seines Lebens andere Menschen zu einer falschen Gläubigkeit antrieb, zum Spiritismus.

Es ist bis auf den heutigen Tag das Vorrecht des Okkultgläubigen geblieben, das Unerklärbare mit dem Übernatürlichen zu verwechseln, den Trick für eine Manifestation aus einer anderen Welt anzusehen. Die letzten Lebensjahre Houdinis gehörten dem eifernden Kampf gegen okkulte Praktiken. Er entlarvte die Tricks, mit denen die Medien den Kontakt zur Geisterwelt vortäuschten.

Wahrscheinlich resultierte seine fanatische Ablehnung des Spiritismus aus der Tatsache, daß der verzweifelte Versuch, eine Kommunikation mit seiner geliebten Mutter herzustellen, niemals gelang. Alle Medien enttäuschten ihn, alle konnte er bei betrügerischen Manipulationen ertappen. Mit dem Einsatz von 10 000 Dollar forderte er die Medien der Welt heraus, eine außerirdische Manifestation zu produzieren, die er nicht nachahmen oder als mit vollkommen natürlichen Mitteln getrickt erklären könne.

Man deutete den antispiritistischen Feldzug Houdinis natürlich auch als weitere Möglichkeit, für sich selbst neuerlich Publizität zu gewinnen. Es mag so sein, aber der Nutzeffekt war jedenfalls positiv. Der Spiritismus spielt seither nie mehr die Rolle, die er sich bis zu diesem Zeitpunkt als Kontakthersteller zum Jenseits angemaßt hatte.

Houdinis früher Tod setzte den Plänen ein Ende, für die bereits Vorbereitungen angelaufen waren. Er wollte eine ›Universität der Magie‹ gründen, zu deren Lehrfächern neben der Geschichte der Magie und der Psychologie der Täuschung auch solche wie ›Präsentation‹, ›Publicity‹ und ›Showmanship‹ gehören sollten. Als Voraussetzung dafür wollte er 1927 an der Columbia-Universität Englischkurse belegen. Houdinis Sprache war nämlich nicht gesellschaftsfähig, und dieses Handicaps war er sich durchaus bewußt. Natürlich hatte er auch neue Befreiungsexperimente in Vorbereitung. Er wollte sich auf der Bühne in einen Eisblock einfrieren lassen und die Befreiung aus dieser arktischen Umklammerung vor den Augen des Publikums vornehmen. Fünf Jahre lang hatte er daran gearbeitet.

Aber dann kam jener unglückliche 22. Oktober 1926, an dem ihn einige Studenten im Umkleideraum des Princess Theaters in Montreal besuchten. Houdini lag auf der Couch und las seine Post. Einer der Studenten nahm eine frühere Herausforderung Houdinis auf und schlug viermal heftig auf dessen Leib. Nur hatte Houdini sich diesmal nicht darauf eingestellt, die Schläge abzufangen. Einmal war er unachtsam gewesen. Mit Schmerzen im Leib überstand er die nächsten Vorstellungen. Als er Tage später in Detroit im Garrick Theater ankam, stand ein Arzt bereit, ihm zu helfen. Houdini schob ihn beiseite: »Die Menschen sind hier, mich zu sehen, ich will sie nicht enttäuschen.« Nach diesem Gastspiel brachte man ihn ins Krankenhaus. Er war nicht mehr zu retten. »The show must go on« – an dieser ebenso alten wie fragwürdigen Maxime der Artisten starb er schließlich an jenem Tage, den man dort ›Halloween‹ nennt und den man mit den dunklen Gewalten, Hexen und Geistern assoziiert.

Die Brüder Davenport

Ira Davenport (1839–1911)   William Davenport (1841–1877)

»Ich war mehr als einmal bei derartigen Vorführungen anwesend. Ich amüsierte mich ebenso wie bei gut ausgeführten Zauberexperimenten; denn ich wußte genau, wie viel ich der ›spiritistischen Art‹ der Manifestationen der Brüder Davenport Glauben schenken konnte. Einfacher ausgedrückt: die Davenports waren einfach geschickte Zauberkünstler, die, um ihren Vorführungen ein größeres Ansehen zu geben, die Ergebnisse der Geschicklichkeit als Einwirkung von Geistwesen ausgaben.«

Robert-Houdin über die
BRÜDER DAVENPORT

Die Davenport-Brüder bewegten die öffentliche Meinung zweier Kontinente. Sie gehörten zu den bekanntesten Artisten ihrer Zeit. Harry Houdini bezeichnete sie als »die dramatischsten Gestalten, die die Zauberkunst des 19. Jahrhunderts hervorgebracht hat«.

In ihrem ›Cabinet‹, in dem sie sich gefesselt gegenübersaßen, brachten sie Musikinstrumente zum Spielen. Für kritiklose Beobachter waren sie viele Jahre hindurch der Beweis für Vorhandensein und aktive Einwirkung der Geister.

Ein Dr. Nichols ›bewies‹ 1865 in einem umfangreichen Werk ›Phénomènes des Frères Davenport‹, daß die »physikalischen Manifestationen der beiden Amerikaner von Kräften und Intelligenzen der unsichtbaren Welt nach Gesetzen hervorgebracht werden, die die Naturwissenschaften nicht erklären können«.

In antispiritistischen Aufklärungsvorträgen wurden die Techniken der Brüder Davenport von dem großen englischen Zauberkünstler John N. Maskelyne 1868 entlarvt.

Der Okkultist B. Coeman ließ sich jedoch nicht überzeugen. Er hielt Maskelyne selbst für ein Medium.

Robert-Houdin studierte die Darbietungen der Brüder Davenport und erläuterte sie dataailliert in seinem posthum erschienenen Werk: ›Magie et Physique Amusante‹, Paris, 1877.

*Die ›unerklärbaren‹ Manifestationen der Brüder Davenport
wurden dem Publikum so dargeboten:*

Das Cabinet war so leicht wie möglich konstruiert und so groß, daß gerade drei Personen, stehend oder sitzend, darin Platz hatten. Es stand auf drei kleinen Böcken.

Die Instrumente hingen an der Rückwand in der Mitte: Geige, Gitarre, Trompete, Tamburin, Glocke. Vorn waren drei Türen.

Was geschah Die Brüder Davenport setzten sich rechts und links auf die Sitze. Hände und Füße wurden von den Zuschauern gefesselt, nachdem die Seile untersucht, vermessen und gekennzeichnet waren. Nach Möglichkeit wurde ein Marine-Offizier, der sich mit Knoten auskannte, zum Fesseln aufgefordert.

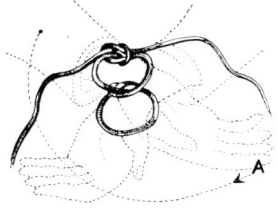

fig. 1.

Zuerst wurden die beiden Seitentüren unten gleichzeitig geschlossen. Dann folgte die Mitteltür. Im selben Augenblick erschienen in dem Ausschnitt in der Mitteltür (in Kopfhöhe eines stehenden Mannes) die Arme des rechts gefesselten Mannes. Unglaublich für die Zuschauer!

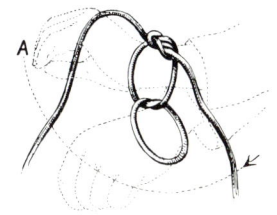

Jetzt begannen die Musikinstrumente zu spielen, Klopfgeräusche waren zu hören – plötzlich sprang die Mitteltür auf, die Trompete wurde herausgeschleudert und fiel auf den Teppich. Denjenigen aus dem Zuschauerraum, der die Tür wieder schloß, berührten unsichtbare Hände.

Einen Augenblick später wurden alle Türen geöffnet, und die Brüder saßen da, entfesselt, die Seile zu ihren Füßen. Zwei Minuten später, nachdem die Türen erneut geschlossen und wieder geöffnet waren – die Brüder Davenport waren erneut mit den gleichen Seilen gefesselt.

Jetzt betrat ein Zuschauer das Kabinett und setzte sich in die Mitte, um sich zu überzeugen, daß sich alles Geschehen ohne die Mithilfe der Davenports abspielte. Auch er wurde gefesselt, bekam ein Tamburin auf seinen Schoß, darauf die Geige, Trompete und Handglocken.

Wieder hörte man im Saal die Instrumente. Der Zuschauer berichtete anschließend, daß Hände über sein Gesicht und über seinen Kopf strichen, daß er am Haar gezogen wurde. Das Tamburin wurde auf seinen Kopf geschlagen.

Während der Darbietung hatte man die Seilknoten in flüssiges Wachs getaucht! Und dennoch begannen Instrumente zu spielen, geschah die Entfesselung. Kurz vor Ende der Vorstellung wurde feines Mehl in die Hände der Brüder Davenport gestreut. Dr. Ferguson,

der die Brüder dem Publikum vorstellte, deutete an, daß es unmöglich sei, sich aus den Fesseln zu befreien, ohne daß das Mehl aus den Händen gefallen sei.

Die Tricks der Pseudospiritisten Davenport Brothers wurden allein durch Fesselung bewirkt, aus der sie – wie ein Entfesselungskünstler – in erstaunlich kurzer Zeit schlüpfen konnten. Was Pinetti 100 Jahre zuvor als Teil seines Zauberprogramms vorgeführt hatte – Befreiung aus angelegten Fesseln –, das zeigten die Davenport Brothers nun als mediumistische Manifestation.

XI Zauberer und Verzauberte

Nostalgische Erinnerungen an Zauberläden

1722 findet sich in der ersten Auflage von Henry Deans Buch ›The Whole Art Of Legerdemain Or Hocus Pocus In Perfection‹ dieser Hinweis:

> Wenn irgendeine Person begehrt, mit irgendwelchen in diesem Buch erwähnten Geräten beliefert zu werden, sei es in Silber, Messing oder Holz, so kann das geschehen in des Autors Haus nahe dem Wachhause auf dem Kleinen Tower-Hügel.

Er scheint der erste gewesen zu sein, der Zauberapparate offerierte. Ein Monsieur Préjean preist sich 1793 in Paris als Mechaniker an, der magisches Zubehör herstellen könne. In der Zeit, in der der Bürgerkönig Louis-Philippe seinen grünen Regenschirm spazieren führte, gab es in der Rue Richelieu den kleinen Laden des ›Vaters Roujol‹, in dem Apparate der ›amüsanten Physik‹ ausgestellt waren. Hier holte sich Robert-Houdin Ratschläge für sein Programm, hier traf er die bedeutenden Künstler seiner Zeit.

Zauberläden im heutigen Sinn gibt es seit der Mitte des vergangenen Jahrhunderts, seit H. M. Crambrook 1842 in der Londoner Royal Adelaide Gallery sein Etablissement eröffnete und Oskar Lischke 1851 in Hamburg ein Zaubergeschäft gründete. Er war einer der ersten, der Preislisten versandte, er löste die Zauberkunst aus der Arkandisziplin der alten Schule, die die Künste nur vom Meister auf den Gehilfen oder vom Vater auf den Sohn vererbte.

Das Verkleinerungsei.
Der Künstler ergreift ein Ei, bläst dagegen und verkleinert es mehrere Male, bis es spurlos verschwindet.
RM. 1.— oder $ —.25

»Dies war kein
gewöhnlicher Laden;
es war ein Zauber-
laden.«
H. G. Wells

»Es kam mir mehr und mehr zum Bewußtsein, wie unerhört seltsam dieser Ort war, er war sozusagen durchtränkt von Seltsamkeit. Sogar die Einrichtungsgegenstände, die Decke, der Fußboden, die verstreut herumstehenden Stühle waren irgendwie seltsam. Ich hatte ein merkwürdiges Gefühl, als rückten sie immer dann, wenn ich nicht unmittelbar hinsah, von der Stelle und bewegten sich, um lautlos hinter meinem Rücken ›Kämmerchenvermieten‹ zu spielen. Und das Gesims hatte ein gewundenes Muster von Masken; Masken, die viel zu ausdrucksvoll waren, um nur aus Gips zu sein . . .«

H. G. Wells,
›Der Zauberladen‹

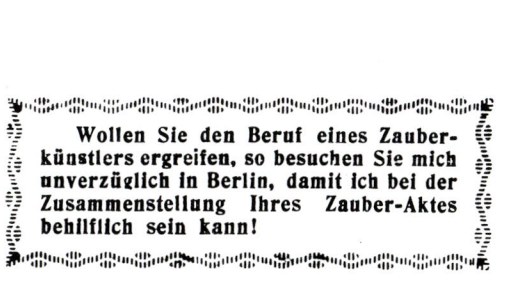

Wollen Sie den Beruf eines Zauberkünstlers ergreifen, so besuchen Sie mich unverzüglich in Berlin, damit ich bei der Zusammenstellung Ihres Zauber-Aktes behilflich sein kann!

Nostalgische Erinnerungen des Vaters Roujol, die er Robert-Houdin mitteilte

»Es geht längst nicht mehr so gut wie früher einmal, man könnte wirklich glauben, die Taschenspieler hätten sich selbst verschwinden lassen, denn ich sehe keinen einzigen mehr. Mir bleibt nichts zu tun, als die Hände in den Schoß zu legen. Wann kommt nur wieder die Zeit, da der Herzog von M. es nicht verschmähte, in meinen bescheidenen Laden zu kommen und stundenlang hierzubleiben, um mit mir und meinen zahlreichen Besuchern zu plaudern! Wenn Sie doch meinen Laden nur vor zehn Jahren gesehen hätten; damals gingen alle ›Physiker‹ und Liebhaber der Kunst bei mir ein und aus: Olivier, Préjean, Brazy, Conus, Chalons, Comte, Jules de Rovère, Vater Adrien, Courtois und so viele andere, kurz, ein richtiger Zauberer-Klub. Es ging so geistreich, angeregt, unterhaltend her, wie man sich's nur vorstellen kann, denn jeder der Meister wollte seine Überlegenheit über die Kollegen beweisen und gefiel sich darin, seine besten Kunststücke zu zeigen und seine ganze Geschicklichkeit zu entfalten.«

Der Grund für diese beklagenswerte Situation wird auch von Robert-Houdin in seinen ›Memoiren‹ angedeutet: Die Revolution des Jahres 1830 zwang die Leute zu ernsterer Beschäftigung als der der ›amüsanten Physik‹, und die meisten Zauberkünstler waren ins Ausland gegangen, um dort Zuschauer zu finden, die weniger Sorgen hatten. Die guten Zeiten Vater Roujols waren also vorbei, und das lastete sehr auf ihm.

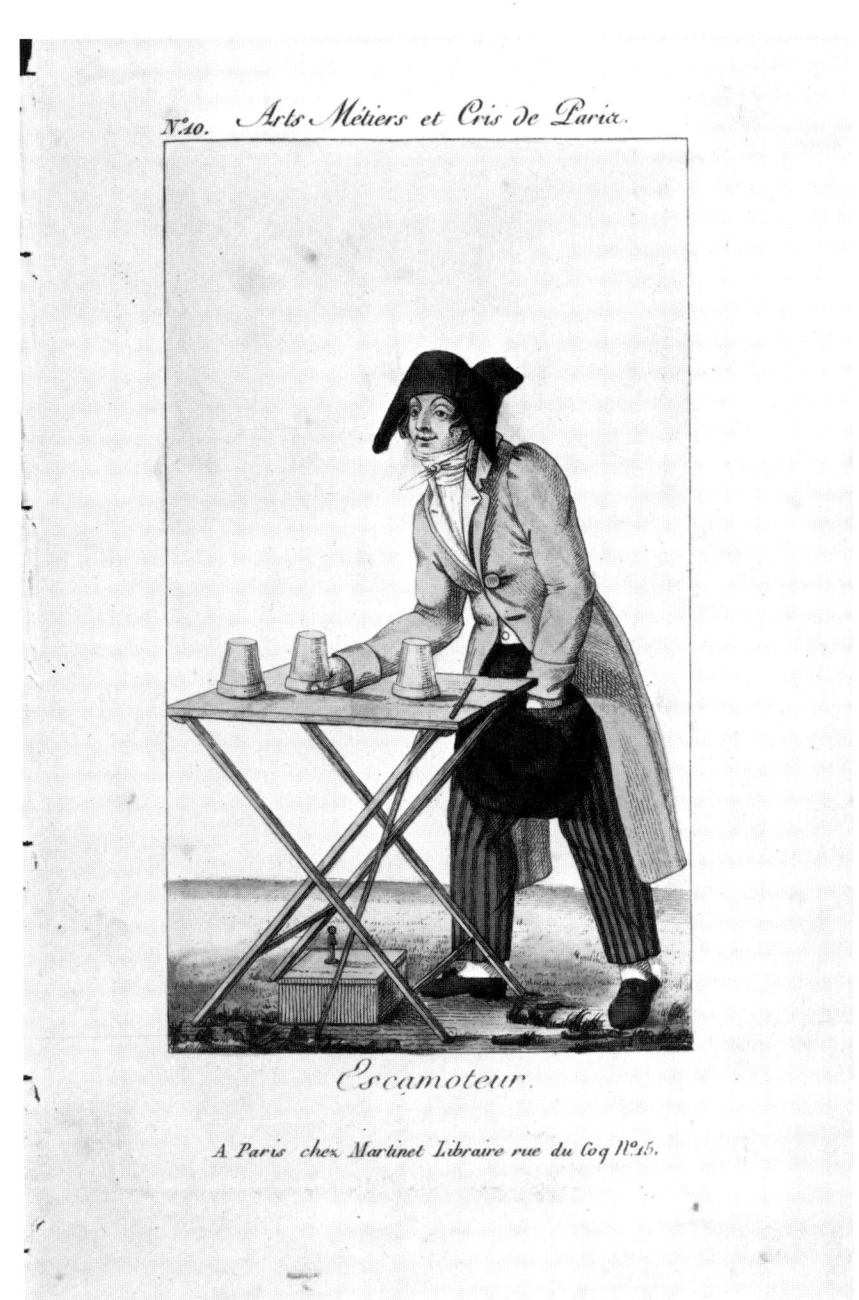

N.°10.   Arts Métiers et Cris de Paris.

Escamoteur.

A Paris chez Martinet Libraire rue du Coq N.°15.

L'Escamoteur. 1818. Aus:
›Arts, Métiers et Cris de
Paris‹.

Vorbemerkung

Die Kurzbiographien möchten den Leser mit einigen bedeutenden Vertretern der magischen Kunst bekannt machen. Sie stehen stellvertretend und beispielhaft für zahlreiche andere Interpreten aus Vergangenheit und Gegenwart. Jeder von ihnen vertritt einen bestimmten Typus in der facettenreichen Palette der Zauberkunst. An diesen ›persönlichen‹ Beispielen wird erkennbar, wie die nach Talent und Herkunft unterschiedlichsten Menschen zu diesem Beruf gekommen sind und wie vielfältig abgewandelt sie das uralte Thema ›Zauberei‹ vor ihr Publikum gebracht haben.

Denn: Zauberei ist nicht gleich Zauberei. Es gibt keine andere artistische Disziplin, die eine derartige Fülle verschiedenartiger Stiltypen, Experimente und Auffassungen hervorgebracht hat. Allen Künstlern gemeinsam ist die frühe, leidenschaftliche Hinwendung zu diesem seltsamen Hand-Werk, fast immer geweckt durch einen großen Lehrmeister. Es folgt die leidenschaftliche Beschäftigung mit der ›wunderbaren Welt des Scheins‹ – die Einübung ins Rollenspiel und in die manuellen Voraussetzungen. Kaum einer von ihnen entstammt einer Artistenfamilie – im Alleingang eroberten sie sich die Bretter, die die Welt bedeuten.

Neben Talent und Fleiß ist es vor allem eine außergewöhnliche Persönlichkeit, die den Magier dort Großartiges vollbringen läßt, wo er für sich die richtige Plattform erkennt: im kleinsten Kreis und auf der größten Bühne, im Kirmeszelt ebenso wie im Konzertsaal ist Zauberkunst möglich; sie offenbart sich vor den staunenden Menschen mittels technischem Aufwand und im schillernden Gewand revuehafter Ausstattung oder allein durch die Kunst der manuellen Fertigkeit, die nach Dr. Hofzinser der einzige, beste und auch zuverlässigste Apparat ist.

Diese Lebensbilder offenbaren aber auch, daß die stumme, unpersönliche Darbietung, wie sie aus Kabaretts und durch das Fernsehen vermittelt heute zumeist bekannt ist, nur eine Spielart unter vielen anderen darstellt. Schon 1929 hat Ottokar Fischer beklagt, daß »durch die unerbittliche Einschränkung der Vorführungsdauer auf wenige Minuten die Zauberkunst immer mehr versachlicht wird und der poetische Duft, der früher einmal das reizvolle an ihr bildete, verlorenging«.

Zauberei als Kunstform der Unterhaltung hat immer mit dem Staunenerregenden und Wunderbaren zu tun.

Allen großen Vertretern dieser Kunst ging es nicht um Trick und Täuschung, sondern immer nur um VERZAUBERUNG.

Bartholomeo Bosco   *Der König der Escamoteure*
* 1793 Turin
† 1863 Gruna bei Dresden

»Bosco trug einen klingenden, ungewöhnlichen Namen, der leicht populär wurde. Niemand verstand es besser als er, ihn ins rechte Licht zu rücken. Er versäumte keine Gelegenheit, sich in Szene zu setzen, er gab den ganzen Tag über Vorstellungen, welcher Art und Zahl auch immer die Zuschauer waren. Im Wagen, am Wirtstisch, in den Cafés, in den Kaufläden versäumte er es nie, eine Probe seiner Zaubertricks zu geben, indem er ein Geldstück, einen Ring oder sonst etwas verschwinden ließ.«
Robert-Houdin

Die Spuren seiner Kindheit verlieren sich im Unbekannten. Eigenen Angaben zufolge war er Füsilier im napoleonischen Heer in Rußland, geriet in Gefangenschaft, wurde 1814 ausgetauscht. Wenig später ging sein Stern so strahlend auf, daß in den folgenden Jahrzehnten schwer jemand zu finden gewesen sein dürfte, dem der Name Bartholomeo Bosco nicht bekannt war. Ihm gelang bereits damals, was zu jener Zeit noch ungewöhnlich war: die Theater der großen Städte von Berlin bis Wien, von Petersburg bis Paris öffneten ihm ihre Bühnen.

Er zeigte mit seiner ›Außerordentlichen Vorstellung in der Aegyptischen Magie‹ ein Zwei-Stunden-Programm, in dem ein Höhepunkt dem anderen folgte. Immer begann er mit dem ›Becherspiel‹, das zwar jedermann durch die Vorführung der Escamoteure von den Marktplätzen her kannte, dem er jedoch eine so nachhaltige Wirkung zu geben vermochte, daß Robert-Houdin und Dr. Hofzinser dies bewundernd in ihren Schriften erwähnten. Wenn er zwölf Tauben mit einem Pistolenschuß tötete und diese wenig später aus einem Feldofen lebend herausflatterten, dann war das etwas, was niemand zuvor auf der Bühne gesehen. Unter Programmtiteln wie ›Das glückliche Duell oder Waffe gegen Waffe‹, ›Der Fallschirm der Madame Blanchard‹ oder ›Das Publikum wird rufen: Halt! Halt! Halt‹ verbargen sich oft auch anderen Künstlern geläufige Experimente. Aber diesem Gaukelspieler höchsten Formats »mit seiner durch und durch intensiven Täuschungsmethode« (Dr. Hofzinser) war es gegeben, alles neu und einmalig erscheinen zu lassen.

Dem Erzkomödianten genügte die Bühne nicht. Für ihn war Zauberei gleich Leben; er zauberte überall, auf der Straße, in den Gastwirtschaften, in der Postkutsche. Er redete ein Kauderwelsch aus vier Sprachen – so war er für alle verständlich. In Frankreich inspirierte er sogar die Mode. Man trug Stiefel à la Bosco, Röcke à la Bosco und auch ein Contretanz wurde nach ihm benannt.

Besonders beliebt war er an den Höfen gekrönter Häupter. So zeigte er seine ›Großen Kunst-Productionen‹

1821	dem König von Hannover
1822	dem König von Preußen
1823	dem Zaren Alexander von Rußland
1828	dem Kaiser von Österreich
1829	dem Erzherzog Joseph, Statthalter von Ungarn
1830	dem König von Dänemark

1833   König Louis-Philippe von Frankreich
1835   der Königin von Sardinien
1836   Kaiserin Marie Louise, der Witwe Napoleons
1837   dem König von Neapel
1838   dem Bei von Tunis
1839   dem Vizekönig von Ägypten
1852   Kaiser Napoleon III.
1855   der Königin Victoria von England

Die 1851 in Paris erschienenen ›Aventures de B. Bosco de Turin – Professeur de Prestidigitation‹ geben Zeugnis für seinen legendären Ruhm, und in ›L'Illustration, Journal Universel‹ konnte man 1852 lesen: »Als Mann mit Witz und Geist und ungehemmtem komödiantischen Talent gehört Bosco seiner Natur nach in jene Hohe Schule der italienischen Buffos, die einen Pantalon, Scaramouche und Mezetin hervorbrachten. Leidenschaftlicher Anhänger eines Berufes, den er an die Grenzen des Möglichen und darüber hinaus führte, gab es für ihn nur eines, was er nicht zum Verschwinden bringen konnte: seinen ungeheuren Erfolg.«

Dr. Johann Nepomuk Hofzinser   *Klassiker der Kammerkunst*
* 1807 Wien
† 1875 Wien

Treffpunkt der Wiener Gesellschaft um die Mitte des vorigen Jahrhunderts war der Salon der Wilhelmine Hofzinser in der Wollzeile, später in der Walfischgasse; sie war die Gattin des Doktors der Philosophie Johann Nepomuk Hofzinser, Beamter des K.-K. Hofkammerarchivs, das ab 1856 von Franz Grillparzer geleitet wurde. Im Salon Hofzinser erwartete die Gäste dreimal wöchentlich ›Eine Stunde der Täuschung‹, dargeboten vom Hausherrn, dem »unstreitig genialsten und geistvollsten Vertreter der magischen Kunst des 19. Jahrhunderts« – so Ottokar Fischer (1873–1940), der der Nachwelt das Hofzinser-Erbe nach lebenslangen Recherchen in zwei Büchern zugänglich machte.

Der Staatsbeamte Dr. Hofzinser hatte wenig Ehrgeiz – der Zauberer um so mehr. Als er 1853 mit seiner magischen Kunst an die Öffentlichkeit trat, lagen viele Jahre des Studiums hinter ihm. Er hatte viel Zeit und Geld geopfert, um seine Ideen Gestalt werden zu lassen, und galt als Erfinder vieler neuer Experimente; »alles, was aus seiner Hand kam, atmete klassische Vollkommenheit« (Ottokar Fischer). Schnell erkannte er aber auch die Rolle, die ein phantasiebegabtes Publikum zu spielen hatte. Denn ohne Mit-Spiel, ohne Verwandlungsbereitschaft ist kein Zauberspiel, das einen geistigen Anspruch stellt, denkbar, ohne sie kann eine »positive Täuschung«, wie Hofzinser sie anstrebte, nicht entstehen.

Sein Erfolg gab ihm Recht, für Jahre waren seine Soireen erlesene Kunstereignisse: »die schöne Welt versammelte sich da, um den Zauberer par excellence zu bewundern«, den »ersten und genialsten aller Taschenspieler« zu erleben, den die ›Wiener Theater-Zeitung‹ über alle anderen Zauberer stellte – Ludwig Döbler und Bartholomeo Bosco eingeschlossen!

Doch die Genialität dieses Künstlers war nicht mit dem geringsten Fünkchen Wirklichkeitssinn gepaart. Mit 58 Jahren quittierte er den Staatsdienst, um sich ausschließlich seiner geliebten Zauberkunst widmen zu können. Vor einer breiteren Öffentlichkeit gastierte er nun in Kurorten und Provinzstädten. Der große Erfolg der Wiener Salons allerdings blieb aus. Ungefähr sieben Jahre unterzog sich dieser feinsinnige Künstler den Strapazen solcher Reisen, noch 1872 trat er in Karlsbad, Franzensbad, Marienbad auf, obschon die Arbeit auf der Bühne seinem Naturell nicht entsprach.

Am Ende seines Lebens hatte Dr. Hofzinser seiner magischen Leidenschaft alle Ersparnisse geopfert. Er mußte in eine bescheidene Vorstadtwohnung ziehen, sein Ruhegehalt war verpfändet, seine bedeutende Gemäldesammlung längst verkauft, er hatte kaum Geld für die notwendigsten Arzneien. Das Publikum, das ihm früher zugejubelt hatte, hatte ihn vergessen. Verbittert verfügte er, daß nach seinem Tode alle Geräte und Aufzeichnungen vernichtet werden sollten.

»Er war eine Beethovennatur in schöpferischer, eine Paganinigestalt in darstellerischer Hinsicht.«
Ottokar Fischer

Friedrich Alexander Heimbürger   *Der ›große‹ Herr Alexander*
* 1819 Münster
† 1909 Münster

Als im April 1877 der brasilianische Kaiser Pedro II. durch Münster reiste, hielt dort der Sonderzug länger, als es dem Bahnhofsvorsteher lieb war. Ein Münsteraner Bürger namens Friedrich Alexander Heimbürger war daran schuld. Er saß mit dem Kaiser zusammen, und beide erinnerten sich an viele gemeinsame Stunden des Jahres 1852. Damals hatte ›Herr Alexander‹ den Kaiser und seinen Hof glänzend unterhalten.

Als Harry Houdini im Frühjahr 1903 in Köln gastierte, fuhr er zu dem legendären Künstler, um ihm seine Referenz zu erweisen. Er

notierte später: »Er gab mir Informationen, die die erschöpfendsten
Enzyklopädien nicht geben können, und beantwortete mir Fragen,
die niemals in den Fachbüchern unserer Kunst angeschnitten wurden.«

Alexander Heimbürgers Lebenserinnerungen, 1882 erschienen,
beinhalten lediglich seine Jugendjahre und die Anfänge seiner Karriere. Durch den Berliner Zauberkünstler Friedrich Becker bekam er
den entscheidenden Impuls. Fortan begleitete er ihn als sein Assi-
stent und hatte später in Hamburg und in seiner Vaterstadt Münster
erste eigene Erfolge.

Als 24jähriger entschloß sich Alexander, »in der Neuen Welt auf
den edlen Mammon Jagd zu machen«. Mit einem Gastspiel in
›Niblo's Garden‹ in New York begann eine der erstaunlichsten Karrieren der Artistengeschichte. Nach drei Monaten, in denen die volks-
tümliche New Yorker Unterhaltungsstätte immer ausverkauft war,
folgten umjubelte Auftritte in anderen Städten. Auch James Polk,
elfter Präsident der Vereinigten Staaten, zählte zu Heimbürgers
Bewunderern. Mit seinem Empfehlungsschreiben reiste der Künstler
an Bord eines US-Kriegsschiffes nach Havanna, anschließend war
er in Mexiko, Guatemala, Peru, Chile, Argentinien und Brasilien.

Diese Gastspielreisen in ungewohntem Klima waren voll Mühsal:
Krankheiten, Erdbeben, politische Wirren, aber auch anstrengende
Seereisen und Ärger über zu hohe Theatermieten galt es zu über-
winden.

Als 35jähriger kehrte ›Alexander the Conjurer‹ nach Deutschland zurück. Staatsoberhäupter, Wissenschaftler und Künstler zähl-
ten zu seinen Freunden. Heimbürger ließ sich in Münster nieder. Nur
selten noch trat er vor den Menschen seiner Vaterstadt auf; bei
einem Wohltätigkeitsfest z. B. oder bei Empfängen im Schloß.

Sein Erfolg lag in der Ausstrahlung seiner Persönlichkeit. Er vermochte eine derartige Atmosphäre der ›Verzauberung‹ zu schaffen,
daß jedes Kunststück zur Sensation wurde. Es gelang ihm, die Freude
am magischen Spiel auf sein Publikum zu übertragen, die Zuschauer
zu Mitspielern zu machen. Seine Experimente ›Das Wunder von
Hindustan oder Das in der Luft schwebende Kind‹, das ›Hervorbringen eines wunderschönen kleinen Mädchens aus einem Ei‹ und das
›Erscheinen von Wasserschalen und Blumen aus dem Nichts‹ haben
ihn so bekannt und beliebt gemacht, daß seine amerikanischen Ver-
ehrer und Freunde 1847 eine Gedenkmedaille prägen ließen.

Auch Herman Melville muß zu seinen Bewunderern gehört haben.
Am Ende des sechsten Kapitels des ›Moby Dick‹ findet ›Herr Alexander‹, auf der Höhe seines Ruhms, Eingang in die Literatur.

Chevalier Agoston   *Der Schausteller*
* 1826 in Oedenburg/Ungarn
† 1897 in Berlin

In großen Höhen, aber auch tief unten verlief das Leben jenes Mannes, der als ›Chevalier Agoston‹ dem Schaustellergewerbe des vergangenen Jahrhunderts einen schillernden Höhepunkt bescherte. Bildung und Ausbildung entsprachen den Normen, wie sie für den Sohn eines österreichisch-ungarischen Gutsbesitzers jener Zeit zu gelten hatten: Gymnasium, Polytechnikum, Militärdienst, Kanzlei. Daneben – als Hobby – die Zauberkunst. Der Beifall für seine Vorstellungen in Gesellschaften stimulierte ihn, aus ihr einen Beruf zu machen.

Er setzte auf die große Illusion mittels Gerätetäuschung und Geistererscheinung und baute sich dazu sein ›Théâtre Cagliostro‹ auf, eine Wanderbühne mit Zinkdach, einzigartig zu dieser Zeit. Er verdiente ein Vermögen, wurde Millionär, besaß verschiedene Häuser, kostbaren Schmuck und hielt mehrere Diener, die ihm neben Frau und Tochter bei seinen Vorführungen assistierten.

Auf der Höhe des Ruhms kam der Griff nach den Sternen: Agoston kaufte ›Lents schwimmenden Zirkus‹, einen Rheindampfer, den er zum Zauberpalast umbaute. Auf dieser fahrenden Zauberbühne trug er sein phantastisches Spektakel an die Ufer deutscher und holländischer Rheinstädte. Das kostspielige Unternehmen verschlang einen Teil seines Vermögens, er mußte es bald wieder aufgeben. Agoston kehrte zu seinem komfortablen Kirmestheater zurück, bereiste mit mehr als 100 Nummern im Programm die Jahrmärkte in Deutschland, Frankreich und der Schweiz. Berühmt waren vor allem seine Laterna magica, AGIOSCOPE genannt, seine Geistererscheinungen und sein farbig beleuchteter Springbrunnen CHROMATIKECHATARACTA-POICILE.*

Dann kam die Katastrophe: in Mühlhausen im Elsaß stürzte sein Theater zusammen und begrub 100 Personen unter sich. Die Entschädigungen, die er zahlen mußte (nahezu 150 000 Goldmark), machten ihn arm. Eine anschließende Gastspielreise nach Italien wurde zum finanziellen Fiasko. Als 66jähriger versuchte er 1892 noch einmal sein Glück auf der Leipziger Messe – ohne Erfolg. Völlig verarmt, schlug er sich als kleiner Wanderzauberer noch eine Weile kümmerlich durch und starb schließlich verlassen und vergessen von Freunden und Bewunderern seiner Glanzzeit in einem Armenhaus im Osten Berlins.

* Es war die Schlußnummer seines Programms – ein Springbrunnen, in dem badende Najaden erschienen, die ein ›neckisches Wasserspiel‹ vollführten.

F. W. Conradi-Horster   *Der Zauberapparatehändler und Erfinder*

* 1870 Crossen/Oder
† 1944 Straußberg

Als der 9jährige Conrad A. Horster in der Nähe von Dresden eine Vorstellung der Zauberkünstlerin Armida gesehen hatte, gab es nur noch ein Thema für ihn, die Zauberei. Von da an fehlte auf seinen Wunschzetteln nie das Wort ›Zauberapparate‹. Die Faszination dieses Kindheitserlebnisses hielt für Conrad A. Horster ein Leben lang an. Als Verkäufer in einem Hamburger Handelshaus überraschte er seine Kunden zuweilen mit Kunststückchen, die werbewirksam den Absatz förderten. Kaufmännisches und künstlerisches Talent bildeten später die Grundlage für sein Unternehmen in der Berliner Friedrichstraße, wo er die ›Akademie für magische Kunst‹ gründete. Hier traf man Profis und Liebhaber der Magie beim Gedankenaustausch, aber auch beim Erwerb neuer Ideen, denn Conradis Phantasie in Sachen Magie war unerschöpflich. Heute sind Conradi-Apparate begehrte Sammlerobjekte, seine alten Kataloge stellen eine Fundgrube reizvollster Themen der Zauberkunst dar.

Conradi war gleichzeitig auch der bedeutendste deutsche Fachschriftsteller. Seine ›Magische Bibliothek‹ von mehr als 40 Bänden – alle Formate vom Mini-Buch bis zum umfänglichen ›Universum der Magie‹ – dokumentiert Wissen und Erfindungsreichtum dieses Mannes, dem sich die großen Künstler jener Zeit verpflichtet fühlten. Chung-Ling-Soo, Horace Goldin, Nelson Downs und Arnold de Biere überließen einige ihrer schönsten Kunststücke Conradi zur Erklärung in seinen Werken – eine Geste der Dankbarkeit, weil ihre Programme ohne seine Gerätschaften und ingeniösen Sonderanfertigungen nicht denkbar gewesen wären. Sein dankbarster Schüler aber war der Generalintendant und Kammerherr Georg von Hülsen. Für die jährlichen Nordlandreisen Kaiser Wilhelms II. stellte Conradi für dieses am kaiserlichen Hof beliebte Original die Programmfolgen zusammen. Der Kaiser erfuhr nie, daß das vielfältige Zauberprogramm dem Einfallsreichtum des Berliner Zaubergerätehändlers zuzuschreiben war.

Max Malini   Der zaubernde Globetrotter
* 1873 Ostrowo
† 1943 Honolulu, Hawaii

Max Malinis Lebensmaxime lautete: »Man muß sich unter Leute mit Geld mischen, wenn man zu Geld kommen möchte.« Dieses Prinzip und ein überwältigendes Selbstvertrauen waren die Voraussetzung für eine der legendären Karrieren in der Zauberkunst. Sie begann mit Gelegenheitsvorstellungen vor randalierendem, teilweise betrunkenem Publikum in den New Yorker Saloons, dem Honorar im Hut und der Erkenntnis im Kopf, als Mensch wie als Künstler mit jeder noch so schwierigen Situation fertig werden zu können.

Nur wenige Jahre brauchte Max Malini, um sich aus den New Yorker Kneipen in die Salons der High Society hinein- und hinaufzuzaubern. Bereits mit 25 Jahren war er der gesuchte Gesellschaftszauberer und als solcher für den Rest seines Lebens in Nord- und Südamerika, im Orient, in Europa, Australien und Neuseeland unterwegs. Er zauberte mit allem, was sich anbot: Messern, Gläsern, Streichhölzern, Zuckerstückchen, Strohhalmen, Münzen, mit Kartenspiel und Schnur sowie dem klassischen Becherspiel.

Die Methode der Ablenkung hatte er zur Perfektion entwickelt. Mit seiner Zauberei am Tisch und an der Bar – umringt von Publikum, das ihm stets auf die Finger sah – schaffte er sich jenen Kreis von Bewunderern, die seinen Ruhm verbreiteten.

Auf der Suche nach den ›Leuten mit Geld‹ steuerte Max Malini zielsicher jene Plätze an, wo diese gewöhnlich zu finden sind: In den Luxushotels der vornehmen Gesellschaft mietete er sich, oftmals ohne einen Cent in der Tasche, in die beste Suite, das teuerste Appartement ein. Sein Auftreten war gewandt, seine Fähigkeit, jedwede Gelegenheit zur Publicity zu nutzen, perfekt: Nach wenigen Tagen bat Max Malini den Hotelmanager per Visitenkarte um eine Unterredung. Zu dieser erschien er mit einem in Leder gebundenen Buch und beeindruckte den Hotelier durch die darin enthaltenen Anerkennungsschreiben von Präsidenten und Premierministern, Sekretären von Königen, bekannten Persönlichkeiten der internationalen Gesellschaft. Natürlich wurde sein Vorschlag für ein abendfüllendes Gastspiel vor den Hotelgästen und den Honoratioren der Stadt willig akzeptiert. Eintrittskarten gab es für 5,– bis 10,– Dollar, und der Erfolg der Vorstellung ließ den Hotelier im allgemeinen davon absehen, dem großen Künstler die Rechnung zu präsentieren.

Als Malini Anfang dieses Jahrhunderts zum ersten Mal nach London kam, war er in den ›besseren Kreisen‹ rasch das Tagesgespräch. Innerhalb einer Woche zauberte er für den Prince of Wales, für Sir Thomas Lipton, Mr. Balfour und sein Kabinett sowie den Oberbürgermeister. Ein Empfehlungsschreiben aus dem Weißen Haus, wo er kurz zuvor Präsident Roosevelt begeistert hatte, hatte ihm die Türen der Londoner Gesellschaft geöffnet.

Max Malinis schillerndes Künstlerleben ist umrankt von Anekdoten, die ihn als den selbstsicheren Selfmademan ausweisen, dem kein Titel so hoch war, daß er sich hätte davon einschüchtern lassen. Bei einem Gastspiel vor der Königin Victoria von England hielt er dieser ein Kartenspiel hin mit der Aufforderung: »Would you take a little peek at a card, Mrs. Queen?« (»Würden Sie einmal einen Blick auf eine Karte werfen, Frau Königin?«)

John Scarne   *Kreuzritter gegen das Falschspiel*
* 1903 Steubenville, Ohio

In den Spielkasinos der englischsprechenden Welt kennt man ihn als Experten des Glücksspiels. Die Zunft der Falschspieler bekommt Kopfschmerzen bei der Nennung seines Namens, seine außerordentlichen Fähigkeiten im Umgang mit Spielkarten machen ihn zum höchstdotierten Karten-Zauberer der USA – wir sprechen von John Scarne. Die letzten Nachrichten über ihn besagen: John Scarne bildet eine Gruppe von 20 jungen Leuten aus, die an den Spieltischen von Atlantic City – dem vor kurzem eröffneten Las Vegas der Ostküste – arbeiten sollen.

»Jonny, Du mußt bereits mit einem Kartenspiel in der Hand geboren worden sein, sie sitzen Dir wie ein Handschuh«, so ein Ausspruch Nate Leipzigs, Scarnes großem Vorbild. Den Knaben italienischer Herkunft faszinierte schon früh die Welt des Spiels und der Zauberei. Sein erstes Publikum waren die Hotelpagen von New York, die er mit seinen Künsten verblüffte. Harry Houdini entdeckte sein Talent und ließ ihn in seinem Programm Kartenkünste vorführen. Zum Dank unterstützte ihn Scarne später in dessen Kampf in der Erforschung von Schwindelmedien.

Scarnes spezielle Kenntnisse über Falschspieler und ihre Methoden führte während des Krieges zu einer besonderen Karriere. Fünf Jahre hindurch reiste er überall dorthin, wo amerikanische Soldaten stationiert waren, klärte sie über Spielbetrug auf und zeigte, wie sie sich dagegen schützen konnten. Seine Artikel erschienen in ›Life‹,

›Time‹ und in ›The New Yorker‹ – er war der einzige Zivilist, der für ›Yank‹, die offizielle Wochenzeitung der US-Army, schrieb. Dieser Kreuzzug hat ihn nicht reich gemacht, aber er selbst glaubt, den Soldaten »Billionen von Dollars erspart zu haben«.

Millionen Menschen kennen John Scarnes Namen durch die von ihm entwickelten Spiele wie ›Teeko‹, ›Scar-Nee‹, ›I. Q. Solitaire‹. Für die Glücksspieler von Las Vegas bis Tokio sind seine ›Zahlen- und Prozentsatztabellen‹ Gesetz – nur nicht für ihn selbst, denn John Scarne ist kein Spieler.

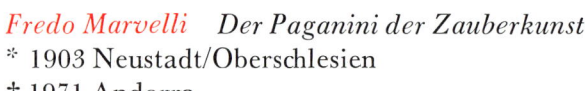

Fredo Marvelli   *Der Paganini der Zauberkunst*
* 1903 Neustadt/Oberschlesien
† 1971 Andorra

»Die Kunst, jede, auch die leiseste Spur von Arbeit und Mühe unsichtbar zu machen, ist bei Marvelli ebenso groß wie seine Phantasie, Tricks zu ersinnen, und seine unfehlbare Technik, sie auszuführen. Das Zusammenwirken dieser Züge gibt seinem Auftreten den besonderen Charme, am meisten dann, wenn Marvelli mit ernster Miene den Anschein erweckt, als

»Selbst die größten Skeptiker müssen vor dieser letzten Vollendung des Illusionären die Waffen strecken«, schrieb der ›Berliner Lokalanzeiger‹ 1939 über ihn. Dieses uneingeschränkte Lob galt einem Mann, dem es gelungen war, die Konzertsäle für die Zauberkunst zu erobern: Fredo Marvelli. Aus zwei Gastspielen im Berliner Beethovensaal wurden 26 ausverkaufte Abende. Erfolg und Publikum blieben ihm über viele Jahre treu, bis er 1954, immer noch auf der Höhe seines Ruhms, von der Bühne abtrat und sich als Privatier nach Spanien zurückzog.

Marvelli wollte Zahntechniker werden und verdiente sich das Geld für die Ausbildung als Geiger in einem Breslauer Café. Als 20jähriger entdeckte er seinen eigentlichen Beruf. Bei einer winzigen Wanderbühne, der ›Weltarena‹, lernte er das Dasein des fahrenden Volkes kennen und sammelte Erfahrungen als Zauberer.

Bereits 1925 reiste er mit seiner eigenen abendfüllenden Schau durch Schlesien. Als er im Liebich-Theater in Breslau den Altmeister Carmellini (1876–1935) sah, erkannte er die Distanz zur großen Kunstfertigkeit des wirklichen Könners. Für Carmellini war Zauberei nicht ein Aneinanderreihen von Tricks, sondern die Kunstform der ›Verzauberung‹.

Ein sich ständig steigerndes Programm wie eine Komposition zu betrachten und den Darbietungen einen eigenen, unverwechselbaren Stil zu geben, darin eiferte er nun Carmellini nach. Er begriff, daß jeder Gegenstand, den ein Zauberer in die Hand nahm, ein besonderer Gegenstand war, der nicht mehr der Alltags-Gesetzlichkeit gehorchte, der losgelöst war von seiner irdischen Bestimmung, den Magie umgab.

Der besondere Eindruck, den Marvelli-Gastspiele hinterließen, beruhte auf eben dieser Faszination, die er den kleinen Objekten durch seine Handhabung, durch seine bestechende Gestik des Vorweisens zu geben wußte. Von unnachahmlichem Reiz war es, wenn er einen Ball, ein Ei, ein Glas, ein Kartenspiel in die Hand nahm. Zauber geschah schon in diesen ›magischen Momenten‹, bevor das Kunststück selbst durch eine überraschende Wendung beendet war.

Marvelli entthronte den Apparat, verzichtete auf blickfangende Bühnenausschmückung. Unvergeßliche Höhepunkte seines Programms waren sein berühmter Fang brennender Zigaretten, den er musikalisch mit Ravels ›Bolero‹ untermalte, sein ›Lebendes Seil‹, sein ›Nadelwunder‹. Ottokar Fischer, der große Vertreter einer vergeistigten Form der Zauberkunst, der ›Wiener Schule‹, übermittelte ihm die schönsten Experimente des Dr. Hofzinser und krönte so seine Laufbahn. In der verwandelnden Hand Marvellis erstanden jene Kunststücke neu, die hundert Jahre zuvor das Wiener Publikum entzückt hatten. ›Das Experiment mit den Banknoten‹, ›Der schwebende Stab‹ und ›Das Wort‹ gehörten in der Interpretation Marvellis zum Schönsten und Staunenerregendsten, was je auf einer Bühne dargeboten wurde.

sei er im Begriff, einen Trick bald wider Willen und durch Nachlässigkeit preiszugeben, bald ihn absichtlich mitzuteilen, damit auch wir anderen zaubern können. Aber jedesmal bleiben wir die Geneckten: im letzten Augenblick enthüllt sich der Verrat, der vorsätzliche wie der fahrlässige, als trügendes Blendwerk, das nur den Zweck hatte, uns den betreffenden Trick in einer noch virtuoseren, komplizierteren und rätselhafteren Variante vorzuführen.«
Alexander Bersche, ›Trösterin Musika‹, München, 1949

Keith Clark *Varietéstar und Lebenskünstler*
oder Der geheimnisvolle Raucher

Von seiner Wohnung aus kann dieser seltsame Mann – als Sohn amerikanischer Eltern in Straßburg geboren – weit über die Pariser Stadtlandschaft sehen. Er ist von einer raren Sammlung von Filmkameras aus den Anfängen der Kinematographie umgeben; sein wohlgeordnetes Archiv enthält Besprechungen seiner Gastspiele in vielen Ländern der Welt. Keith Clark hatte seine große Zeit, als in jeder Großstadt noch Varietétheater zu finden waren, in die man ging, um dort Artistik in vielerlei Form zu erleben. Dieser magische Perfektionist bespielte mit seiner bezaubernden Darbietung ›Der geheimnisvolle Raucher‹ den Berliner Wintergarten, das Empire in Paris, das Palladium in London, das Princess Theater in

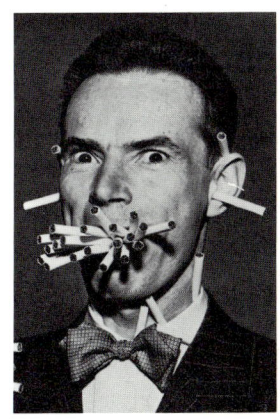

Melbourne. Kurz vor Kriegsbeginn war er im Düsseldorfer Apollo-Theater engagiert. Als Künstler gehört er zu jener kleinen Gruppe, die die seltene Fähigkeit besitzen, ihre Effekte stilvoll zu dramatisieren. Dazu muß man ebenso Zauberer wie Schauspieler sein.

Immer war dieser Mann der Bühne aber auch ein Lebenskünstler: drei Monate Gastspiele im Jahr genügten ihm. In der restlichen Zeit standen medizinische und theologische Interessen im Vordergrund.

Nebenher sucht er nach dem unfehlbaren Roulette-System. Er glaubt, es auf dem ›Gesetz der 3‹ aufbauen zu können – ohne mehr darüber zu verraten. In den Spielkasinos Europas ist er zuhause. Die Existenz fliegender Untertassen ist für ihn Realität. Dennoch übersieht er die Geschöpfe dieser Erde nicht. Als er mit mir durch Paris wanderte, sprach er immer wieder mit Hunden und Katzen. Will er mit Menschen sprechen, dann sucht er in einem Vorort von Paris orthodoxe Mönche auf. Gelegentlich schreibt er Film-Manuskripte und stellt Serien für amerikanische Zeitschriften zusammen. Mit Harry Houdini und Theodore Annemann (vgl. S. 179) war er befreundet. Kollegen schätzen ihn als Verfasser des Standardwerkes über Zauberei mit Zigaretten: ›Encyclopedia of Cigarette Tricks‹. Im Zweiten Weltkrieg setzte er die Kunst der Zauberer, Dinge unsichtbar zu machen, auf anderer Ebene fort, als amerikanischer Tarn-Offizier.

Harlan Tarbell   *Der Lehrmeister der Zauberer*
* 1890 Delavan, Illinois
† 1960 Chicago

Er war der Erfinder von Illusionen, die heute zum klassischen Bestand der Zauberkunst gehören. Mit seinen Tricks wurden andere Zauberer weltberühmt. Seine Seil-Mirakel machten Theatergeschichte, als sie von Okito in den Weltstadtvarietés vorgeführt wurden. Seit er mit 11 Jahren seinen ersten Zauberer ›White the Magician‹ gesehen hatte, war er der Zauberkunst verfallen. Als 14jähriger wagte er sich das erste Mal vor ein Publikum, zehn Jahre später gab er den großen Illusionisten, die in Amerika gastierten, Anregungen für ihre Programme.

Tarbell war vielseitig tätig: als Herausgeber einer Foto-Fachzeitschrift, als Zeichenlehrer einer Kunstakademie, als Illustrator von Katalogen ebenso wie als Mann der Bühne. Eines Tages begriff er, daß er alle diese Talente in den Dienst der Zauberkunst stellen konnte. Er wurde – theoretisch und praktisch – der große Lehrmeister der Zauberer. Ab 1926 ging der von ihm erdachte, geschriebene und mit vielen seiner Illustrationen versehene ›Course in Magic‹ in Fortsetzungen in alle Welt. Harry Houdini bezog noch die ersten Folgen, sie gelangten bis zu den Magiern der Eingeborenen auf Bali und nach Afrika. Der ›Tarbell Course in Magic‹ erlebte mehrere Auflagen, bevor er ab 1941 in Buchform erschien. In 6 Bänden von je rund 400 Seiten ist das Zauberwissen der Gegenwart dokumentiert, sind die Geheimnisse der Großen der Zunft gelüftet, wird die ganze glanzvolle Vergangenheit der Zauberkunst lebendig. Ein weiterer Band erschien posthum, von Harry Lorayne herausgegeben.

Die meisten Zauberbücher erklären Tricks, befriedigen die Neugierde. Tarbell wollte mehr. Er war der Überzeugung, daß ein guter Lehrer praktische Erfahrungen brauche – Erfahrung mit den Experimenten, die er erklärte, und Erfahrung mit dem Publikum, für das sie bestimmt waren. Beides vermittelte er sich und seinen Schülern in magischen Seminaren.

»In einer Welt, die nach Wundern Ausschau hält, wünschen die Menschen, daß der Zauberer Mirakel vollführt«, das war die Überzeugung des Mannes, in dessen Händen auch der kleinste Effekt zum überraschenden Mirakel wurde, indem er ihn mit einer Geschichte umgab und ihn so zu einem Kunstwerk machte.

Nach seinem Tode schrieb George L. Boston stellvertretend für alle Kollegen, denen die Zauberkunst mehr als nur das Vorführen von Tricks bedeutet: »Der Lehrer ist gegangen, seine Lehre wird lebendig bleiben. Dieser Sokrates der Gegenwart wird von der ganzen Welt der Zauberkunst betrauert, weil sein Wissen eben sie beinhaltet – eine Welt von Zauberei.«

Theodore Annemann   *Genie der mentalen Magie*
* 1907 New York
† 1942 New York

Für den 27. Januar 1942 war im Dachgarten-Theater eines New Yorker Wolkenkratzer, dem Chanin Building, ein abendfüllendes Annemann-Gastspiel angekündigt. Aber der Künstler wollte sich seinem Publikum nicht mehr stellen. Er setzte kurz zuvor seinem

Leben ein Ende – ein Mann, der an der Diskrepanz zwischen Idee und Verwirklichung zerbrach.

Theodore Annemann gehört in die Reihe der bedeutendsten Persönlichkeiten, welche die Zauberkunst in diesem Jahrhundert zu verzeichnen hat. Vor allem repräsentierte er die ›Mentale Magie‹. In ihr werden mit subtilen Tricknachhilfen Phänomene des Hellsehens, der Telepathie, gelegentlich auch der Psychokinese auf unterhaltsame Weise dargeboten. Annemann verfügte über einen unerschöpflichen Ideenreichtum, der ihn phantastische Experimente entwickeln ließ.

Zuweilen, wenn er Geld brauchte, setzte er sich zu seinem Freund John Mulholland in das Redaktionsbüro der Fachzeitschrift ›The Sphinx‹ und dachte sich ein sensationelles Kunststück aus, das er für einige Dollar im Anzeigenteil anbot. Das ›Wie‹, die Methode der Durchführung, ersann er, nachdem die Anzeige in Druck war.

Angefangen hat es bei ihm wie bei den meisten, die in der Zauberkunst Großes leisteten, in den Kinderschuhen. Um sich Material für seine Experimente beschaffen zu können, verkaufte er als Schüler Zeitungen. Seine Mutter verbrannte die ›Experimente‹ – ohne den Sohn zu entmutigen. Als junger Mann war er mit einer Wanderschau unterwegs und ließ sich als ›The Enigma‹ (das Rätsel) plakatieren. Später bildeten Klubs und private Gesellschaften die Schauplätze seiner Gastspiele. Er brauchte für seine Kunst den engen Kontakt zum Publikum. Und genau an diesem Punkt liegt die große Tragik im Künstlerleben von Theodore Annemann, er war ein nur mäßig talentierter Vorführer, seine wunderbaren Ideen konnte er nur unvollkommen darbieten. Dem einzigartigen Theoretiker fehlte das Show-Talent. Als dieser Mann mit den hohen Idealen einer vergeistigten Form von moderner Zauberkunst begriffen hatte, was ihn von der Verwirklichung seiner Absichten trennte, blieb für ihn nur ein Ausweg, der frei gewählte Tod.

Sein Vermächtnis an all jene, denen Zauberkunst mehr als Trickbewältigung ist, bilden seine ab 1934 erschienene Zeitschrift ›The Jinx‹, Veröffentlichungen wie ›Book Without A Name‹, ›Sh-h-h It's A Secret‹ u. a. In ihnen zeigt er den Kollegen seine bahnbrechenden Ideen von einer neuen Annäherung an die Kunst, die Gedanken der Menschen zu enthüllen. Hier rechnet er aber auch schonungslos mit anderen Künstlern ab, die seinen Idealen nicht entsprachen. Auf tragisch konsequente Weise bezog er schließlich sich selbst in diese Abrechnung ein.

Zati Sungur   *Meistermagier des Vorderen Orients*
* 1898 Bursa/Türkei

Als Zati Sungur 1916 nach Deutschland kommt, hat er nie zuvor einen richtigen Zauberkünstler gesehen. Einzig ein altes türkisches Zauberbuch, das der 7jährige Knabe irgendwo entdeckt hatte, übt anhaltend jene Faszination auf ihn aus, die ihn später zum berühmtesten Illusionisten des Vorderen Orients werden läßt.

Sein ungewöhnlicher Werdegang: Ausbildung zum Marineingenieur in der Türkei, 1916 Versetzung nach Deutschland zwecks Weiterbildung bei deutschen Schiffswerften, 1918 situationsbedingte Beendigung dieser Laufbahn. Zati Sungur kommt nach Köln und findet eine Anstellung als Kranführer. 1920 sieht er in einem Varieté in der Kölner Hohe Straße einen Zauberer und sagt sich, was jener Zauberer dort zustande bringe, das könne er auch. Von Conradi-Horster läßt er sich Kunststücke und Fachliteratur kommen, bald darauf wagt er sich im Kölner Volksgarten vor das Publikum. Etwas später spricht ihn Alois Kassner (1887–1970), der damals weltbekannte große Illusionist, nach einer Vorstellung an und rät ihm, sich als Profi zu versuchen. Zati Sungur setzt alles auf eine Karte – und gewinnt.

Mit einer bunt gemischten Artistentruppe reist er 1922 nach Südamerika, wo er sich bald von den Kollegen trennt und als ›Zati Bey‹ in Frack und Fez auftritt. Hautfarbe und Physiognomie lassen ihn nicht als Türken erkennen. Deshalb nennt er sich nun ›Conde Richmond‹ und bereist unter diesem Namen 14 Jahre die südamerikanischen Staaten.

Sein technisches Wissen hilft ihm, bekannten Illusionen ungewohnte Höhepunkte zu geben. Mädchen rotieren auf Schwertspitzen in der Luft, die schwebende Jungfrau gar schwebt nicht nur frei in die Höhe, sie dreht sich während des Levitationsvorganges um die eigene Achse.

Ab 1936 arbeitet Zati Sungur wieder in seiner Heimat. Kemal Atatürk läßt sich wiederholt von ihm unterhalten – nur einmal gefriert sein Lächeln, als ein hervorgezaubertes Täubchen seine Uniform beschmutzt. Im ganzen Vorderen Orient ist Zati Sungur bekannt und beliebt. Seine Berühmtheit dort bringt es mit sich, daß sein Name identisch mit Zauberei ist, auch jetzt noch, nachdem er sich von der Bühne zurückgezogen hat.

»Zati-Sungur-machen« – das bedeutet für jeden Türken in unseren Ländern, daß etwas zum Verschwinden gebracht wird. Viele wissen Legenden über Sungur zu berichten, mit großem Ernst, der keinen Zweifel aufkommen läßt: »Zati Sungur ging zum Friseur. Kaum saß er auf dem Stuhl, sagte er zum Meister: ›Ich muß noch etwas erledigen. Hier haben sie meinen Kopf, frisieren sie ihn‹ – nahm ihn ab, reichte ihn dem fassungslosen Friseur, und ging kopflos davon.«

Kalanag   *Die magisch-musikalische Wunderrevue*
* 1903 Stuttgart
† 1963 Gaildorf/Wttbg.

Im Oktober 1947 startete im Hamburger Garrison Theater vor englischen Besatzungssoldaten eine ›Revue der Wunder, des Staunens und des Lachens‹, die in Verbindung mit dem Namen Kalanag (= schwarze Schlange, nach Rudyard Kiplings ›Dschungelbuch‹) binnen kurzer Zeit im Nachkriegsdeutschland zum Inbegriff der Zauberrevue wurde. In den 15 Jahren ihres Bestehens reiste diese Schau der Superlative durch Europa, Afrika und Amerika, gastierte in den noch erhalten gebliebenen Varietétheatern der deutschen Großstädte ebenso wie vor 15 000 Zuschauern im Zürcher Hallenstadion, in der Londoner Hammerstein Oper, im Raimund-Theater in Wien oder drei Monate lang in São Paulo.

Kalanag, »der Herr über 1000 Wunder«, hatte erreicht, daß sein Name noch heute allen im Gedächtnis ist, die jemals das unerschöpfliche ›Wasser aus Indien‹, die ›Wunder-Bar‹, die ›Schwebende Dame‹ oder das ›Verschwindende Auto‹ auf der Bühne erlebt haben.

Kalanags Erfolg kam nicht von ungefähr. Als der 44jährige seine Karriere als Berufszauberer begann, konnte er profunde Erfahrungen aus dem Filmgeschäft einbringen, die er als Dramaturg, Aufnahmeleiter und schließlich als Generaldirektor der Bavaria Filmkunst gesammelt hatte. Er kannte die Gesetze der Bühne, hatte Geschmack, um Kostüme und Dekorationen zu beurteilen und wußte Farbe und Licht richtig einzusetzen. »Wer nicht Regie führen kann, ist kein Illusionist« sagte Kalanag – er beherrschte beides. Henry Hay, kenntnisreicher Fachschriftsteller, meinte über ihn: »Kalanag verdankt seinen Publikumserfolg zu einem erheblichen Teil der Tatsache, daß er viel Schau und verhältnismäßig wenig Kunststücke zeigt. Als ehemaliger Filmregisseur hatte er entdeckt, daß das Geheimnisvolle nur ein Teil des Geheimnisses ist, wenn's ums Bezaubern geht.«

Wenn auch bei Kalanag das Schauelement im Vordergrund stand – die zweite Säule seines Erfolgs bildete seine lebenslange Beschäftigung und Erfahrung mit der Zauberkunst. Seit seinem 8. Lebensjahr war er ihr verfallen, nachdem ihm während einer Krankheit H. F. C. Suhrs ›Goldenes Buch der Magie‹ in die Hände gekommen war. Im Stuttgarter Elternhaus nahm er von den Schulfreunden 5 Pfennig Eintritt für seine Vorstellungen auf dem Dachboden. Als 13jähriger saß er Abend für Abend in den Gastspielen des Altmeisters Ernest Thorn (1853–1928), dessen ›Abende im Traumland‹ mit ihrer reichen Bühnenausstattung eine erste Inspiration für die eigene, spätere Schau abgegeben haben. Im Münchner Kabarett Benz verdiente Kalanag sich etwas zum Studiengeld hinzu (Abendgage ›Omelett mit Nieren und Salat‹, später dann 5,– Mark). Diese kleine Bühne sah schon seine ersten Versuche zu einer Zauberrevue. Was ihm damals vorschwebte, erreichte er 25 Jahre später, assistiert und unterstützt von Gloria, seiner vielseitig künstlerisch talentierten Frau, die als Sängerin, Tänzerin und Zauberin Star der magisch-musikalischen Revue war.

»Um sich selbst zu erhalten, muß die Kalanag-Revue reisen, ununterbrochen reisen, und während der Reise neue Programme entwerfen. Ich befinde mich stets auf der Jagd nach etwas Neuem, noch nie Dagewesenem, wenn auch die Grundelemente darin enthalten sind wie die sechzehn Töne in der Musik.«

Kalanag

Suzy Wandas   *Die Frau mit den Feenhänden*

Es gibt nur wenige zaubernde Frauen. Suzy Wandas ist eine Seltenheit – nicht nur, weil sie als Frau zaubert, sondern wegen ihrer außerordentlichen manipulatorischen Fähigkeiten. Sie zaubert vor allem mit Spielkarten und Zigaretten, und sie tut es mit »Feenhänden, mit Fingern zart und beweglich, die die Zauberkunst ins Reich der Märchen entführen«. Den Titel ›Frau mit den Feenhänden‹ gab ihr 1938 der Direktor des ABC-Theaters in Paris.

Charme und Grazie zeichneten schon das Kind Suzy aus, das im zarten Alter von 8 Jahren als Tänzerin und Musikantin auf der Bühne stand. Ein Artistenkind zudem, denn die Eltern waren ›Die Wandas‹ aus Belgien. Vater Charles und Mutter Elisabeth hatten oft Besuch der Kollegen. Auch Nelson Downs, ›The King of Coins‹ war ein Freund der Familie, und Klein-Suzy war fasziniert von seinen Zauberkünsten. Er zeigte ihr einige Tricks, und sie begann

schon damals, fleißig zu üben. So kam später zu Musik und Tanz die Zauberei ins Programm. Schließlich trat sie nur noch als ›Zauberin‹ auf, eine reizende junge Dame inzwischen, die auf den Varieté-bühnen etwas Neues darstellte.

Die Wandas gastierten überall in Europa. Nach dem Tod des Vaters traten Mutter und Tochter im Casino von Monte Carlo als die ›Wandas Sisters‹ mit neuem Programm auf, einem magischen Doppelakt. In der Zeitschrift ›Comoedia‹ stand damals: »Die Wandas Sisters sind vielleicht die einzigen Frauen mit einer Illusions-Nummer, dargeboten mit nackten Armen. Wir freuen uns, die graziösen und fähigen Künstlerinnen wiederzusehen.«

1936 zog sich die Mutter von der Bühne zurück. Suzy begann eine neue, glänzende Solo-Karriere, die sie für mehr als 20 Jahre auf den Bühnen Europas und Amerikas zuhause sein ließ. In den Vereinigten Staaten traf sie Dr. Zina Bennet, einen Chirurgen aus Detroit und begabten Amateurzauberer, dessen Manipulationsdarbietung mit Riesenkarten bekannt und beliebt war. Er und Suzy Wandas heirateten 1959 in Brüssel.

Emil und Igor Kio   Zauberei im Zirkusrund

Nur selten vererben sich in der Zauberkunst Talent und Neigung. Es gibt nur wenige ›Dynastien‹, in denen der berühmte Name des Vaters Garantie für Außergewöhnliches auch bei seinen Nachkommen bedeutet. Bei den Kios ist dies der Fall. Als Emil Kio, der bedeutendste Illusionist der UdSSR (1894–1965) plötzlich in Kiew starb, traten seine beiden Söhne Emil (* 1938) und Igor (* 1944) an seine Stelle. Nicht etwa zusammen, sondern jeder für sich mit einer eigenen Schau im Rahmen des weitverzweigten Staatszirkus der UdSSR. Beide sind mit ihrer Schau eine Sensation, wo immer der Moskauer Staatszirkus gastiert, im eigenen Land oder im Madison Square Garden in New York.

Schon Vater Kios Illusionsschau war, mit 40 Assistenten und einem bunten, sensationellen Programm, die große Attraktion des sowjetischen Zirkus. Umringt vom Publikum eine Illusionsdarbietung abzuwickeln ist eine Kunst, die nur wenige beherrschen. Aber sie hat Tradition: um 1770 gründete Philip Astley (1742–1814) den ersten modernen Zirkus. Er war Kunstreiter und Zauberer, seine Darbie-

Emil Kio

Eben noch war eine Dame
im sonst leeren Käfig zu
sehen – Sekunden später
ist er mit zwei Löwen
gefüllt.

Igor Kio

Diese Assistentin wird in
einem Inferno von Feuer-
werk und Flammen ver-
schwinden. Wenig später
läßt sie Kio wieder-
erscheinen.

tung demnach eine Mischung beider Künste. Auch andere Zauberer
traten später zeitweise in einem Zirkus auf, so Buatier de Kolta,
Harry Kellar, Chefalo und Recha. Doch die Kio-Schau war immer
die größte, sensationellste, vielseitigste. Die Söhne Emil und Igor
haben den Grundbestand der Illusionen dieser Vorführung beibe-
halten. Manches wurde ausgebaut und verbessert – Emil als studierter Ingenieur brachte alle Voraussetzungen dazu mit. Nur liegt der

Reiz der Schau in eben jenen älteren Großtäuschungen, die der Vater für das Manegenrund arrangiert hat. Den Kenner magischer Möglichkeiten fesselt die Begegnung mit Kunststücken, die er sonst nur aus der Fachliteratur kennt, Illusionen, die im ausgehenden 19. Jahrhundert entstanden und hier zeitgemäß arrangiert zu bestaunen sind. Da werden in einer 50 Minuten währenden Kaskade unglaublicher Effekte Mädchen in Löwen verwandelt, verbrannt, zersägt oder in Luft aufgelöst. Schwärme von Tauben erscheinen aus dem Nichts, einem leeren Wasserbottich entfliegen 30 Enten, ausgewachsene Clowns schrumpfen zu Zwergen, Kio selbst verschwindet aus einer Telefonzelle, um im nächsten Moment einem PKW zu entsteigen, der in die Manege braust.

Emerson & Jayne   *Märchen aus 1001 Nacht*

Die Märchen aus 1001 Nacht werden für genau 11 Minuten Wirklichkeit, wenn Emerson & Jayne auf der Bühne sind. In ihrer ›Orientalischen Phantasie‹ haben Tanz, Pantomime, Illusionskunst und Farbenspiel zu einer ungewöhnlichen, kaum noch steigerungsfähigen künstlerischen Synthese gefunden. Die Zuschauer starren gebannt auf ein Spektakel, das gänzlich anders als eine herkömmliche Zauberschau abläuft. Die poetischen Assoziationen, die diese Darbietung auslöst, die ästhetische Vollkommenheit der Schau lassen jeden Gedanken an technische Voraussetzungen ersterben.

Schon mit 12 Jahren stand Emerson im St. James Theater in London im ›Peter Pan‹ auf der Bühne, später kam er zum Jooss Ballett, trat als Tänzer in vielen Musicals (›Annie get your Gun‹ u. a.) auf. Bei Jooss traf er seine spätere Frau und Partnerin Jayne, die vorher zur Mary-Wigman-Tanzgruppe gehörte.

Ihre ›Orientalische Phantasie‹ entwickelten sie 1956, als sie die Möglichkeiten des ultravioletten Lichtes für eine illusionistische Darbietung entdeckten. Das Konzept einer derartigen Schau stammt aus dem vergangenen Jahrhundert. Der Münchner Max Auzinger (1839–1928) kam durch einen Zufall 1882 auf die Idee zu einem ›Schwarzen Kabinett‹, das er 1885 in Castans Panoptikum·in Berlin unter dem Titel ›Indische Zauberspiele‹ vorführte. Eine optische Täuschung bewirkte Effekte, die bis dahin in der Zauberkunst noch nicht möglich waren.

Das zugrunde liegende optische Prinzip (auf einer schwarz ausgekleideten Bühne bleibt bei geschickter Beleuchtung ein schwarzgekleideter Akteur, der in hellen Farben gehaltene Gegenstände bewegt, selbst unsichtbar) hat auch im Prager ›Schwarzen Theater‹ eine vollendete Form künstlerischer Gestaltung gefunden. Emerson & Jayne geben ihrer Darbietung den besonderen zauberischen Reiz, indem sie deren Inhalte jenen legendären orientalischen Mirakeln entlehnen, die viele Orient-Reisende als Tatsachenberichte weiterreichen, die aber niemals ohne Tricknachhilfe zustande kommen können. Bei Emerson & Jayne werden der ›Fliegende Teppich‹ und der ›Indische Seiltrick‹ für wenige Minuten zur phantastischen Realität – eine extravagante, rund um den Weltball gefragte Darbietung.

Sammlung
der interessantesten Kunststücke
zum Nutzen und Vergnügen
für jedermann

Die Kunst, sich unsichtbar zu machen:

*Man haut einer schwarzen Katze das rechte Ohr
ab, kocht es in der Milch von einer ganz
schwarzen Kuh und verfertigt sich daraus
einen Däumling. Wird dieser an den Daumen
gesteckt, so ist man unsichtbar. Probatum est.*

Neuestes Zauberbüchlein. Wien, 1869

Vorbemerkung

Allen hier aufgeführten Kunststücken ist gemeinsam: Man muß weder besonders geschickt sein, um sie vorführen zu können, noch muß man sie vorher eingeübt haben – außerdem benötigen Sie keine speziell präparierten Objekte oder gar Zaubergeräte. Die Tricks sind überall machbar; was man dazu nötig hat, ist im allgemeinen in jeder Wohnung, an jeder Hotelbar zu finden.

In England und Amerika heißen jene Experimente, die man improvisiert am Tisch sitzend vorführen kann, ›After-Dinner-Tricks‹. Die entspannte Atmosphäre nach einem Essen in netter Gesellschaft ist die beste Voraussetzung für solche ›Gewußt-wie-Experimente‹. Max Malini reiste mit derartigen Künsten um den ganzen Globus. Harry Houdini führte im kleinen Kreis häufig die ›Leihgabe ans Nichts‹ (s. S. 264) vor.

»Die Kunst besteht darin, Tricks mit Allerweltsgegenständen auszuführen. Wenn man eine herumliegende Schnur nimmt oder sich einige Münzen ausleiht, dann wirken die damit ausgeführten Experimente weit mehr, als hätte man die Dinge aus der eigenen Tasche genommen. Denn jeder sieht so, daß keine Präparation möglich ist«, so ein 1851 von Henry Mayhew geschilderter Londoner Taschenspieler, der an den Theken der Metropole seine Zuschauer verblüffte; seine Erkenntnis hat auch heute noch Gültigkeit.

Führen Sie kein Experiment zweimal hintereinander dem gleichen Kreis vor, und zeigen Sie nicht zuviel auf einmal. So werden Sie immer überraschen und nie langweilen. Ich bin überzeugt, daß es Ihnen besser ergehen wird als jenen mittelalterlichen Gauklern, vor deren Ankunft der Schloßherr die Brücke hochziehen ließ.

```
A B R A C A D A B R A
  A B R A C A D A B R
    A B R A C A D A B
      A B R A C A D A
        A B R A C A D
          A B R A C A
            A B R A C
              A B R A
                A B R
                  A B
                    A
```

ABRACADABRA war früher ein magisches Wort. Man schützte sich mit ihm vor Krankheiten. Vor allem gegen Wechselfieber und Zahnschmerzen sollte es helfen. Ob dieses vielgedeutete Wort der Name eines antiken Dämons ist, ob eine Verknüpfung der Anfangsbuchstaben der hebräischen Wörter für Vater, Sohn und Heiliger Geist oder Inschrift eines alten persischen Amuletts, das den Kontakt zu den Göttern bewirken sollte – wir werden es nie wissen.

Der Arzt Quintus Serenus Sammonicus erfand das ABRACADABRA-Dreieck, in dem sich jede Zeile unter dem ursprünglichen Begriff um einen Buchstaben vermindert. So wie die Buchstaben nach und nach verschwanden, so sollte auch die Krankheit den Patienten verlassen.

Es gibt eine unerwartet hohe Anzahl von Möglichkeiten, das Wort ABRACADABRA in dieser Figur zu lesen. Möchten Sie die Anzahl schätzen? Sie werden sie kaum annähernd erreichen.

Wenn man nämlich von irgendeinem A links anfängt und bis zum letzten A in der oberen rechten Ecke fortschreitet – man lese sowohl horizontal wie auch nach rechts aufwärts in schräger Richtung – so kommt man auf 1024 verschiedene Möglichkeiten, das geheimnisvolle Wort ABRACADABRA zu lesen.

Aus sechs der hier stehenden Zahlen soll die Summe 21 gebildet werden

Um das zu vollbringen, muß
man diese Seite auf den Kopf
stellen. Dadurch werden aus den
drei Neunen drei Sechsen.
Die drei Sechsen und die drei
Einsen ergeben 21.

Mathematischer Beweis, daß alle Religionen gleich sind

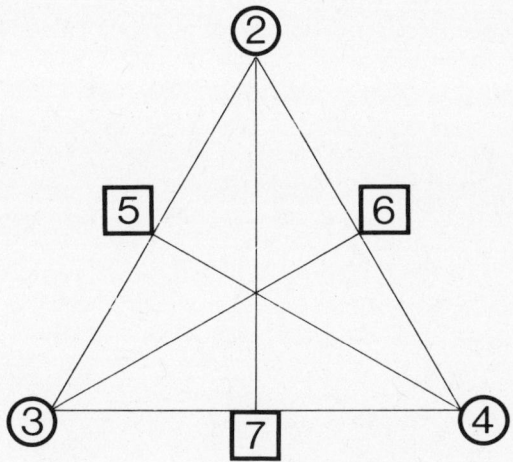

Es kamen drei Männer, der eine ein Protestant, der andere ein Katholik, der dritte ein Jude, zu einem Philosophen und verlangten von ihm zu wissen, welche von den drei verschiedenen Religionen, die sie bekennten, Vorzüge vor der andern, hinsichtlich der Moral, habe? Der Philosoph versicherte ihnen, daß vor Gott Jeder, der seines Glaubens lebe, gerecht sei, und meinte, daß, wenn drei gute Kinder ihrem Vater an seinem Geburtstage jedes einen Blumenstrauß brächten, davon der eine mit rothem, der andere mit grünem, der dritte mit blauem Bande umwunden sei, es dem Vater gar nicht um das Band, sondern um die Gesinnung der Kinder zu thun sein würde. Sie meinten aber, es gäbe in der Welt gar nicht zwei Dinge, die sich ganz gleich wären, und so bezog sich der eine auf den Vorzug des Alters, der andere auf den der Allgemeinheit, der dritte auf den Geist der Zeit.

Unter solchen Umständen ergriff der Gelehrte eine Reißfeder und zeichnete ein Dreieck ab.

Sodann forderte er einen Jeden auf, eine beliebige Zahl an eine Ecke zu stellen. So nahm der Protestant 2, der Katholik 3, der Jude 4, und Jeder stellte sie hin, wie oben die Figur zeigt. Nun ließ er die Zahl quer addieren und in die Mitte setzen, zog sodann Striche so, wie oben angedeutet ist, und ließ die Zahlen den gezogenen Strichen gemäß addieren. Von allen Seiten erhält man 9. »Ei«, sagte er, »seht Ihr, die Religionen sind sich gleich, aber die Gesinnung – läßt sich nicht berechnen. Glaube, was Du willst, wenn Du nur ehrlich bist«.

Diese Rechnung trifft auch in anderen Zahlen jedesmal ein.

Carlo Bosco's Zauber-Kabinet. Quedlinburg, 1838

Siebzehn Studenten lustigen Humors hielten ein respektables Mahl, wobei sie den dicken frohlaunigen Wirth mitspeisen ließen. Sie hatten sich aber wie nachstehende Figur zeigt an die lange Tafel gesetzt. Die **Zahlen** bezeichnen die Studenten, welche sammt dem am anderen Ende sitzenden Wirthe 18 Personen ausmachen.

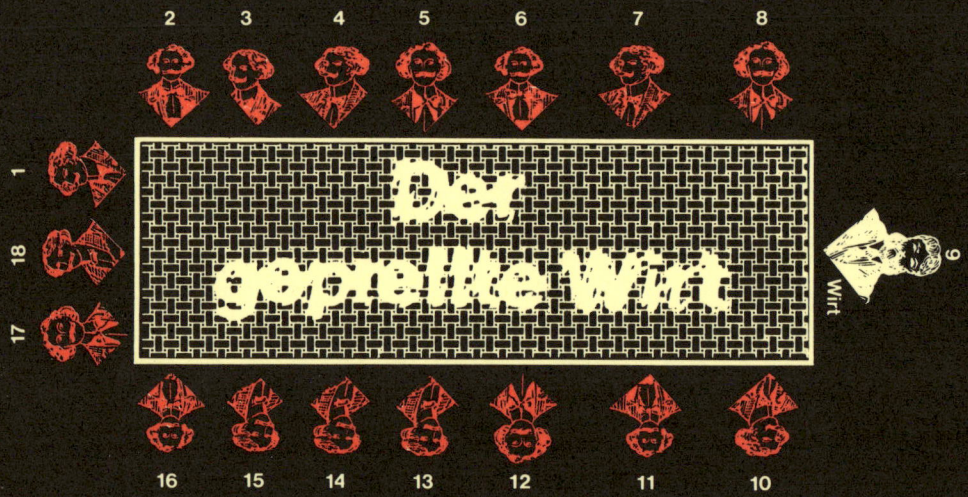

Nachdem das Mahl ziemlich vorüber war, setzt der Student bei Nr. 1 seine wohlgespickte Börse, aus welcher einige Goldstücke rollten, mit folgendem Vorschlage auf den Tisch: »Heute wird nur Einer von uns die Zeche bezahlen, und zwar derjenige – Sie

Herr Wirth versteht sich mit inbegriffen –, welcher nicht zufällig frei wird. Dieses Freiwerden von der Zeche soll allemal durch richtiges Abzählen Dem zu Theil werden, auf welchen die Zahl 7 fällt, und sodann als frei ausscheidet. Für meine Freunde bürge ich mit meiner auf dem Tisch liegen bleibenden Börse; aber etwas Gutes wollen wir vorher doch noch trinken!«

Der dicke Wirth sah das ihm zurollende Geld als ein günstiges Zeichen an, ging mittels eines Handschlages auf diesen Antrag ein, schaffte noch 18 Flaschen von seinem besten Weine zur Stelle, und lachte sich der namhaften Zeche wegen ins Fäustchen, denn eine 7 – denkt er – wird von so vielen ihn doch wohl treffen.

Hierauf begann der Student bei Nr. 1: »Für meine Bürgschaft und den von mir gemachten vortheilhaften Vorschlag verlange ich nur, daß ich das Zählen von meiner Person aus beginne, und damit bei dieser Loosung keinerlei Irrthum eintrete, wird Jeder das Zimmer verlassen, auf den eine 7 als Freiloos fällt.«

Der Student Nr. 1 fängt nun bei sich an bis 7 zu zählen, worauf der Student Nr. 7 als zechfrei das Speisezimmer verläßt; hierauf beginnt der Student bei Nr. 8 und zählt bei demselben 1, beim Wirth 2, beim Studenten Nr. 10 die 3 und so bis 7 fort. Auf diese Weise fiel auf jeden der Studenten ein Freiloos.

Und der Herr Wirth blieb fluchend allein.

Niedere Mathemathik

Douglas Hood aus England, mit dem ich viele Briefe wechselte, gab einmal ein genial einfaches Rezept bekannt, bei Rechenspielen wirklich unterhaltsam zu bleiben.

Leeren Sie Ihre Geldbörse auf den Tisch, wenden Sie sich ab. Bitten Sie einen Zuschauer, die vorhandenen Münzen beliebig in seiner rechten und linken Hand aufzuteilen, sich die Anzahl in jeder Hand genau zu merken und dann die Hände zu schließen.

Die Anzahl der rechts gehaltenen Münzen soll er mit 4, die der links gehaltenen mit 5 multiplizieren.

Die Ergebnisse darf er addieren und Ihnen bekanntgeben. Im gleichen Augenblick sagen sie ihm, wie er die Münzen zwischen beiden Händen aufgeteilt hat.

Sie brauchen nur von der genannten Summe die Zahl 36 abzuziehen. Was übrigbleibt, entspricht der Anzahl der Münzen in der linken Hand. Was in der rechten Hand ist, ergibt sich nach Adam Riese von selbst. Übrigens müssen es immer neun Münzen sein, die wie beiläufig auf dem Tisch liegen. Natürlich tun Sie so, als ob Sie die Anzahl der Münzen gar nicht zur Kenntnis nehmen würden. Sie haben zuvor dafür gesorgt, daß neun Münzen in Ihrer Geldbörse sind und dieses Faktum nicht weiter betont. Wenn das alles so ganz beiläufig geschieht, wirkt dieser Mathe-Trick um so stärker.

Drei Spielkarten lassen sich 6mal kombinieren.

Vier Spielkarten kann man auf 24 verschiedene
Weisen nebeneinanderlegen.
Und wie viele Kombinationsmöglichkeiten
gibt es beim Skatspiel, also bei 32 Karten?

*Man zählt
263 130 836 933 693 530 167 218 012 160 000 000
Möglichkeiten, die Reihenfolge der Karten
eines Kartenspiels zu variieren.*

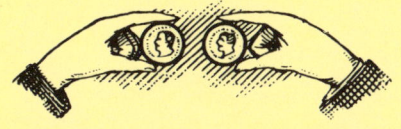

An einem regnerischen Ferientag könnten Sie überlegen, auf wie viele verschiedene Arten eine Deutsche Mark zu wechseln ist.

Stellen Sie sich Behälter mit den verschiedenen
Münzen zwischen einem Pfennig und einer Mark
vor und überlegen Sie die Möglichkeiten, diese auf
die Summe von 1.- DM hin zu kombinieren.

**Man kann eine Deutsche Mark auf
2498
verschiedene Arten wechseln!**

Wie es ein Gastwirth,
der nur zehn Betten disponibel hat,
anfangen muß, jedem von elf angesehenen,
bei ihm einkehrenden Fremden
ein Bette allein zu geben.

In seinen, nebeneinander liegenden Zimmern befanden sich zehn schwellende und blendend weiße Betten, von denen wir jedes mit B bezeichnen wollen; jeden der elf einkehrenden Fremden aber durch F.

Damit nun der Wirth jeden seiner Gäste nach Wunsche bedienen könne, richtet er es, wie folgt ein:

Nachdem er den ersten Fremden in das *erste* Bette brachte, bat er denselben, auf ein Viertelstündchen noch einen Fremden in seinem Bette zu dulden, um unterdessen die übrigen unterzubringen. Nachdem dies erlaubt worden, legt er den dritten Fremden in's *zweite* Bette, den vierten Fremden in's *dritte* Bette, den fünften Fremden in's *vierte* Bette, den sechsten Fremden in's fünfte Bette, den siebenten in's *sechste* Bette, den achten Fremden in's *siebente* Bette, den neunten Fremden in's *achte* Bette, den zehnten Fremden in's *neunte* Bette und den elften Fremden endlich aus dem *ersten* Bette in's *zehnte* Bette, wodurch nun der Wunsch eines jeden Gastes erfüllt worden.

Erklärung: Die Täuschung liegt darin, daß der zweite und elfte Gast als nur eine Person betrachtet und demgemäß auch placiert wurden.

C. F. Leischner: Die Zauberkunst aller Zeiten und Nationen. Erfurt, 1843

**Können Sie eigentlich alle Zahlen von 0-9
so arrangieren,
daß die Gesamtsumme genau 100 ist?**

$$= 50\tfrac{1}{2} + 49\tfrac{38}{76}$$

4 – 2 = 6

Fragen Sie Ihre Zuschauer, wie viele Ecken die Papierserviette hat, die Sie ihnen vorzeigen. Die Antwort sollte klar sein. »Ich werde zwei davon wegnehmen!« Und Sie schneiden zwei Ecken in Form von Dreiecken ab.

»Sehen Sie - vier minus zwei ist wirklich gleich sechs. Zählen Sie die jetzt vorhandenen Ecken bitte!« Man tut es - es stimmt.

»Wie viele Ecken hatte ich eigentlich abgeschnitten - zwei, nicht wahr?« Man nickt zustimmend. Sie aber nehmen die abgeschnittenen Dreiecke auf und zählen deren Ecken vor - es sind sechs!

Werfen Sie drei Würfel in ein Glas, geben Sie es jemandem in die Hand mit der Bitte, das Glas zu schütteln und von der Unterseite des Glases die dort sichtbaren Würfelzahlen zu addieren.

Bevor er damit fertig ist, nennen Sie Ihrem Partner eine Zahl. Er muß bestätigen, daß es die gleiche ist, die er ermittelt hat!

Sie haben rasch die nach oben weisenden Seiten der Würfel zusammengezählt und diese Summe von der Zahl 21 abgezogen. Was herauskommt, ist die Summe, die Ihr Zuschauer im Kopf hat.

Der nächste Effekt mit Würfeln ist noch etwas stärker. Sie wenden sich ab, während man drei Würfel durcheinanderschüttelt und auf dem Tisch ausrollen läßt. Bitten Sie, alle oben sichtbaren Werte zu addieren. Jetzt soll man einen Würfel aufnehmen und die Unterseite des Würfels (also die, die eben auf dem Tisch gelegen hat) zu der eben erhaltenen Summe hinzuzählen. Dieser Würfel soll noch einmal auf dem Tisch ausrollen und die jetzt erhaltene (oben sichtbare) Zahl zum vorhandenen Ergebnis addiert werden.

Nun erst wenden Sie sich um, und kurz darauf sind Sie in der Lage, die ermittelte Zahl exakt zu nennen.

Und so kommen Sie zur genannten Zahl, die Ihre Zuschauer errechnet haben: bevor Sie sich umdrehten, haben Sie die Werte der drei Würfel rasch addiert und sieben hinzugezählt. Beide Experimente mit den Würfeln sollten Sie selbst analysieren. Und Sie werden dabei sicher nicht übersehen, daß bei einem Würfel sich die beiden gegenüberliegenden Seiten zur Zahl Sieben ergänzen - heute wie damals, als Palamedes die Griechen auf ihrer Fahrt nach Troja zum Würfelspiel anhielt.

Das Zwanzig-Karten-Experiment
oder
Wie man des andern Gedanken durch ein altes, neuerding aber zu größerer Vollkommenheit gebrachtes Mittel, errathen kann.

Vor zweihundert Jahren entstand ein Kartenexperiment, das die Kenntnis einer Formel voraussetzt und etwas Erinnerungsgabe. Bis in unsere Zeit hinein haben sich viele der besten Kartenkünstler mit diesem Kunststück beschäftigt: Harry Houdini führte es im kleinen Kreise vor, Alexander Hermann kannte es, in vielen Zauberbüchern findet man es und dennoch hat man kaum je das Vergnügen, es vorgeführt zu bekommen. Hat man sich die Mühe der Einstudierung gemacht, dann verfügt man über eines der raren Experimente, das man überall und ohne jede Präparation vorführen kann. Zuerst der Text aus einem Zauberbuch des vergangenen Jahrhunderts:

»Man nimmt 20 Karten, legt sie je 2 und 2 zusammen (also immer paarweise) auf den Tisch, doch so, daß die Figuren auf allen zu sehen sind, und läßt nun jeden Zuschauer 2 beieinander liegende Karten sich merken. Ist dies geschehen, so nimmt man die Karten zusammen, immer ein Häufchen nach dem andern, damit nie 2 beieinander liegende Karten getrennt werden. Jetzt legt man die 20 Karten nach folgenden Worten:

$$\text{M U T U S}$$
$$\text{D E D I T}$$
$$\text{N O M E N}$$
$$\text{C O C I S}$$

auf den Tisch.

In diesen Worten kommt jeder Buchstabe zweimal vor, und auf die gleichen Buchstaben legt man die Karten, welche nebeneinander lagen. Dann fragt man jeden Zuschauer, in welcher Reihe seine Karten liegen und bestimmt sie leicht nach den obigen Worten. Wird z. B. gesagt, die gemerkten Karten lägen in der ersten Reihe, so sind es die zweite und die vierte. (Also die auf den beiden gleichen Buchstaben, den mit ›U‹ gedanklich besetzten Positionen, zu liegen kamen.)

Um aber die zehn Paar nebeneinanderliegender Karten besser verteilen zu können und die ganze Sache noch deutlicher zu machen, fügen wir folgende beiden Schemen hinzu, in deren einem die Karten in der Reihenfolge numeriert sind, in der sie ausgelegt werden:

1	3	5	4	7
9	11	10	13	6
15	17	2	12	16
19	18	20	14	8

M	U	T	U	S
D	E	D	I	T
N	O	M	E	N
C	O	C	I	S

Hat man diese beiden Schemen gehörig begriffen, so wird man das sehr überraschende Kunststück leicht ausführen.«

Zwar verlangt dieses herrliche Experiment keine Handfertigkeit, aber man muß das Schema auf Abruf im Kopf haben. Die Karten müssen so hingelegt werden, als würden sie willkürlich und ohne jeden Plan auf den Tisch geworfen – nur dann wird aus diesem Experiment ein Kunst-Stück.

Um die Wirksamkeit des Ganzen zu steigern, reicht man seinen Zuschauern vorher das Kartenspiel zum Mischen. Sie können selbst die zwanzig Karten abzählen. Der Vorführende läßt dann einzelne Zuschauer je zwei Spielkarten wählen; er hält sie fächerförmig mit der Rückseite nach oben zur Auswahl hin. Bis zu 10 Zuschauer kann er je zwei Karten wählen lassen. Dann sammelt er die Kartenpaare ein. Hier muß er darauf achten, daß die Paare nie getrennt werden und daß sie übereinander zu liegen kommen.

Sind weniger als 10 Zuschauer beteiligt – so wird es zumeist sein –, dann macht das nichts. Die gezogenen und gemerkten Karten kommen paarweise auf die Restkarten in des Vorführenden Hand.

Zur Einübung kann man sich die Merkworte mit Kreide auf eine Tischplatte schreiben und das paarweise Austeilen in der entsprechenden Reihenfolge (linkes Kästchen) üben.

Das System des Herausfindens der Kartenpaare bleibt sich gleich. Jeder Zuschauer nennt die Reihe bzw. die beiden Reihen, in denen

er seine Karten entdeckt hat. Der Vorführende stellt sich die Wort-
formel vor und weiß sofort, welche Positionen in genannten Reihen
von den gleichen Buchstaben belegt sind. Hier liegen jeweils die
gewählten Karten.

Im Laufe der Jahre lernte ich in Büchern, auf Reisen und durch
Briefwechsel mit anderen Zauberern viele andere Formeln für das
gleiche Experiment kennen. Sie beweisen, daß dieses Kunststück
über die ganze Welt verbreitet ist. Hier sind einige davon:

In deutschsprachigen
Ländern ist weit verbreitet

BOSCO
BITAI
KENNT
ALLES

Ein isländischer Künstler
verwendet

BLOOD
BUGUR
GILVI
VARDA

Ein schottischer Kollege
nannte mir diese

DAVID
LOVEL
INYON
ABBEY

In einem holländischen
Zauberbuch entdeckte ich

DADER
ANTON
BELLO
BUURT

Der historischen Redlichkeit halber sei die vielleicht älteste Formel
dieser Art noch aufgeschrieben (1787)

MISAI
TATLO
HEMHO
VESUL

(wobei V und U in der letzten Reihe als Buchstabenpaar angesehen werden).

Und jene, die mir George Blake aus England mitteilte

PETER
PULLS
STIFF
DRUID

»Ich stelle mir einen Knaben namens Peter vor, der einen Druid
(einen Priester des uralten Druiden-Kultes) zieht, der steif – also
wahrscheinlich tot ist ...« So jedenfalls erläuterte er mir seine Lieb-
lingsformel zu diesem uralten Experiment, das in Ihrer Hand unerhört wirksam werden kann.

Konvex – konkav

Spielkarten daran zu erkennen, daß sie ›gebogen‹ sind oder nicht, ist ein recht altes Prinzip, wie auch das nachfolgende Experiment zeigt. Ein derartig simples Prinzip hat den Vorteil, daß es oft auch jene täuscht, die auf die Erkenntnis raffinierter Methoden und unerhörte Fingerfertigkeit aus sind.

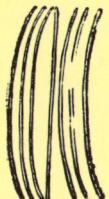

Teilen Sie ein Kartenspiel in rote und schwarze Karten auf. Biegen Sie das Päckchen mit den roten Karten mit den Außenrändern nach oben, die schwarzen Karten entsprechend nach unten. Das gehört zur Vorbereitung, die Sie unbeobachtet hinter sich bringen sollten.

Mischen Sie das Spiel gründlich. Blättern Sie es von den Bildseiten her flüchtig Ihrem Kreis vor. Dann behaupten Sie, die Farbe der einzelnen Spielkarten am Atomgewicht der Karten feststellen zu können. Das ist höherer Unsinn, klar. Aber wer wird ein Kunststück unverpackt vorführen?

Sie nehmen eine Karte nach der anderen vom Spielrücken her ab, wiegen sie jeweils bedächtig mit der rechten Hand und sagen, ob die Karte eine rote oder eine schwarze sei. Es stimmt immer.

Ihnen ist längst klar, daß Sie lediglich auf die Spielrückseiten zu sehen brauchen. Ob nach oben, ob nach unten gebogen. Das sagt Ihnen alles.

Ein unfehlbares Arrangement

Schreiben Sie auf einen Zettel: ›HERZ AS‹.

Stecken Sie ihn in einen Umschlag. Den übergeben Sie dem Zuschauer, der bei diesem Experiment mitwirkt. Dann legen Sie 16 Spielkarten in folgender Farb-Reihenfolge vor dem Zuschauer auf den Tisch (die Werte spielen bis auf eine Karte, HERZ AS, keine Rolle):

Schwarz	Rot	Rot	Rot
Rot	Schw	Schw	Schw
Rot	Schw	H.As	Rot
Rot	Schw	Schw	Schw

Bitten Sie den Zuschauer, irgendeinen auf dem Tisch liegenden Gegenstand, einen Salzstreuer, ein Feuerzeug usw. auf irgendeine *rote* Karte zu legen. Dann muß er vier Bewegungen mit dem Gegenstand ausführen:

1 nach links oder rechts zur *nächsten schwarzen* Karte.

2 Vertikal nach oben oder unten zur *nächsten roten* Karte.

3 Diagonal zur *nächsten schwarzen* Karte.

4 Nach unten (also zu sich selbst hin) oder nach rechts zur *nächsten roten* Karte hin.

Ist diese Position erreicht, bittet man, den Umschlag zu öffnen. Und bei dem gleichen Kartenwert, der aufgeschrieben wurde, liegt der Gegenstand.

Der Amerikaner Karl Fulves hat sich diese Sache ausgedacht: »Ich nenne es Gray's binary code.« Ich habe dieses Experiment mit Hilfe eines Computers ausgearbeitet. Mit 16 Karten und vier eingeschränkten Bewegungen gerät der Zuschauer in eine sich verengende Falle – bis lediglich ein Zug übrigbleibt.«

Der psychologische Reiz dieses Experiments liegt darin, daß der Zuschauer ständig glaubt, frei selbst entscheiden zu können, wie die jeweils nächste Bewegung auszuführen ist.

Dieses Experiment ist noch verblüffend genug, wenn man es selbst ausführt.

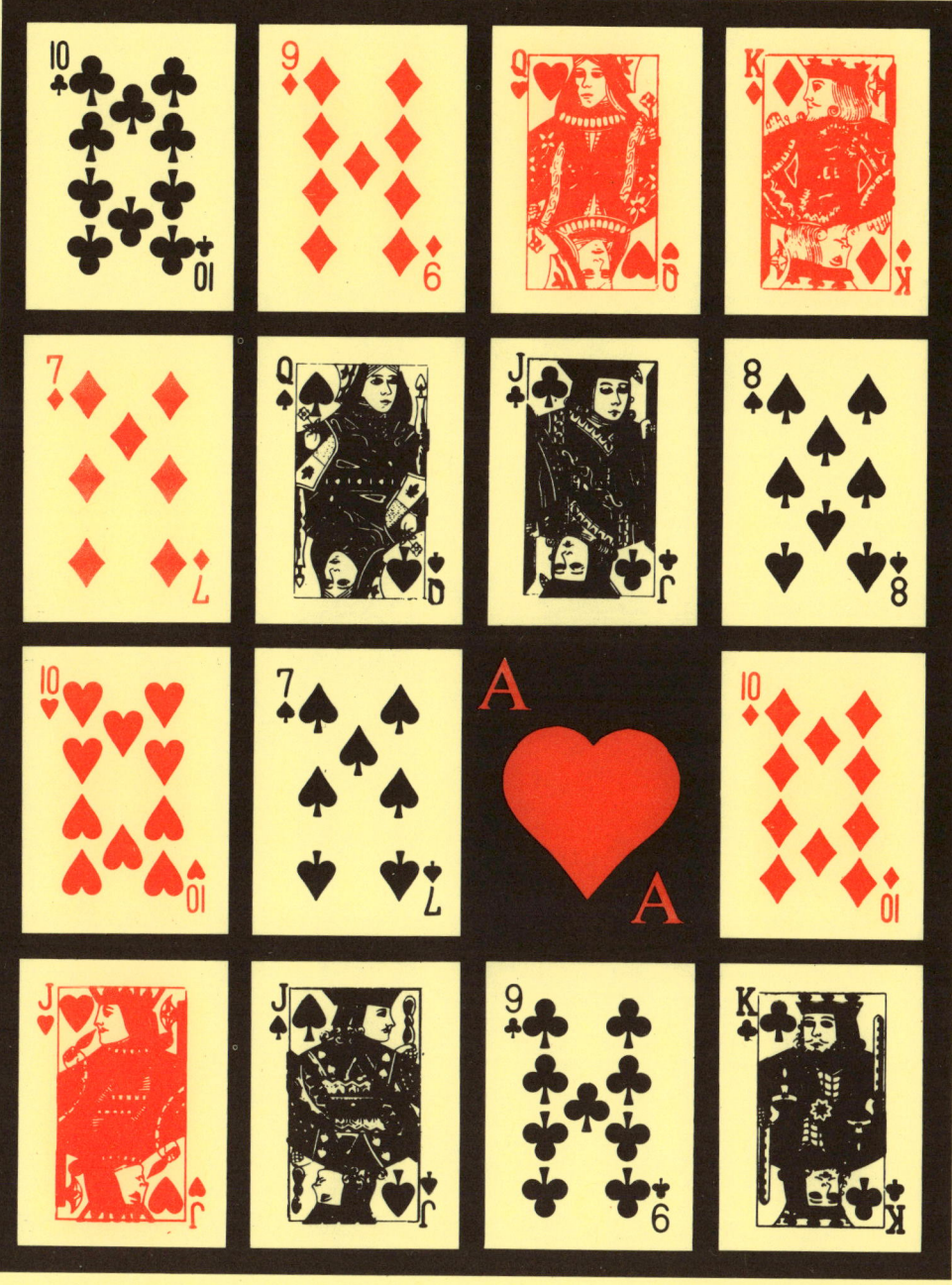

Wie man Kartenhäuser errichtet:

Stelle zwei Karten an ihrem oberen Ende zusammen

Füge auf jeder Seite eine Karte längsseits hinzu

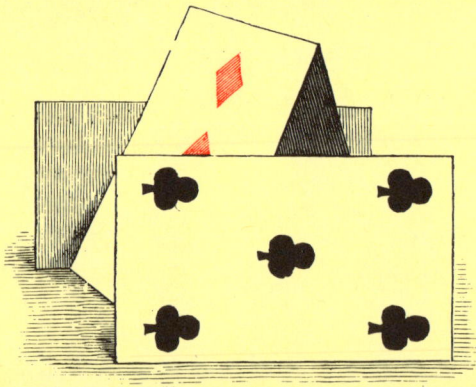

Lege auf jede Seite der zwei mittleren Karten eine weitere, daß die mittleren wie die
Seiten eines Daches herausragen.

Baue auf der so entstandenen Plattform in
der gleichen Weise wie zu Anfang des Spiels
weiter, und zwar so lange, bis das Kartenspiel aufgebraucht ist. Mit etwas Sorgfalt
kann man viele der unteren Karten an den
Seiten entfernen, ohne daß das Kartenge-
bäude einstürzt.

Die einen Teller durchdringende Spielkarte

Lassen Sie eine Spielkarte wählen und, nachdem man sich deren Wert gemerkt hat, ins Spiel zurückstecken. Sie mischen das Spiel und heben es ab. Nachdem Sie das Kartenspiel abgelegt haben, zeigen Sie einen Hut und einen Teller vor. Die Karten kommen auf den Teller, den Sie auf den Hut setzen.

Befehlen Sie der Karte, zu verschwinden. Und tatsächlich – wenn Ihre Zuschauer das Spiel durchsehen, ist die gewählte Karte nicht mehr aufzufinden.

Lassen Sie den Teller hochheben. Die Karte liegt im Hut!

Für dieses Experiment mit nahezu professionellem Zuschnitt benötigen Sie ein kleines Hilfsmittel. Auf der Unterseite des Tellers müssen Sie vorher ein kleines Stückchen Seife zerrieben haben oder etwas beidseitig klebendes Band angedrückt haben. Das ist schon alles.

Wenn die gewählte Karte ins Spiel zurückgegeben wird, fächern Sie noch einmal die Karten vor. Jeder kann sich überzeugen, daß die gewählte Karte noch vorhanden ist. Sie haben dabei die Möglichkeit, eine innere Ecke der Spielkarte mit Ihrem Daumen geringfügig anzuknicken. Wenn Sie nach dem Mischen selbst abheben, dann tun Sie das an der Stelle, an der die angeknickte sichtbar ist. Sie können vielleicht auch mit Ihrem Daumen die angeknickte Karte fühlen und an der entsprechenden Stelle abheben. Dieser Vorgang bringt die Karte auf den Spielrücken.

Nachdem Sie den Teller vorgezeigt haben, stellen Sie ihn ›absichtslos‹ auf das Kartenspiel. Dabei bleibt die Karte am Teller haften.

Wenn der Teller auf den Hutrand gesetzt wird, streifen Sie die Karte ab – der Teller selbst gibt dazu alle notwendige Deckung. Sie können die Karte mit einem Finger oder mit dem Hutrand selbst abstreifen. Die Karte fällt also in den Hut. Das Kartenspiel wird dann auf den Teller gelegt, und alles weitere ist Ihrer Kunst der Dramatisierung überlassen. Denn die gewählte Karte muß ja nun im Spiel fehlen und braucht nur noch im Hut wiederentdeckt zu werden.

Assoziationen oder **Einfach großartig**

Großartig in der Wirkung – einfach in der Methode – ist dieses Kartenexperiment:

Ein Zuschauer darf ein gemischtes Kartenspiel irgendwo abheben. Der Vorführende sieht sich die Karte an, bei der abgehoben wurde. Offensichtlich inspiriert sie ihn zu Assoziationen. »Ich kann es mir zwar selbst nicht erklären, aber die Karte, bei der Sie abgehoben haben zwingt mich, KARO 10 zu sagen. Sehen Sie doch einmal nach, welche Karte auf dem abgehobenen Päckchen oben liegt.«

Es ist die Karo 10!

Der Vorführende – oder sollten wir bei diesem überraschenden Experiment nicht schon besser ›Künstler‹ sagen? – legt das abgehobene Päckchen auf das andere auf, bittet den Zuschauer, noch einmal abzuheben und wiederholt das ganze Spiel. Wieder und wieder ermittelt er aus der Karte, bei der abgehoben wurde, die jeweils oben liegende Spielkarte.

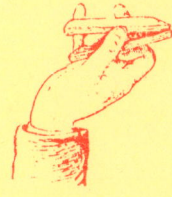

Lassen Sie sich nicht durch die Einfachheit der Ausführung über die Wirksamkeit des Experimentes hinwegtäuschen! Man sieht sich vorher die unterste Karte des Spiels an. Merkt sie sich. Mischt sie nach oben. Läßt abheben. Sieht sich die Karte, bei der abgehoben wurde, an und sagt das oben angedeutete Sprüchlein. Nennt die Karte, die man sich kurz vorher gemerkt hat.

Gleichzeitig hat man eine weitere Karte im Kopf, die man als nächste nennen kann, wenn also wieder abgehoben, erneut die jeweilige Karte angesehen und aus ihr die oberste ›ermittelt‹ wird – jene also, die man kurz vorher selbst in der Hand hatte. Natürlich sieht man sich die Karte immer so an, daß niemand sonst sie sehen kann!

Kartenvision

Nachdem ein Kartenspiel von einem Zuschauer gemischt wurde, schreiben Sie etwas auf einen Zettel. Dann falten Sie den Zettel und bitten, das Spiel irgendwo abzuheben. Legen Sie Ihren Zettel dort in das Spiel.

Wenn dann die Spielkarte, die oberhalb des Zettels im Spiel liegt, mit dem auf dem Zettel genannten Kartenwert verglichen wird, dann ist das staunenerregende Resultat, daß beide Werte identisch sind.

Dieser Voraussageeffekt steht mit seiner Wirkung im umgekehrten Verhältnis zu den eingesetzten Mitteln. Nachdem ein Zuschauer die Karten gemischt hatte, sahen Sie sich heimlich die unterste Karte des Spiels an. Den Wert dieser Karte schreiben Sie auf den Zettel. Bitten Sie, abzuheben. Auf diesen abgehobenen Kartenteil kommt Ihre ›Voraussage‹. Wenn der andere Teil des Kartenspiels auf die Voraussage gelegt wird, kommt automatisch die von Ihnen aufgeschriebene Spielkarte an die richtige Stelle.

Eine Karte zu verbrennen und doch wieder unversehrt an einen Ort zu zaubern

Man hat zu diesem Kunststücke zwei Kartenspiele nötig. Eine der doppelten Karten verbirgt man zuvor im Zimmer, ohne daß es jemand merkt. Nun nimmt man das vollständige Kartenspiel und zählt es durch, um den Zuschauern zu zeigen, daß nicht etwa eine Karte doppelt vorhanden sei. Kommt man dabei an die Karte, von der man das doppelte Exemplar vorher versteckte, so legt man sie so, daß man sie leicht finden kann. Nach dem Durchzählen ergreift man diese Karte, zeigt sie vor, indem man die Gesellschaft glauben macht, man habe die erste beste Karte ergriffen, verbrennt sie, wirft die Asche zum Fenster hinaus, spricht einige Zauberworte und benennt dann den Ort, an dem die verbrannte Karte unversehrt zu finden ist.

Das Kartenspiel steckt voller Geheimnisse

So wie ein Jahr aus *52 Wochen* besteht, hat das vollständige Spiel *52 Kartenblätter*. Die *vier Kartenzeichen* (HERZ KREUZ KARO PIK) lassen sich leicht auf die *vier Jahreszeiten* beziehen. Das Jahr hat *13 Mondphasen* – eine Kartenserie hat vom As über die Zahlenkarten bis zu den drei Bilderkarten Bube, Dame, König auch *13 Einheiten*.

Zählt man die Zahlenwerte eines ganzen Spieles zusammen und rechnet Bube, Dame, König wie beim Rommé = 10, so erhält man 364, und 52 Wochen mal 7 Tage sind 364 Tage. Nimmt man von dieser 364 die Quersumme, so hat man wiederum 13 und kommt erneut auf die Mondphasen.

Wenn man die Summe der Werte einer einzelnen Serie, nämlich 91, durch 7 dividiert, so ergibt das wiederum 13.

Und die Quersumme von 52, also der Anzahl der Spielkarten, ist 7 – und diese galt von jeher als besondere, als heilige Zahl.

Eine weitere, verblüffende Eigenschaft:
Zählt man die Buchstaben der einzelnen Kartenwerte zusammen, also AS, ZWEI, DREI, VIER, FÜNF, SECHS, SIEBEN, ACHT, NEUN, ZEHN, BUBE, DAME, KÖNIG, so ergibt das erstaunlicherweise wiederum 52 (ch = ein Buchstabe).

Ein Spiel, das mit dem Siebener-Wert beginnt, also unser Skatspiel, ergibt 32 Buchstaben, und das ist ja die Anzahl der Blätter dieses Spieles!

Ebenso verhält es sich, wenn man die englischen und französischen Kartennamen nimmt:

Englisch: ACE, TWO, THREE, FOUR, FIVE, SIX, SEVEN, EIGHT, NINE, TEN, JACK, QUEEN, KING.

Französisch: AS, DEUX, TROIS, QUATRE, CINQ, SIX, SEPT, HUIT, NEUF, DIX, VALET, REINE, ROI.

Die vier Asse

Aus der unübersehbar großen Zahl der unter Zauberern so beliebten 4-As-Experimente ist dieses eines der einfachsten. Denn es benötigt keinerlei Handfertigkeit. Weil Sie es jedoch scheinbar improvisiert vorführen, wirkt es frappierend und unerklärlich.

Ein Zuschauer mischt gründlich ein Kartenspiel und reicht es Ihnen. Sie halten es hinter Ihren Rücken. Dann nennen Sie eine As-Karte, beispielsweise KARO AS. Sie bringen gleich darauf eine Karte zum Vorschein – es ist die genannte Karte. Ähnliches passiert mit den anderen As-Karten. In rascher Folge zaubern Sie auch diese hervor, nachdem Sie die entsprechenden Kartenwerte genannt haben.

Die vier As-Karten hatten Sie schon vorher aus dem Spiel entfernt. Am rückwärtigen Jackett-Innenfutter wurde eine Sicherheitsnadel angebracht, an der eine Büroklammer hing. In diese Büroklammer hatten Sie die Asse in bestimmter, von Ihnen erinnerter Reihenfolge eingeklemmt.

Nachdem Sie das Spiel hinter den Rücken brachten, brauchten Sie nur noch nach Nennung einer Kartenfarbe die entsprechende Karte aus der Büroklammer zu ziehen und sie auf den Tisch zu werfen.

Bringen Sie die Karten im Jackett so an, daß sie einige Zentimeter oberhalb des Stoffrandes hängen, damit sie nicht bemerkt werden.

Sollte zu dieser Präparation keine Zeit mehr bleiben, so stecken Sie die vier Asse in gemerkter Reihenfolge einfach vorher in Ihre Jacken- oder Hosentasche. Legen Sie das gemischte Spiel in die gleiche Tasche und bringen ebenso wie oben beschrieben die 4 Asse nacheinander zum Vorschein.

Suchen Sie aus einem Kartenspiel (52 Karten)
die Karten Herz 5 – Kreuz 5 – Karo 5 – Pik 5
heraus. Arrangieren Sie sie so, daß man von
jeder Karte nur vier Kartenzeichen sehen kann.
Versuchen Sie es erst einmal selbst, bevor Sie
es anderen als Problem vorlegen.

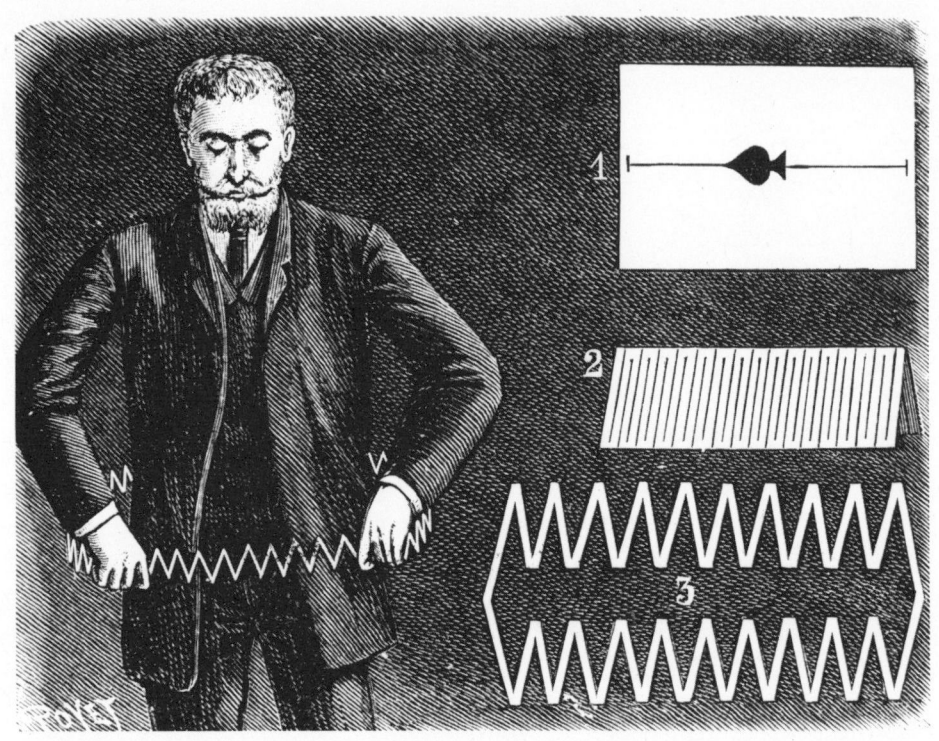

Durch eine Spielkarte kriechen

Eine sinnvolle Verwendung für alte Spielkarten!
Jeder sollte diesen Spaß vorführen können.

Das Bild zeigt, wie es geht:
Zuerst einen Schlitz in die Kartenmitte schneiden,
die Karte knicken, Längsschnitte wie auf »2« machen
und auseinanderziehen, bis Figur 3 erreicht ist.

Kopfüber

Legen Sie einen Geldschein vor sich hin. Sie müssen das Porträt sehen können; es ist von Ihnen aus auf der rechten Seite.

Falten Sie die obere Hälfte des Geldscheins nach unten. Dann falten Sie die linke Hälfte nach rechts.

Nehmen Sie den Geldschein auf und falten nun den rückwärtigen Teil nach links. Jetzt haben Sie also wieder die halbe Größe des Scheines vor sich.

Fragen Sie sich erst einmal selbst, ob nach weiterem Auffalten des Geldscheines das Porträt mit dem Kopf nach oben oder nach unten zeigt.

Dann öffnen Sie den Schein, und Sie werden verblüfft sein.

Wie kommt es, daß das Porträt auf dem Schein nach diesem Falte-Vorgang immer auf dem Kopf steht, obschon Sie es nie bewußt umgewendet haben?

Zeigen Sie diesen Spaß auf der nächsten Party oder wenn Sie der Dame am Postschalter eine Freude machen möchten.

Mit vielen Menschen können Sie sich nicht in Ihrer eigenen Sprache verständigen. Besonders, wenn Sie im Ausland unterwegs sind. Englisch aber verstehen viele.

Deshalb sind hier einige nur in englischer Sprache möglichen Rekreationen angeführt, über die sich die des Englischen Mächtigen sicher freuen werden.

WYBMADIITY?

Nachdem Sie diese Buchstaben auf ein Stück Papier, auf die Rückseite Ihrer Visitenkarte oder auf einen Bierdeckel geschrieben haben, fragen Sie die Zuschauer, was dieses seltsame Wort wohl bedeuten möge. Diese werden bald aufgeben und nach einer Erklärung verlangen. Darauf erwidern Sie:

»Will you buy me a drink if I tell you?«
Vielleicht dämmert es einem Ihrer Zuschauer, daß in der von Ihnen gestellten Frage die Antwort bereits enthalten ist; das Wort ›Wybmadiity‹ besteht ja aus den Anfangsbuchstaben der Frage.

Martin Gardner, in: ›The Sphinx‹, 1942

YYUR	Too wise you are
YYUB	Too wise you be
ICUR	I see you are
YY4ME	Too wise for me

Fragen Sie einmal Ihre englischen Freunde, ob sie den Satz in ihrer Sprache kennen, der alle Buchstaben des Alphabets enthält. Dann schreiben Sie ihn hin:

PACK MY BOX WITH FIVE DOZEN LIQUOR JUGS.

6 + 5 = 9

Legen Sie sechs Streichhölzer nebeneinander. Die Aufgabe besteht darin, fünf weitere Streichhölzer hinzuzufügen und doch nur neun auf dem Tisch zu haben. Das muß natürlich englisch ausgedrückt werden: »Please, add five more and make nine only!«

Und die Lösung

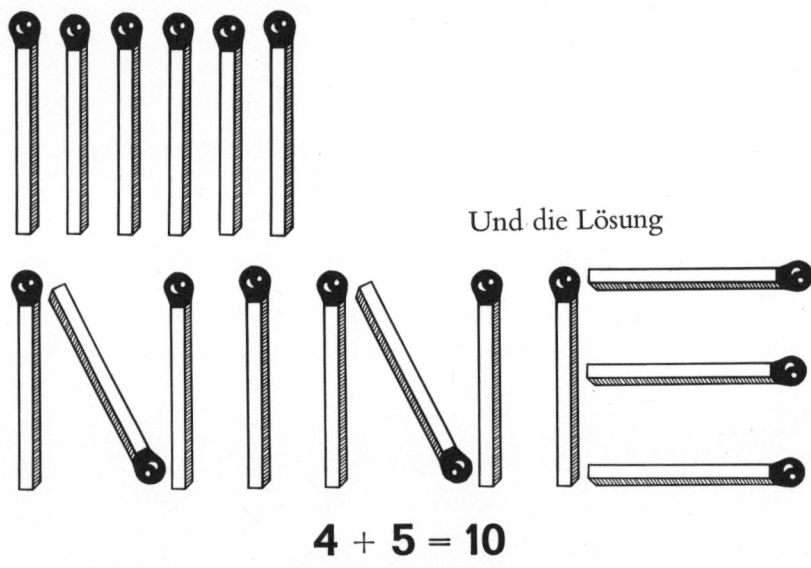

4 + 5 = 10

Legen Sie 4 Streichhölzer hin. Man soll 5 dazutun und dann 10 haben – by adding five more make ten:

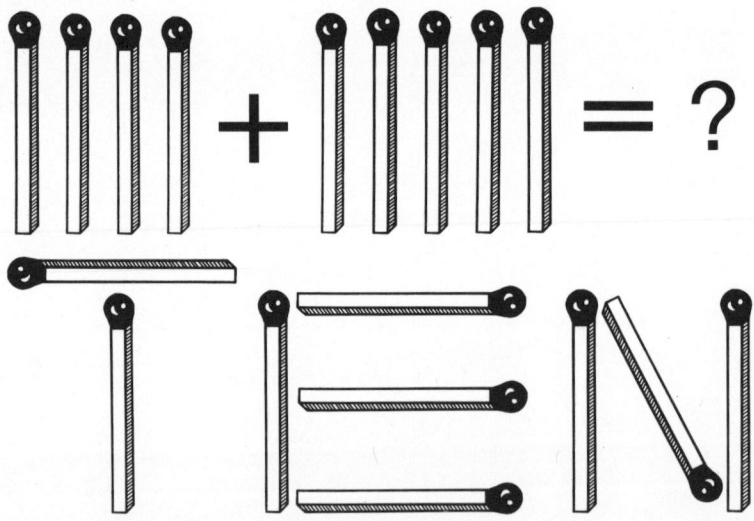

»One shall be left«

Aus zwölf Streichhölzern formieren Sie drei Quadrate.

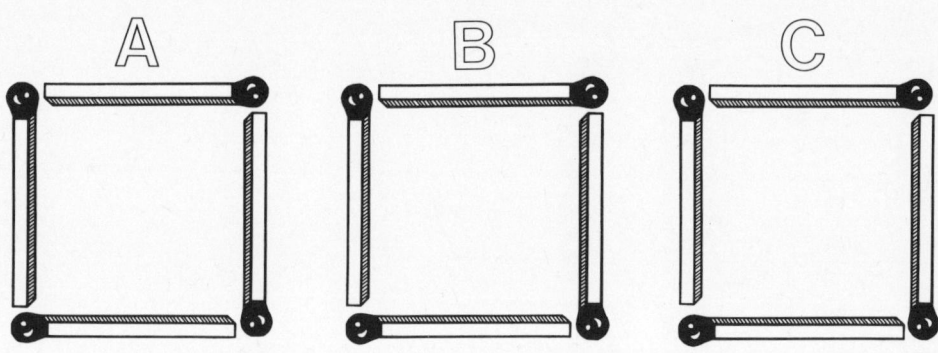

Die Aufgabe lautet: eines wegzunehmen, zwei zu verändern und nur eines so auf dem Tisch zu belassen. Das müssen Sie natürlich englisch ausdrücken:

> »To take away ONE of the matchsticks, transpose TWO of the remainder, and leave only ONE on the table.«

Und die Lösung sieht so aus:

Von ›B‹ nehmen Sie das oben liegende Streichholz weg. Das unten liegende Streichholz legen Sie diagonal ein, so daß der Buchstabe ›N‹ gebildet wird. Das rechte Streichholz von ›C‹ legen Sie horizontal ein und haben den Buchstaben ›E‹. So haben Sie ein Streichholz weggenommen, zwei verändert und ›ONE‹ übrigbehalten.

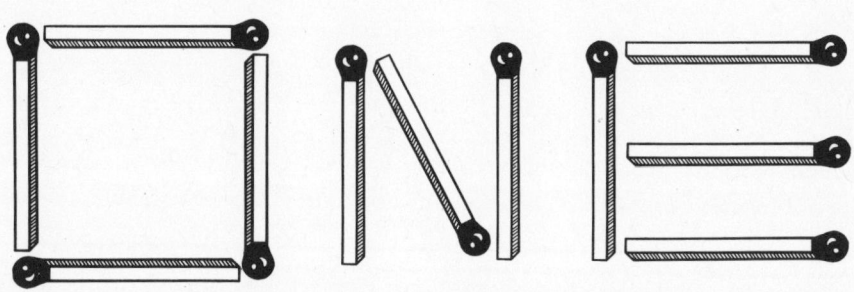

*Auf einer alten englischen Spielkarte
entdeckte ich diese Anordnung
von Buchstaben.
Was bedeuten sie wohl?*

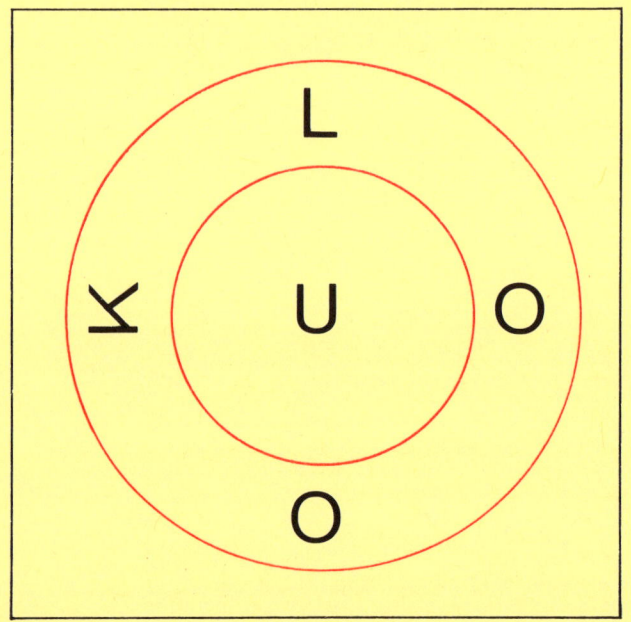

LOOK AROUND YOU

```
T R E E S
T R E E S
T R E E S
S A Y
M E
M A K I N G
K E E P S
F O O L
S I L L Y
W H A T
T R E E S
T R E E S
T R E E S
```

Diese englischen Worte soll jemand vorlesen.
Sie täuschen Unzufriedenheit mit dem Ergebnis vor.
Bitten Sie erneut, es vorzulesen, diesmal etwas lauter.
Und dann schneller.
Und schließlich: von unten nach oben!

Die fünf Strohhalme

Man benötigt hierzu ein Geldstück und fünf Strohhalme.

   Ist es möglich, daß man vier Strohhalme und die
Münze mit dem fünften Strohhalm aufhebt? Der
fünfte Strohhalm darf nur an seinem Ende festgehalten werden.

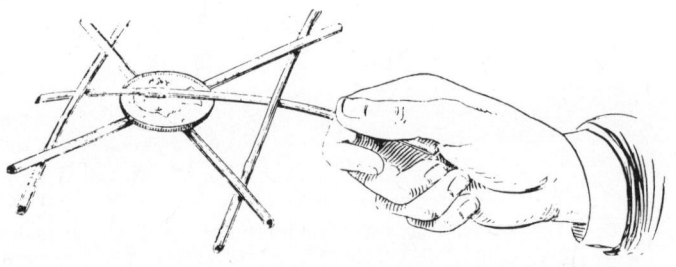

*Wenn die Strohhalme so wie auf der Figur mitein-
ander verschränkt werden und die Münze im Zentrum liegt, ist es möglich.*

Psycho- (nicht Para-)Logisches

Wenn ein Taschenspieler bei der Vorführung des Becherspiels seine Zuschauer bat, »irgendeinen der drei Becher zu bestimmen«, so konnte er sicher sein, daß im allgemeinen der mittlere gewählt wurde. Weil das zu seinem Erfahrungsschatz gehörte, konnte er Überraschendes offenbaren. Daß sich zum Beispiel alle Bällchen gerade unter dem »frei gewählten« Becher befanden.

Aus den Reaktionen des Publikums ermittelten später die Zauberkünstler typische Verhaltensweisen. Die Wahl, die die Zuschauer jeweils treffen, erscheint zwar als frei, sie hängt jedoch von einigen einschränkenden Faktoren ab, die in den zur Auswahl genannten Objekten, in ihrem optischen Arrangement oder in subjektiv-gefühlsmäßigen Momenten zu dem gewünschten Resultat führen. Natürlich trifft nicht immer die erwartete Reaktion ein. Aber sie liegt doch so weit über der mathematischen Wahrscheinlichkeit, daß genug zum Staunen übrigbleibt.

Die größte Wirkung erreicht man auch immer dann, wenn man diese Tests mit einer Gruppe von Menschen macht. Nahezu immer einige im Kreis wählen das, was der Vorführende vorher aufnotiert hat und was er den Teilnehmern dann zu deren Verwunderung offenbart.

Natürlich kann man sich auch selbst erst einmal diesen Tests unterwerfen!

1 Denken Sie an ein Werkzeug.

2 Wählen Sie sich eine Blume.

3 Nennen Sie eine Farbe.

4 Stellen Sie sich ein wildes Tier vor.

5 Zeichnen Sie eine einfache geometrische Figur. Zeichnen Sie eine andere einfache geometrische Figur in diese hinein.

6 Denken Sie an eine Zahl zwischen 1 und 50. Sie muß zweistellig sein, es muß sich um eine *ungerade* Zahl handeln; beide Ziffern dieser Zahl dürfen nicht miteinander identisch sein, also man darf zum Beispiel nicht 11 wählen.

7 Legen Sie 12 Karten (Spielkarten mit den Rückseiten nach oben) in drei Reihen zu je 4 Karten auf den Tisch. Legen Sie rasch eine Münze auf irgendeine dieser 12 Karten.

8 Denken Sie an eine Zahl zwischen 50 und 100. Diesmal muß es sich um eine *gerade* Zahl handeln. Beide Ziffern dürfen nicht miteinander identisch sein. Man kann also nicht 66 wählen.

9 Zerreißen Sie eine Papierserviette, Zeitung etc. in 5 Teile, formen Sie daraus kleine Bälle, legen Sie sie von links unten anfangend in einer aufsteigenden Folge nach rechts oben. Wählen Sie sich rasch einen der Papierbälle.

10 Mischen Sie ein Kartenspiel. Sehen Sie sich die danach oben und unten liegenden Karten an. Merken Sie sich die beiden Karten*werte*. Farbe und Kartensymbol (Kreuz, Karo etc.) können Sie vergessen. Sie erinnern sich beispielsweise an ›Bube‹ und ›Sieben‹.
Mischen Sie die Karten erneut. Hören Sie damit auf, wann immer Sie mögen. Und zählen Sie sich die Karten eine nach der anderen vor. Mit großer Wahrscheinlichkeit liegen auch jetzt die beiden gleichen Kartenwerte (also hier ›Bube‹ und ›Sieben‹) beieinander.

Wie zumeist gewählt wird
1   Hammer
2   Rose
3   Rot
4   Löwe
5   Dreieck, darin ein Kreis
6   37
7   Die zweite Karte von rechts in der mittleren Reihe
8   86
9   Die zweite Position von links unten
10 Fast immer liegen die gleichen Werte nebeneinander.

Wer sich in weiteren Zauberkünsten auskennt, kann derlei Experimente durch Tricknachhilfen noch verbessern.

Beispiel Nummer 7   Die zweite Karte von rechts in der mittleren Reihe ist eine vorher von den Zuschauern gewählte Karte, die der Künstler an die entsprechende Position gebracht hat. Man stelle sich die überwältigende Wirkung vor, wenn der Zuschauer seine eigene Karte wiederfindet!

Beispiel Nummer 8   Der Vorführende hat einen zweiten Zettel, auf dem die Zahl 68 steht. Wird 68 genannt, was auch im Wahrscheinlichkeitsbereich liegt, vertauscht er den Zettel mit der 86 gegen den mit der 68.

Beispiel Nummer 9   In das zweite Papierbällchen von links unten hat der Vorführende beim Zusammenknüllen heimlich eine Münze praktiziert, die er nach der Wahl hervorholt.

Zum Beispiel Nummer 10 sei noch erwähnt: hat man beim Vorblättern die beiden entsprechenden Kartenwerte nebeneinander entdeckt, blättere man dennoch weiter. In einer Anzahl von Fällen liegen die gleichen Kartenwerte noch ein weiteres Mal nebeneinander im Spiel!

»Die Gedanken einer Person herauszubekommen, ihr versichernd, daß du auf ein Stück Papier die Anzahl der Karten schreiben würdest, die sie aus einem von zwei Päckchen wählen wird.«

Hinter diesem umständlichen Titel verbirgt sich ein leicht zu machendes Kartenexperiment. Es wurde schon 1792 in der ältesten Fachzeitschrift ›The Conjuror's Magazine, or, Magical and Physiognomical Mirror‹ beschrieben.

Der Vorführende legt zwei Päckchen Spielkarten auf den Tisch. Das eine Päckchen besteht aus sieben beliebigen Bilderkarten, also Königen, Damen, Buben. Das andere Päckchen enthält drei Siebener-Karten.
Auf den Zettel schreibt man: »Sie werden das Siebener-Päckchen wählen!«
Welches Päckchen immer vom Zuschauer bezeichnet wird, es ist ein Siebener-Päckchen. Wenn er das mit den sieben Bildkarten wählt, zählt man es nur von den Rückseiten Karte für Karte vor und hat sieben Karten. Das andere Päckchen zählt man ebenfalls nur von den Rückseiten vor und demonstriert, daß dort nur drei wären.
Wählt der Zuschauer das Päckchen mit den drei Siebener-Werten, zeigt man die von der Bildseite vor und weist damit aus, daß man also das Siebener-Päckchen wie vorbestimmt gewählt habe, während die anderen Karten – die Bildseiten vorweisend – aus allen möglichen Buben, Damen, Königen zusammengesetzt sind.
Dieses großartige Experiment zeigt, daß man schon damals etwas von angewandter Psychologie verstanden haben muß. Der Vorführende führt sein Publikum zu seinem Ziel; er läßt das Ergebnis wirken, das Wie ist immer seine Sache.

. . . und weil man alles noch besser machen kann:

›Das Dreier Päckchen‹

Hier legt der Vorführende *vier* Kartenpäckchen auf den Tisch. Der Vorführende schreibt eine Vorhersage auf. Dann zeigt er auf die Päckchen und zählt sie ab: »Eins – zwei – drei – vier.« Ein Zuschauer wählt ein Päckchen, öffnet die Vorhersage. Sie lautet: »Sie werden das Dreier-Päckchen wählen!« Sie stimmt.

Um das zu erreichen, vereinigt man im ersten Päckchen vier Karten mit dem Wert 3 (man braucht also zu diesem Experiment ein Spiel mit 52 Karten). Das zweite Päckchen enthält drei Karten beliebiger höherer Werte. Das dritte Päckchen enthält 10 beliebige Karten. Das vierte Päckchen besteht aus nur zwei Karten, einer As und einer Zwei.
Wählt der Zuschauer das erste Päckchen, dreht es der Vorführende um und zeigt, daß es nur ›Dreier-Werte‹ enthält.
Wählt der Zuschauer das zweite Päckchen, wird es von der Rückseite her vorgezählt, es enthält drei Karten. Die anderen Päckchen werden kurz vorgezählt, sie haben die unterschiedlichsten Mengen von Karten.
Wird das dritte Päckchen gewählt, sagt der Vorführende: »Sie haben das Päckchen an der Position ›Drei‹ gewählt! Lesen Sie bitte vor, was ich aufgeschrieben habe.«
Entscheidet sich der Zuschauer für das vierte Päckchen, zeigt der Vorführende sie mit der Bildseite vor, addiert sie und weist daraufhin, daß die Summe ›drei‹ wäre, während die in den anderen Päckchen natürlich ganz andere Werte ergäben – er zeigt die Päckchen zwei und drei flüchtig vor und das erste dann nur mit der Rückseite: »Und vier Karten sind ohnehin immer mehr als drei!«

Magie mit Tierkreiszeichen

Lassen Sie uns nun zusammen ein Experiment machen.

Denken Sie sich eine Zahl zwischen 7 und 27. Zählen Sie diese mir unbekannte Zahl auf dem Tierkreis so ab:

Tippen Sie mit dem Zeigefinger bis 5 auf beliebige Symbole. Bei ›6‹ müssen Sie die 6 unserer Uhr (Tierkreiszeichen Jungfrau) wählen. Zählen Sie nun – entgegen dem Uhrzeigersinn – weiter im Kreis bis zu der von Ihnen gedachten Zahl.

Dann zählen Sie, beim soeben erreichten Symbol mit 1 beginnend, nur diesmal *im* Uhrzeigersinn, erneut bis zu der von Ihnen erdachten Zahl.

Merken Sie sich das Symbol, auf das Ihre Zahl fällt.

Ich kenne dieses nicht, und doch behaupte ich,

SIE HABEN DAS TIERKREISZEICHEN ›WASSERMANN‹ GEWÄHLT!

Dieses Experiment können Sie bei jeder Party spielen. Es gelingt jedesmal. Bei dieser Zählweise erreicht man immer die Wassermann-Position. Sie sollten bei Beginn des Spiels nur das Zeichen auf einen Zettel malen oder das Wort ›Wassermann‹ aufschreiben und den Zettel dann gefaltet einem der Zuschauer in die Hand drücken.

Wählen Sie einen Zuschauer, der dem Tierkreiszeichen Wassermann angehört, dann wirkt das Ganze besonders mysteriös. Der Mitspieler entdeckt so sein eigenes Symbol, und seine Sprachlosigkeit wird vollkommen sein.

Stellen Sie einen Hut auf den Tisch und holen Sie eine Anzahl von Münzen mit verschiedenen Werten hervor. Haben Sie einige einzelne Schlüssel in der Tasche, können Sie die dazutun.

Nun wenden Sie sich ab, Sie können sogar das Zimmer verlassen.

Während Ihrer Abwesenheit wird eine Münze bzw. ein Schlüssel ausgewählt. Er wird herumgereicht, jeder muß sich auf den Gegenstand der Wahl konzentrieren. Deshalb schließt jeder, der ihn hält, kurz die Hand.

Anschließend wird er zu den anderen in den Hut gelegt.

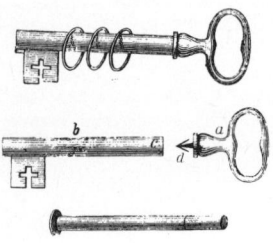

Wenn Sie zurückkommen, ist es Ihnen mühelos möglich, das Objekt der Wahl und Konzentration aus dem Hut zu nehmen.

Sie brauchen lediglich die Münzen und Schlüssel abzutasten. Nehmen Sie den aus dem Hut heraus, der sich als einziger warm anfühlt. Denn das Herumreichen hat ihn mit der Körperwärme der anderen in Berührung gebracht...

Gedankenlesen

Vor Ihnen liegt ein kleiner Stoß Papierzettel. Bitten Sie Ihre Zuschauer, Ihnen Namen bedeutender Persönlichkeiten aus Geschichte oder Gegenwart zu nennen.

Sie schreiben diese Namen auf, falten die Zettel und legen sie in irgendeinen Behälter: Sektkühler, Blumentopf, Hut etc.

Dann bitten Sie einen Zuschauer, einen der Zettel herauszugreifen und ihn fest verschlossen in der Hand zu halten.

Sie schlüpfen in die Rolle eines Hellsehers, konzentrieren sich, beginnen zögernd mit Andeutungen zur Zeit, zu den Lebensumständen und dem Schicksal eine Persönlichkeit verbal einzukreisen, bis Sie schließlich mit absoluter Sicherheit und Selbstverständlichkeit einen Namen nennen.

Der Zuschauer öffnet den Zettel und muß bestätigen, daß Ihre Angabe stimmt!

Wie bei den meisten Experimenten, bei denen para-normale Fähigkeiten vorgetäuscht werden, ist auch in diesem Fall die zugrundeliegende Methode frappierend einfach.

Sie haben auf alle Zettel den gleichen Namen geschrieben. Und zwar den, der Ihnen an erster Stelle zugerufen wurde. Natürlich so, daß niemand sehen konnte, was Sie auf die einzelnen Zettel schrieben.

Alles andere hängt an der Kunst, die Sache zu dramatisieren und sie zu dem Höhepunkt zu führen, der Ihre Zuschauer sprachlos werden läßt.

P.S. Sie sind natürlich nicht auf ein Thema hierbei beschränkt. Man kann die Zuschauer auch um Städte- oder Ländernamen, Urlaubsziele, Namen privater Bekannter bitten.

Farbenmysterium

Wenn Sie einige verschiedenfarbige Kreidestücke, Wachsmalstifte, Pinselschreiber zur Hand haben, dann können Sie vorübergehend zum Hellseher werden.

Und weil derartige Utensilien am ehesten in Kinderzimmern herumliegen, sollten Sie sich diesen Effekt für die lieben Kleinen reservieren. Ihre Beliebtheit als ›Zauberer‹ wird unermeßlich sein!

Lassen Sie sich in Ihre Hände, die hinter dem Rücken gehalten werden, ein Stück Kreide geben. Wenden Sie sich Ihrem kleinen Publikum zu und zeigen Sie auf den, der es Ihnen gereicht hat. Sofort können Sie ihm die Farbe des Kreidestücks sagen.

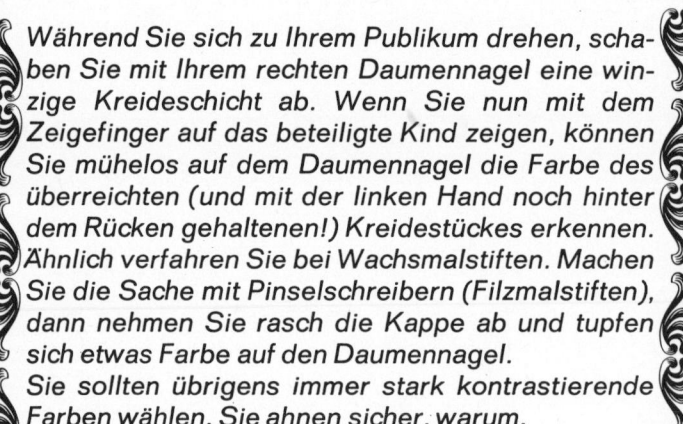

Während Sie sich zu Ihrem Publikum drehen, schaben Sie mit Ihrem rechten Daumennagel eine winzige Kreideschicht ab. Wenn Sie nun mit dem Zeigefinger auf das beteiligte Kind zeigen, können Sie mühelos auf dem Daumennagel die Farbe des überreichten (und mit der linken Hand noch hinter dem Rücken gehaltenen!) Kreidestückes erkennen. Ähnlich verfahren Sie bei Wachsmalstiften. Machen Sie die Sache mit Pinselschreibern (Filzmalstiften), dann nehmen Sie rasch die Kappe ab und tupfen sich etwas Farbe auf den Daumennagel.

Sie sollten übrigens immer stark kontrastierende Farben wählen. Sie ahnen sicher, warum.

Fixieren Sie die Augen der Kinder,
die auf dem Wagen sitzen.
Gleichzeitig lassen Sie dieses Buch rotieren,
beschreiben Sie kleine Kreise mit ihm.
Dann werden sich die Räder
mit hoher Geschwindigkeit drehen.

Mit Kreide zu schreiben, daß sie sich nicht leicht abwischen läßt

Dieses ist ein Stückchen für die Wirthe, welche schlimme Gäste haben. Tunke die Kreide in Bier, schreib damit an eine Tafel, so wird es nicht leicht abgehen, denn das Bier bey solchem Gebrauch so stark hält, als Leimwasser.

Einen alten abgenutzten Besen wieder grün zu machen

Nimm einen alten abgenutzten Besen, der noch in kein warm Wasser gekommen, schneide ihn oben und unten ab, stecke ihn in recht frisch Wasser, halte ihn zugleich in gelinder Wärme, so wird er in wenig Tagen ausschlagen und Blätter bekommen.

Daß vier Personen einen Stuhl nicht forttragen können

Um dieses in einer Gesellschaft gewiß viel Scherz verschaffende Kunststück zu veranstalten, muß man eine jede der vier Personen so stellen, daß sie sich bückt, von hinten her die Hände zwischen ihren Beinen hindurchsteckt und nun ein Bein des Stuhles anfaßt. Sobald sich nun eine bewegt und fortgehen will, so zieht sie die anderen über den Haufen, daß sie hinfallen. Noch besser läßt sich das Kunststück machen, wenn man statt des Stuhles einen Dreifuß nimmt.

Durch Sympathie große Stärke zu erlangen

Man gräbt im Frühjahre eine Bouteille Rothwein (z. B. Medoc, Tavell oder Roussillon etc.) in einen Ameisenhaufen, nimmt sie aber erst das nächste Jahr an demselben Tage wieder heraus, und trinkt von diesem Weine, so weit er reicht, alle Morgen ein Spitzglas voll.

Taschenspieler-Kunst. 1768

Daß ein kleines Fischchen eine ganze Schüssel voll Wasser aussaufe

Man sammle im Mai des Morgens so viel Thau von den Baum- oder anderen Blättern, daß beinahe die Schüssel davon halb voll wird, lege sodann ein kleines Fischchen hinein, lasse solches eine Zeit lang vor den Augen der Zuschauer herumschwimmen, und setze alsdann die halbvolle Schüssel mit Thauwasser im Freien der Sonne aus, so wird dieselbe in kurzer Zeit den Thau verschlucken, und man wird glauben, das kleine wunderbare Fischchen habe es nach und nach eingesogen.

Carlo Bosco's Zauber-Kabinet.
Quedlinburg, 1838

Eier ohne Schaden in die Höhe zu werfen

Wer sich für dieses Kunststück in eine Wette einläßt, den führe man auf eine Wiese, die ohne Steine ist, so wird der Wurf, wäre er auch noch so groß, das Ei beim Falle unbeschädigt lassen.

Eier in der Hand zu kochen

Lasse aus einem Ei ein wenig Eiweiß herauslaufen, fülle es mit starkem Branntwein auf, verstopfe das Loch mit Wachs und kehre das Ei wenige Minuten hin und her, so wird das Ei gesotten und genießbar sein.

Eine ganze Gesellschaft in Mohren zu verwandeln

Man taucht Binsenmark in möglichst schwarze Tinte, trocknet dieses, legt es in eine Lampe mit Oel, zündet dieses Mohrendocht jetzt an, und löscht hierauf die übrigen Lichter aus, so wird auch die Europäerin vom weißesten Teint sogleich als eine Mohrin erscheinen.

Taschenspieler-Kunst. 1768

Zu machen, daß ein gebraten Huhn aus der Schüssel laufe

Nimm Fenchelsaamen, und Mohnsaamen, giebs dem Huhn zu fressen, von einem so viel als von dem andern, so bald das Huhn solches gefressen hat, so wird es gleich schlafen, sich nicht regen, und thun, als wenn es todt wäre. Rupfe ihm alsdann die Federn aus, und schmiere es mit dem Gelben von einem Ey, laß es trocken werden bey dem Feuer, bis daß es ist, als wenn es gebraten wäre, darnach lege es in eine Schüssel, und wenn du ein wenig darein schneidest, so lauft es weg.

Elias Piluland: Viel vermehrter Hocus-Pocus oder Taschenspieler. Cölln, 1744

Das unmögliche Omelett

Haben Sie ein Kaminfeuer oder einen Herd in der Nähe, dann können Sie zu dieser Wette herausfordern:

Niemand sei in der Lage, aus Butter, Eiern und den anderen Zutaten ein Omelett zu bereiten; die Bratpfanne werde selbstverständlich auch zur Verfügung gestellt.

Auch dem geschicktesten Koch wird das nicht gelingen; Sie werden die Wette gewinnen. Denn Sie hatten die Eier vorher hart gekocht!

Ein Bierglas mit der Stimme zersprengen

Man nehme hierzu ein Glas von einem reinen Tone, den man zuvor durch Bestreichung an dessen Rande mittelst eines nassen Fingers genau erprobt hat, halte hierauf das Glas quer vor den Mund, und schreie anhaltend einen fast eine Oktave höheren Ton hinein, als das Glas von sich giebt, so wird dasselbe zerspringen.

Carlo Bosco's Zauber-Kabinet. Quedlinburg, 1838

Aufhängen ohne Faden

Man legt einen Faden in eine starke Salzlösung, läßt ihn trocknen und wiederholt das zwei- oder dreimal. Wenn man dann vor Zuschauern einen Ring oder sogar ein Ei an den so präparierten Faden hängt und diesen anzündet, bleibt Ring oder Ei hängen, auch wenn der Faden ganz verbrannt ist.

Wenn man ein Stückchen Musselin ebenfalls in Salzwasser gelegt und getrocknet hat (auch das muß man wiederholt tun) und mit den vorbereiteten Fäden eine Art Hängematte gebildet hat, gewinnt das Experiment fast spektakuläre Ausmaße. Man braucht nur ein ausgeblasenes Ei hineinzulegen und die Hängematte anzuzünden. Obwohl sie und die Fäden verbrennen, wird das Ei hängenbleiben. Alle Erschütterungen und Luftzug vermeiden, damit nach dem Verbrennen des Fadens das zurückbleibende feine Salzrohr nicht zerbricht!

Die Gefangenen

Du bindest einem Zuschauer einen Bindfaden von
einem Handgelenk zum andern und läßt das gleiche
auch dir machen, doch so, daß dein Faden zwischen
Faden und Armen des anderen hindurchgeht
(Figur a). Ihr könnt nun scheinbar nicht voneinander
los, ohne den Strick zu zerreißen oder aufzubinden.

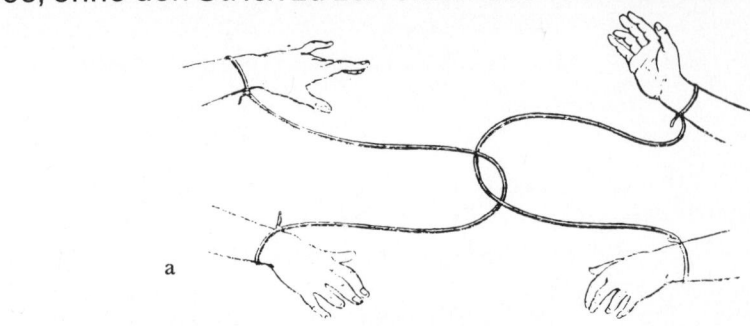

a

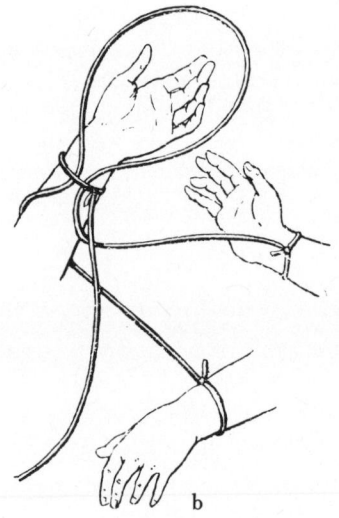

b

Nun forderst du deinen
Gefährten auf, er solle versuchen, auf irgend eine Weise loszukommen. Er wird
alles Mögliche versuchen
und vor allem danach trach-
ten, zwischen deinen Armen
durchzukriechen. Bald wird
er seine Unfähigkeit erklären, und du stellst jetzt die
gleiche Aufgabe an die nicht
persönlich beteiligten, aber
deswegen nicht weniger in-
teressierten Anwesenden.

Hat endlich jeder sein Glück versucht und die
Aufgabe für unmöglich erklärt, so faßt du den Faden des andern in der Mitte, schiebst ihn von hinten durch die Schleife an einem deiner Handgelenke
und streifst ihn über deine Hand weg (Figur b). Du
bist frei.

Die Zauberschlinge

Nimm einen etwa 2 m langen Bindfaden, der sich leicht in beliebige Schlingen legen läßt, und lege ihn wie auf Figur a. A und B werden mit Daumen und Zeigefinger festgehalten. Zuerst mache man die Schlinge in Figur a und fordere jemanden auf, den Zeigefinger an einen beliebigen Punkt der Schlinge zu legen, damit sie nicht weggezogen werden kann. Fast immer wird der Punkt m hierzu gewählt werden. Wird nun am Ende gezogen, so wird die Schlinge ohne Hindernis an dem Finger vorübergleiten.

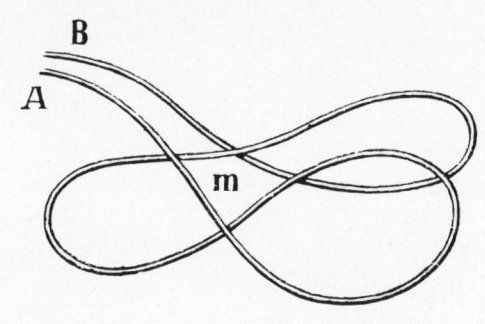

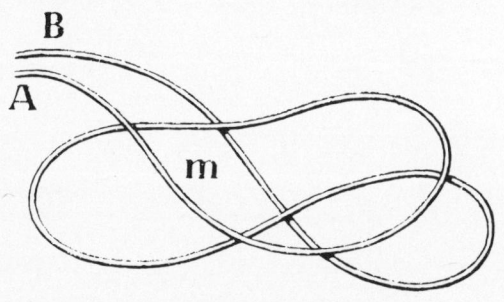

Bei Figur b wird der Partner veranlaßt, den Finger in denselben Teil der Figur zu bringen und ihm bedeutet, daß nunmehr der Finger durch die Schleife festgehalten werde, was er nicht glauben wird, beim Wegziehen der Schlinge wird er sich indes davon überzeugen. Das Geheimnis liegt darin, daß bei Figur a mit dem rechten Bindfadenende die Schlinge a gemacht wird, während bei Figur b dieselbe Schlinge mit dem linken Bindfadenende zusammenfällt, was bei genauem Vergleichen und Probieren leicht zu merken ist.

Allerlei Zauberkunststücke und Taschenspielereien.
Ravensburg, 1911

Die magnetische Nuß

»Diese Nuß, eine ganz gewöhnliche Walnuß, die ich soeben von dieser Obstschüssel genommen habe,  kann ich durch Reiben magnetisch machen. Sie wird zwar kein Metall anziehen, aber an meinen Fingern hängen bleiben.«

Du nimmst die Nuß zwischen Zeigefinger und Daumen und reibst sie einige Mal kräftig auf dem linken Rockärmel hin und her. Dabei presse man stark auf die Schalenränder, so daß sie sich ein wenig öffnen und die Haut des die Spitze haltenden Zeigefingers ein wenig einklemmen. Streckst Du hierauf die Hand aus, so wird die Nuß am Finger hängen zum Erstaunen aller, die die Nuß nach allen Teilen untersuchen und nach allem Möglichen fahnden, ohne auf den wahren Kniff des Kunststücks zu kommen.

Oft sind die Nüsse so fest, daß ein bloßes Drükken nicht genügt, um die kleine Öffnung zu erhalten, und man tut deshalb gut daran, vorher mit dem Messer einen kleinen Spalt in die Spitze der Nuß zu machen, natürlich nicht vor dem Publikum!

Allerlei Zauberkunststücke und Taschenspielereien.
Ravensburg, 1911

Einen Wasser-Eimer fest an einen Stock zu hangen, der doch selbsten nur mit dem einen Ende auf dem Tisch ruhet

Es ist um alle Dinge nur eine Wissenschafft, dahero ob diese Aufgabe gleich Anfangs Wunderwürdig zu seyn scheinet, wird es doch am Ende einem jeden leicht glaubig fallen.

Solches aber auszuführen, so nimm einen Stock, hange den Eimer daran, ziehe alsdann unten durch die Mitte des Eimers ein ander Höltzlein, so mit dem grossen Stock Bleyrecht falle; dergestalten, daß er zwischen der Abhangung und zwischen dem Höltzlein vest gemachet bleibe. Wann dieses geschehen, lege das andere Ende des Stockes auf einen Tisch oder Banck, so wird der Eimer sich von sich selbsten im Hangen erhalten, und nicht herabfallen.

Natürliches
Zauber-Buch.
Nürnberg, 1740

Kann man eine Münze und ein Stück Papier so aus der Hand auf den Boden fallen lassen, daß beide gleich schnell fallen? Es scheint zwar gänzlich unmöglich – aber es geht.

Legen Sie ein Papierstück, das kleiner als die Münze sein muß, auf das Geldstück. Lassen Sie die Münze flach abfallen. Das Papier fällt zusammen mit der Münze und springt erst ab, wenn die Münze den Fußboden erreicht hat.

Strecken Sie eine Hand aus, Handfläche nach oben. Legen Sie eine Münze auf Ihr Handgelenk. Behaupten Sie nun, diese Münze umwenden zu können, ohne sie zu berühren.

Sie schaffen das mit ein wenig Übung, wenn Sie mit den Fingern schnippen. Die Münze springt dann etwas hoch und landet nach einem Salto wieder auf dem Handgelenk. Welches Geldstück für Sie am geeignetsten ist, müssen Sie selbst ausprobieren.

Man lege sich eine Anzahl aufeinanderge-
stapelter Münzen auf den Ellbogen. Schlägt
man nun die Hand schnell um 180 Grad nach
vorn, so kann man die Geldstücke mit der
Hand auffangen. Man beginne mit einem
Geldstück und erhöhe die Anzahl der Münzen – es geht auch mit einem Dutzend!

Bitten Sie einen Zuschauer, einige Münzen in die Hand zu nehmen. Sie wissen nicht, wie viele es sind. Dann nehmen Sie einige Münzen in Ihre Hand und sagen: »Ich werde meine Münzen zu denen hinzuaddieren, die Sie in der Hand halten; und wenn Sie eine gerade Anzahl von Münzen halten, dann wird die Summe ungerade. Halten Sie jedoch eine ungerade Anzahl von Münzen in der Hand, dann wird die Summe gerade.«

Der Zuschauer zählt also seine Münzen, die Zahl Ihrer Münzen wird hinzugezählt, und das Resultat gibt Ihnen Recht.

Es sieht fast nach Hellsehen aus – aber es ist doch recht einfach. Sie brauchen nur eine ungerade Anzahl von Münzen in Ihre Hand zu nehmen. Wenn diese zu einer geraden Anzahl von Münzen hinzugezählt wird, so wird die Summe eine ungerade Zahl ergeben. Wird sie aber zu einer ungeraden Zahl hinzuaddiert, so wird sich eine gerade Zahl ergeben.

Legen Sie zehn 10-Pfennig-Stücke übereinander.

Fragen Sie, welche Münze vertikal an
diesen Münzenstoß anzustellen wäre, daß
sie genau der Höhe dieser zehn 10-Pfennig-
Stücke entspricht.

Warten Sie die Antworten ab.

Dann nehmen Sie einen Pfennig und
stellen ihn an.

Nur er entspricht der Höhe der anderen
Münzen.

Wahrscheinlich hat das niemand vermutet.

Ein wenig Psychologie ist übrigens mit
im Spiel. Zehn mal zehn Pfennig – das hört
sich nach ziemlich viel an. Deshalb ver-
schätzt man sich und nennt höhere Münz-
werte.

Welche Münze bedeckt übrigens die Zahl
auf einem 20-DM-Schein? Die großge-
druckte Zahl »unter der Dame« ist gemeint.
Aber bevor Sie das nachprüfen, sollten Sie
möglichst rasch sagen, wie oft die Zahl »20«
auf dem Geldschein zu finden ist.

Daß jemand beide Antworten richtig
weiß, ist überaus selten. Und nun sehen
Sie sich den Geldschein einmal selbst an.

Legen Sie einen Papierstreifen über die Öffnung irgendeiner leeren Flasche. Der Streifen sollte 2–3 cm breit und 20–30 cm lang sein. Auf diesem Papierstreifen, und zwar genau über der Flaschenöffnung, setzen Sie einen Stoß Münzen. Sie haben diese Münzen zu einer kleinen Pyramide zusammengesetzt: die größeren unten, die kleineren oben.

Und nun fordern Sie Ihre Freunde heraus: der Papierstreifen zwischen Münzen und Flaschenöffnung soll entfernt werden, ohne daß die Flasche oder die Münzen berührt werden.

Die Mehrzahl der Zuschauer wird rasch vor dieser Aufgabe kapitulieren. Der Rest wird erfolglose Versuche unternehmen.

Hier abreißen

Trägheit hat auch ihr Gutes!

 Und auf diese Weise lösen Sie selbst das so schwierig scheinende Problem: reißen Sie zuerst den Papierstreifen an einer Seite, möglichst in der Nähe der Münzen, ab. Sie müssen beide Hände zu Hilfe nehmen, lassen Sie sich Zeit dazu, die Münzen dürfen ja nicht schon dabei abfallen.

Dann feuchten Sie den Zeigefinger Ihrer rechten Hand an. Und schlagen anschließend so kräftig wie möglich auf das verbliebene längere Ende des Papierstreifens.

Dieser Schlag holt blitzschnell das Papier zwischen Münzen und Flasche hervor. Die ›Trägheit‹ der Münzen läßt diese auf der Flasche verbleiben. Jetzt begreifen Sie auch, warum eine Anzahl von Münzen, dabei einige schwere, Ihnen helfen, diesen schönen Effekt auszuführen. Ihr Physiklehrer hätte nie zu hoffen gewagt, daß Sie von ihm verkündete Lehrsätze später im Leben so unterhaltsam anwenden werden ...

Das gehorsame Geldstück

Legen Sie ein 10-Pfennig-Stück zwischen zwei 5-DM-Stücke auf die Tischdecke und stellen Sie ein Glas darüber. Behaupten Sie, Sie könnten das 10-Pfennig-Stück hervorzaubern, ohne die anderen Münzen oder das Glas zu berühren.

 *Um das zu vollbringen, müssen Sie mit einem Fingernagel vor dem 10-Pfennig-Stück an der Tischdecke kratzen. Die kleinere Münze wird zu Ihnen wandern, die beiden größeren werden vom Glas festgehalten.*

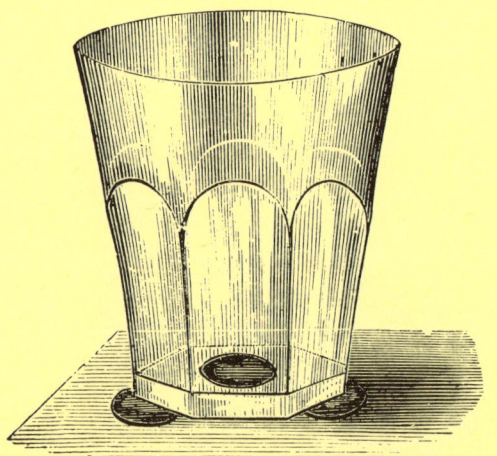

Wenn Sie des Zauberns mit Münzen schließlich müde sind, legen Sie ein 1-Pfennig-Stück vor sich hin und drücken mit der Spitze Ihres Taschenmessers oder mit einer Gabelzinke darauf und fragen, was das sei.

Ein KUPFERSTICH!

Kümmelblättchen mit Streichholzschachteln

Kommt die Rede auf Falschspieler und ihre Kniffe, dann zeigen Sie, was Sie – theoretisch – davon verstehen. Holen Sie sich drei Streichholzschachteln. Zwei von ihnen leeren Sie demonstrativ. Schütteln Sie die dritte Schachtel, man hört das Geräusch der sich bewegenden Streichhölzer.

Bewegen Sie die drei Streichholzschachteln auf dem Tisch hin und her, vertauschen Sie die Positionen. Jemand aus Ihrem Kreis darf nun mit Ihnen spielen. Er tippt auf die Schachtel, von der er meint, die Streichhölzer wären drin. Er tippt immer falsch. Jedesmal wird die Schachtel geöffnet, und es zeigt sich, daß sie leer ist. Sie bleiben immer der Gewinner.

Was niemand wissen konnte: alle drei Schachteln waren leer!

Aus der einen hatten Sie also vorher schon die Streichhölzer herausgenommen. Außerdem hatten Sie eine halbvolle Streichholzschachtel in Ihren rechten Jackett-Ärmel praktiziert. Eventuell halten Sie ihn am Arm mit Hilfe eines Ärmelhalters oder einfachen Gummibandes fest, dann sind Sie sicherer. Diese zusätzliche Streichholzschachtel hört man, wenn Sie die eine, die angeblich noch Streichhölzer enthält, hin und her bewegen.

Brennender Zucker

Bitten Sie einen Bekannten, Zucker anzuzünden. Er wird Sie verwundert ansehen
und es schließlich doch tun, wenn Sie darauf bestehen. Ein Stück Zucker brennt aber
nicht! Er hat es vergeblich probiert.

Sie greifen in die Zuckerdose, holen ein
Zuckerstück heraus und zünden es an einem Ende an. Und jetzt brennt das Zuckerstück. Man glaubt für einen Augenblick, Sie
könnten zaubern.

*Was man nicht ahnen konnte, war die geringe Prä-
paration, die Sie dem Zuckerstück Ihrer Wahl
vorher schon zugefügt haben. Sie haben es nämlich
an einem Ende kräftig in einen Aschenbecher ge-
drückt und etwas in der Zigarettenasche herumge-
rührt. Ein wenig Asche muß am Zuckerstück
haften bleiben. Dann haben Sie dieses Zuckerstück unbemerkt in die Zuckerdose gelegt und sich
natürlich gemerkt, wo es liegt. Das ist alles.*

Kolumbus plus

Sie sitzen mit Freunden beim Frühstück und greifen zum Frühstücks-
ei. Bevor Sie es öffnen, fragen Sie, ob jemand dieses Ei aufrecht
hinstellen könne. Die Kolumbus-Lösung ist allerdings ausgeschlossen.

Man wird sich vergeblich an dieser Aufgabe versuchen. Ihnen gelingt sie – natürlich.

Denn Sie hatten vor dem Frühstück an Ihrem Platz etwas Salz
unter das Tischtuch gehäuft. Und an dieser Stelle haben Sie später
das Ei aufgesetzt, mit der breiten Seite nach unten. Diesen Spaß
sollten Sie vorher einmal für sich durchprobieren.

Schwimmender Zucker

Auch das Folgende eignet sich gut für die Frühstücks- oder Kaffee-
tafel. Nehmen Sie ein Zuckerstückchen und behaupten, Sie könnten
es durch Willenskraft für Augenblicke am Niedersinken in der Kaf-
feetasse hindern. Und tatsächlich – wenn Sie es auf der Oberfläche
des Kaffees behutsam deponiert haben, geht es nicht etwa unter,
sondern schwimmt. Während Ihre Zuschauer fasziniert dieses Schau-
spiel erleben, kommandieren Sie dem Zuckerstückchen, zu sinken.
Und langsam, ganz langsam versinkt es in der schwarzbraunen Flut.

Statt viel Willenskraft benötigen Sie lediglich ein zweites Zuckerstück, das Sie unbeobachtet aufrecht in den Kaffee gesetzt haben. Auf
dieses Zuckerstück kommt das andere, auf das Sie wenig später aufmerksam gemacht haben. Natürlich müssen Sie auch dieses kleine
Experiment vorher für sich ausprobiert haben, damit die Zeiteintei-
lung zwischen kleiner Vorbereitung (Zucker heimlich in die Tasse)
und Trickvorführung richtig ist.

WOHIN MIT DEM VIELEN WASSER?

Mit zwei Sektgläsern können Sie eine der erstaunlichsten Täuschungen produzieren, die im kleinen Kreise möglich sind. Füllen Sie eines der beiden Sektgläser bis zum Rand mit Wasser. Gießen Sie aus dem eben vollgefüllten Glas ca. $^2/_5$ des Inhalts in das leere Glas. Dann erst zeigen Sie die so gefüllten Gläser Ihren Zuschauern. Und fragen, was denn wohl passiert, wenn man den Inhalt des weniger vollen Glases in das andere Glas schüttet.

Es ist vorauszusehen, daß die allermeisten Reaktionen das selbstverständliche Überfließen des Wassers bekunden werden.

In der Ihnen eigenen Gelassenheit gießen Sie schließlich den Inhalt des einen Glases zu dem des anderen, und natürlich wird kein Tropfen überlaufen.

Wählen Sie bitte zwei Gläser aus, die besonders konisch geformt sind. Und machen Sie sich das selbst erst einmal in aller Ruhe vor. Obschon Sie wissen, daß der Glasinhalt ein Glas nicht zum Überlaufen bringen kann, werden Sie in dem Augenblick, in dem Sie das Wasser auf zwei Gläser verteilt haben, der absoluten Illusion unterliegen, die beiden Mengen würden nicht miteinander in ein Glas passen. Illusionieren Sie sich selbst, bevor Sie andere mit diesem köstlichen Scherz überraschen!

Whiskyzauber

In eine leere Whiskyflasche blasen Sie den Rauch einer Zigarette. Das geht am besten mit einem Strohhalm. Sie werden einige Male ansetzen müssen, bis die Flasche ganz mit Rauch gefüllt ist.

Wenn die vollgeblasene Flasche dann vor Ihnen steht, wird sich jeder wundern, daß der Rauch nicht rasch herausquillt. Sie fordern Ihr kleines Auditorium mit der Frage heraus, wie man den Rauch blitzschnell aus der Flasche bekommen könne. Man wird sich daran versuchen – vergeblich.

Ihnen gelingt das so:
In der Flasche muß eine Winzigkeit Whisky verblieben sein. Eine Teelöffel-Menge genügt. Nachdem Sie den Rauch eingeblasen haben und nach Ihrer ›Herausforderung‹ ergreifen Sie die Flasche und bewegen sie ›rollend‹, damit sich die Flüssigkeit an der Innenseite und am Boden der Flasche verteilt.
Zünden Sie ein Streichholz an und werfen es in die Flasche. In Sekundenschnelle ist der Rauch verschwunden. Eine kleine Flamme wird als netter Nebeneffekt kurz sichtbar.
Darauf sollten Sie achten: blasen Sie so viel Rauch wie möglich in die Flasche. Wenn Zuschauer die Flasche bewegen, darf von der Flüssigkeit nichts aus der Flasche fließen.
Selbstverständlich tut es auch jeder andere hochprozentige Alkohol.

Gag mit Gläsern

Sie haben 6 Gläser vor sich. Drei sind gefüllt, die anderen drei sind leer. Kann man – so fragen Sie – die Gläser so arrangieren, daß auf der einen Seite nur die vollen, auf der anderen Seite nur die leeren Gläser stehen, wenn nur ein Glas bewegt werden darf?

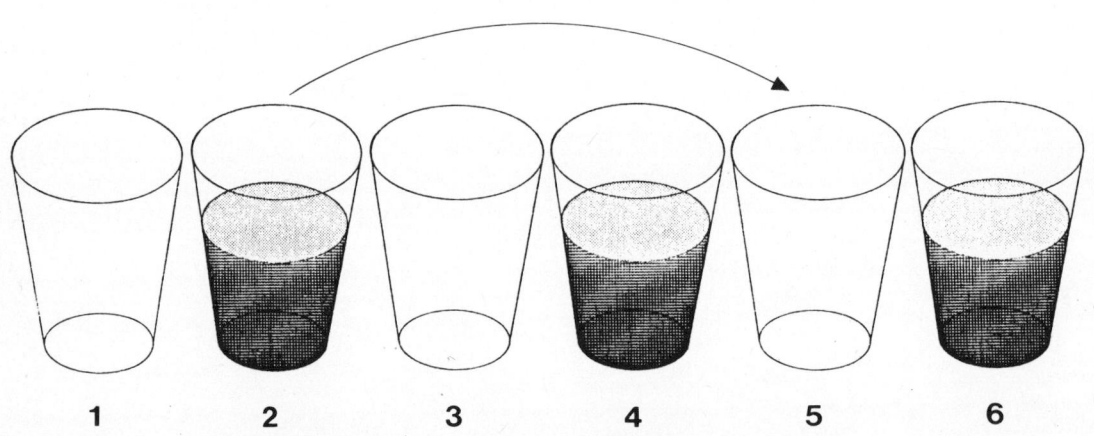

1   2   3   4   5   6

Haben sich alle genug den Kopf zerbrochen, gießen Sie das volle Glas Nr. 2 in das leere Glas Nr. 5 um!

Wenn sich Ihre Freunde über diese allzu einfache Lösung eines nur schwierig scheinenden Problems beruhigt haben, können Sie noch einen Gag anhängen. Gießen Sie ein Glas mit Flüssigkeit aus einem anderen randvoll. Halten Sie einen gehörigen Stoß Stecknadeln bereit. Wieviele davon wird man wohl in das gefüllte Glas tun können, ohne daß die Flüssigkeit überläuft? Lassen Sie nacheinander die Stecknadeln vorsichtig in das Glas gleiten. Überraschen Sie die Umsitzenden – und sich! – mit der großen Anzahl, die Sie hineintun können, ohne daß das Glas überläuft.

Wenn man eine Weintraube auf den Boden eines gefüllten Sektglases fallen läßt, bemerkt man, daß sich an der Traube kleine Luftblasen ansetzen. Diese tragen die Traube an die Oberfläche, dort ›platzen‹ die Luftblasen und die Traube sinkt wieder hernieder, um anschließend wieder aufzusteigen.

Picture Magazine. London, 1895

Richtungswechsel

Halten Sie diesen Pfeil hinter ein mit Wasser gefülltes Glas. Der Pfeil springt zur entgegengesetzten Richtung hin um. Passiert es nicht gleich, dann verändern Sie die Distanz zwischen Glas und Pfeil ein wenig.

Glas und Geschwindigkeit

Was man für diesen Versuch braucht, steht am Sylvesterabend schon auf dem Tisch. Man nimmt sein volles Glas umgekehrt in die Hand, die Handflächen müssen nach außen gerichtet sein. Mit gleichbleibender Geschwindigkeit in Pfeilrichtung schwingen. Nur Fortgeschrittene probieren es mit Wein anstatt mit Wasser und lassen ihre Tischnachbarn ruhig ihre Plätze behalten und die Tischdecke liegen.

Geisterhaftes

Wenn das Thema einmal um Spiritistisches kreist, dann können Sie die Diskussion mit diesem pseudo-spiritistischen Scherz beflügeln.

Vor Ihnen steht ein mit irgendeiner Flüssigkeit gefülltes Glas. Die Öffnung des Glases wird mit Papier- oder Klebestreifen kreuz und quer bedeckt. Die neben Ihnen Sitzenden halten Ihre Hände fest. Das Licht wird für kurze Zeit ausgemacht. Auf Ihre Bitte hin schaltet man das Licht wieder an. Das Unerklärbare ist geschehen – die Flüssigkeit ist spurlos verschwunden. Die Geister werden doch nicht ...?

Nein, sie haben nicht! Sie haben die Flüssigkeit mit einem Strohhalm, den Sie in der Innentasche Ihres Jacketts stecken hatten und den Sie mit dem Mund hervorgeholt haben, aus dem Glas gesaugt. Und anschließend den Strohhalm zwischen Jacke und Oberhemd zurückfallen lassen, bevor das Licht wieder angemacht wurde. Daß die Papier- bzw. Klebestreifen so auf der Glasöffnung angebracht werden, daß kleine Zwischenräume für den Strohhalm bleiben, versteht sich von selbst.

Daß ein Ring in einem Glase nach der Musik tanze

Fix, der Taschenspieler, stellte ein Glas auf den Schauplatz. In dieses Glas tat er einen Ring, der für sich selbst, wenn die Zuschauer es verlangten oder er selbst es wollte, aufsprang oder tanzte.

Dieses stellte Meister Fix so an. Ein Menschenhaar, das die Zuschauer von fern nicht erkennen konnten, war mit dem einen Ende an den Ring gebunden, am andern aber an Fixens Finger. Wenn er nun solchen regte, so bewegte sich auch der Ring im Glase, wobei die Zuschauer das Haar nicht sahen. Wenn er nun seine Hand nach dem Takte der Musik bewegte, so bewegte sich natürlich auch der Ring danach.
                          Johann Heinrich Moritz von Poppe, 1839

Ein Glas durch den Tisch zu schlagen

Dies wirklich in hohem Grade überraschende Kunststück erheischt zwar eine gewisse Geschicklichkeit, die aber solcher Art ist, daß man sich dieselbe leicht anzueignen vermag. Besitzt man einige Redefertigkeit, so wird die Ausführung dadurch sehr erleichtert.

Wir stellen ein gewöhnliches Wasserglas auf den Tisch, umgeben dasselbe mit einem großen, doppelt gelegten Zeitungsblatte, so daß das Glas überall von dem Papiere umgeben und die Form des Glases erkennbar ist (Abb.). Alsdann heben wir das eingehüllte Glas auf, zeigen durch Umkehren desselben, daß es sich in der Papierhülle befindet, und erklären, daß wir das Glas in überraschender Weise durch den Tisch zu schlagen beabsichtigen. Um jedoch die Hand nicht zu verletzen, erbitten wir uns ein Buch oder eine zusammengelegte Serviette, um diese oben auf das Glas zu legen. Während man dieser Aufforderung nachkommt, benutzen wir die Gelegenheit unter Hinzufügung einiger geeigneten Redensarten, das mit dem Papiere umgebene Glas einen Augenblick über den Schoß zu halten und dasselbe unbemerkt auf diesen fallen zu lassen (Abb.), während wir natür-

lich die Papierhülle in der Hand zurückhalten und dieselbe vorsichtig auf den Tisch zurücksetzen. Das in der Form des Glases zusammengedrückte Papier ist kräftig genug, ein leidlich dickes Buch oder eine zusammengehaltene Serviette zu tragen, wodurch um so mehr der Glaube erweckt wird, daß sich das Glas noch innerhalb des Papieres befinde. Die linke Hand unter den Tisch bringend, führen wir nun mit der rechten einen kräftigen Schlag auf die Serviette und das Papier aus und bringen das auf unserem Schoße befindliche Glas, als durch den Tisch geschlagen, zum Vorschein.

Alexander Heimbürger,
Das Zauberbuch.
Leipzig, 1901

261

Der Stockschlag des Panurg

».. . Mittlerweile nahm Panurg zwei Gläser gleicher Größe, die ihm zur Hand waren, schenkte sie voll Wasser, so viel hinein ging, und stellte sie, ein jedes auf einen Schemel, fünf Schuh weit auseinander; nahm darauf einen Lanzenschaft und legte ihn auf die zwei Gläser so, daß die zwei Enden des Schaftes gerade auf den Rand der Gläser zu liegen kamen. Dann nahm er einen dicken Pfahl und sprach zu Pantagruel und den andern: merket auf ihr Herren, wie leicht wir über unsre Feinde triumphieren werden! Denn wie ich dieses Holz hier auf den Gläsern zerbrechen will, ohne daß ein Glas entzwei bricht noch zu Schaden kommt, ja, ohne daß auch nur ein einzig Tröpflein heraus soll fallen, so werden wir unseren Feinden die Köpfe zerschellen, ohne daß nur einem Mann von uns ein Leids geschehe, noch er einen Schaden an seinem Zeug leidet. Doch, daß ihr nicht meint, es wäre ein Zauber dabei, so nehmet – sprach er zum Eusthenes – hier diesen Pfahl und schlagt damit so stark ihr könnt, hart in die Mitten. Eusthenes tat das, und der Schaft zerbrach quer in zwei Stücke, und nicht ein Tropfen Wassers fiel aus den Gläsern zur Erde . . .«

François Rabelais (1483[?]–1553): ›Gargantua. La vie inestimable du grand Gargantua, père de Pantagruel‹

Leihgabe ans Nichts

Ich erinnere mich noch genau meiner eigenen absoluten Sprachlosigkeit, als mir das folgende Experiment vor vielen Jahren vorgeführt wurde. Ein Kollege lieh sich von einem Zuschauer eine Uhr und ein Taschentuch aus. Er bedeckte die Uhr mit dem Tuch. Dann bat er die Umstehenden (ja, dieses Experiment macht man am besten im Stehen) unter das Tuch zu greifen und zu bestätigen, daß die Uhr noch da wäre. Jeder tat das. Er machte keine verdächtige Bewegung, nichts ließ darauf schließen, daß eine geschickte Manipulation einen Effekt einleitete. Der Kollege hielt die Hand mit Uhr und Tuch weit ausgestreckt ruhig in die umstehende Runde. Dann zog er lächelnd mit den Fingerspitzen der anderen Hand das Tuch fort, warf es in die Luft, fing es auf, reichte es dem, der es ihm geliehen hatte.

Die Uhr war weg, spurlos verschwunden, hatte sich in Nichts aufgelöst.

Es war unheimlich. Denn kein mir bekanntes Trickprinzip reichte zur Erklärung aus.

Der Kollege erbat sich noch einmal das Tuch. Legte es wieder auf die Hand, die er von beiden Seiten leergezeigt hatte. Ließ kontrollieren, daß nichts in der Hand war. Zog ein zweites Mal das Tuch langsam von der Hand – und da lag die Uhr!

Als wir später unter uns waren, tauschten wir uns aus. Daß es keine Manipulation war, die man lange und geduldig einstudieren konnte – darin hatte ich recht. Es gab auch kein Hilfsmittel, keinen technischen Behelf dabei. Ganz anders war es. Die letzte Person, die unter das Taschentuch griff, half dem Kollegen beim Verschwindenlassen der Uhr. Nachdem auch er bestätigt hatte, daß die Uhr noch vorhanden war, übernahm er die Uhr in seine eigene Hand. Niemand achtete darauf, es war eine sehr natürliche Bewegung, mit der er die eigene Hand, halb geschlossen, zurücknahm und an die rechte Körperseite senkte. Niemand konnte vermuten, daß in dieser Hand die Uhr war.

Und das Wiedererscheinen ging ebenso. Der Mann, der die Uhr hatte, griff wieder als Letzter unter das Tuch, überzeugte sich wie die anderen, daß nichts in der Hand war und hinterließ die Uhr in der Hand, auf der wir sie wenig später sahen.

Das ist ein Experiment, das man nicht oft vorführt. Es sollte Seltenheitswert behalten.

Und es gibt Situationen, in denen man ohne einen ›Mitwirkenden‹ auskommt. Dazu braucht man etwas Einfühlungsgabe, ein Gespür dafür, wen man im Augenblick der Darbietung zum Vertrauten machen kann. Jemanden, von dem man spürt, daß er Lust am Spiel, also auch am gänzlich improvisierten Mitspiel hat. Dem also reicht man die Hand mit der Uhr (oder einen anderen, kleineren Gegenstand) als Letztem hin, gibt sie ihm in die Hand, umschließt sofort seine Hand mit der eigenen und drückt sie fest zu. Man lächelt ihn an und drückt die Hand leicht nach unten: »Sie fühlen auch die Uhr, nicht wahr?« Er wird – er muß es bestätigen, er fühlt sich miteinbezogen in das magische Geschehen und spielt mit. Natürlich sollten Sie dieses Zauberspiel nur machen, wenn alle Bedingungen richtig sind: eine kleine Gesprächsrunde, die vielleicht auf Zauberei und verwandte Gebiete zu sprechen kommt, eine entspannte Stimmung. Und Sie bleiben dabei ganz Sie selbst. Sie demonstrieren keinen Trick. Nichts wird überbetont. Alles läuft ganz natürlich ab. Nur so kann aus dem, was Sie eben erfahren haben, ein Kabinettstückchen werden, das niemand je vergessen wird.

Der mysteriöse Teller

Am Tische sitzend, legt der Künstler seine Hand auf einen umgekehrten Teller und hebt ihn so auf rätselhafte Weise hoch, die Geheimnisse des Tischrückens mit einem kühnen Sprung vom Holz auf das Porzellan übertragend.

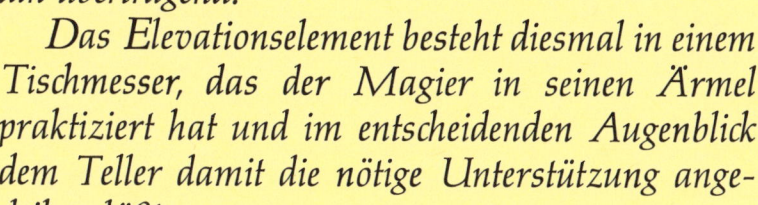

Das Elevationselement besteht diesmal in einem Tischmesser, das der Magier in seinen Ärmel praktiziert hat und im entscheidenden Augenblick dem Teller damit die nötige Unterstützung angedeihen läßt.

Die wandernde Kerzenflamme

Stehen zwei Kerzen auf dem Tisch, können Sie eine durchaus geheimnisvolle ›Flammenwanderung‹ zeigen.

Zünden Sie eine der beiden Kerzen ›normal‹ mit einem Streichholz an. Blasen Sie das Streichholz aus und legen Sie es in einen Aschenbecher.

Bringen Sie Ihre Hände zusammen, der so gebildete Hohlraum zeigt zu Ihrem Körper. Nähern Sie sich der brennenden Kerze, halten Sie die Hände über die Flamme. Eine Flamme wird sichtbar, sie steigt aus Ihren zusammengehaltenen Händen auf. Führen Sie diese Flamme an die andere Kerze, entzünden Sie sie mit ihr.

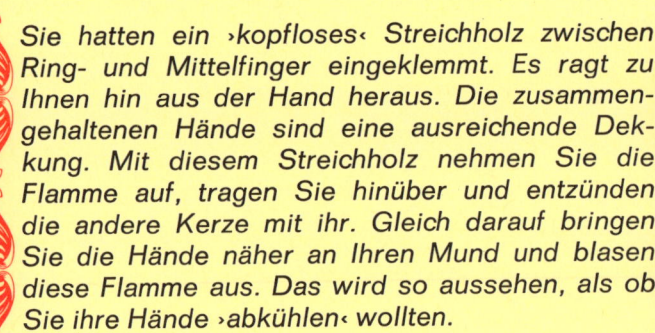

Sie hatten ein ›kopfloses‹ Streichholz zwischen Ring- und Mittelfinger eingeklemmt. Es ragt zu Ihnen hin aus der Hand heraus. Die zusammengehaltenen Hände sind eine ausreichende Deckung. Mit diesem Streichholz nehmen Sie die Flamme auf, tragen Sie hinüber und entzünden die andere Kerze mit ihr. Gleich darauf bringen Sie die Hände näher an Ihren Mund und blasen diese Flamme aus. Das wird so aussehen, als ob Sie ihre Hände ›abkühlen‹ wollten.

Rauchgießen

Wußten Sie schon, daß man Zigarettenrauch wie eine Flüssigkeit behandeln kann – daß Sie Rauch ›gießen‹ können? Versuchen Sie es – nehmen Sie Ihren Mund voll Rauch, führen Sie ein Glas an Ihre Lippen, blasen Sie den Rauch in das Glas. Zuerst wird der Rauch wahrscheinlich gleich aus dem Glas entschwinden. Sie haben zu stark geblasen. Langsam bekommen Sie ein Gefühl dafür, mit welchem Behutsamkeitsgrad Sie den Rauch in das Glas hineinhauchen müssen. Sanft muß der Rauch aus Ihrem Mund in das Glas ›perlen‹, und ruhig müssen Sie das Glas halten. Haben Sie das gelernt, dann nehmen Sie ein zweites leeres Glas und schütten ebenso gelassen den Rauch von dem einen in das andere.

Da Zigarettenrauch schwerer als Luft ist, gelingt das Experiment. Es ist ein schöner Effekt, wenn der Rauch aus dem Mund ins Glas und schließlich von einem ins andere Glas ›quillt‹.

Alles muß leicht und unbemüht aussehen; es wirkt dann wie eine Rauchmeditation. Ohne jeden Kommentar ist der Effekt am größten. Aber Sie müssen unbedingt eine Zeitlang ganz für sich das Rauchausatmen und Übergießen geübt haben – es lohnt sich!

Übrigens eignen sich Gläser mit nicht zu großen Öffnungen für dieses Experiment am besten.

Wer ist der stärkste Mann?

Wenn Sie glauben, ihn entdeckt zu haben, dann kann er seine Stärke an einem Streichholz beweisen. Er soll es nur zerbrechen. Natürlich gibt es eine Bedingung. Doch die scheint kinderleicht:

Legen Sie dem starken Mann ein Streichholz auf die Fingerspitzen seines Zeige- und Ringfingers. Der Mittelfinger darf anschließend von oben das Streichholz berühren. Man muß alle Finger ausgestreckt halten, auch der Arm muß ganz gestreckt sein.

Und weil diese Bedingungen unserem Starken nicht gestatten, seine Finger einzuknicken, muß er schließlich den so leicht scheinenden Versuch aufgeben.

Nun zeigen Sie, wie die Sache möglich ist:

Nehmen Sie selbst das Streichholz wie eben geschildert zwischen Ihre Finger, strecken Sie den Arm wie gefordert aus. Dann heben Sie den Arm und schlagen die ganze Hand flach auf den Tisch. Und dabei zerbricht das Streichholz!

»Tantalusqualen« nannte man früher diese Aufgabe: Ein Stuhl wird auf den Fußboden gelegt (wie auf Bild 1). Auf den Rand des Stuhlrükkens kommt ein Stück Zucker. Nun gilt es, auf den Stuhlbeinen niederzuknien und mit dem Mund das Zuckerstück zu fassen. Oft wird bei

mit einem Stuhl

diesem Versuch der Stuhl nach unten kippen und
der Zucker gerade dann entfliehen, wenn man
ihn mit dem Mund greifen will (Bild 2). Die Aufgabe gelingt nämlich nur, wenn man den Schwer-
punkt des Körpers hinter den Stuhlsitz verlagert.

Tonmirakel als Nachtisch

Dieser Effekt gehört zum Repertoire meiner Lieblingskunststücke für einen kleinen, um einen Tisch sitzenden Kreis. Er ist oft beschrieben worden und wird doch kaum je vorgeführt. Oder sollte ich besser sagen ›dargeboten‹? Denn hier wird nicht ein Gag produziert, sondern ein Kunststück zelebriert. Man wird sich noch jahrelang erinnern, wenn Sie es mit dem richtigen Fingerspitzengefühl vorführen.

Suchen Sie sich erst einmal alle möglichen Gabeln aus Ihrem Haushalt (oder dort, wo Sie gerade zu Besuch sind) zusammen. Und probieren Sie sie unbeobachtet aus. Zupfen Sie an zwei Gabelzinken mit den Nägeln des Daumens und des Mittelfingers. Wenn Sie gar keinen Ton hören, sortieren Sie die Gabel aus. Übrigbleiben vielleicht ein bis zwei Gabeln, die einen ›guten Klang‹ haben, einen leise zu vernehmenden Gabelton abgeben. Oft ist das bei alten Silbergabeln der Fall. Moderne Gabeln kompakter Machart und mit kurzen Zinken ausgestattet, sind zumeist unbrauchbar.

Jetzt üben Sie so weiter. Zupfen Sie einen Gabel-Ton ab, gehen mit den zusammengehaltenen Daumen- und Mittelfingerspitzen über ein bereitstehendes Weinglas und tun so, als würden Sie den Ton in das Glas werfen. Machen Sie das einige Male. Und schließlich drücken Sie in dem Augenblick, in dem Sie den Ton in das Glas werfen, das Ende des Gabelgriffes auf den Tisch. Das verstärkt den natürlichen Ton in genau dem Augenblick, wo Sie die Finger über dem Glas auseinandernehmen – der Tisch wirkt als Resonanzboden.

Das Aufdrücken der Gabel muß selbstverständlich heimlich geschehen. Das ist leicht. Denn Ihre eigene Aufmerksamkeit ist ganz auf Zupfen – Ton – Fingerhaltung gerichtet. Und die Gabel wird so gehalten, daß das Gabelende unter Deckung des Unterarms liegt, der leicht vom Ellbogen her auf den Tisch gelehnt wird.

Wenn die Koordination zwischen Tonloslassen über dem Glas und Gabelaufdrücken klappt, dann üben Sie weiter am Ausbau dieses Kunststücks. Werfen Sie beispielsweise mit kräftiger Geste den Ton in das Glas, decken darüber sogleich die flache rechte Hand und tippen die Gabel mehrfach kurz hintereinander auf den Tisch. Das erweckt den Anschein, als hopse der Ton im Glas rauf und runter. Manchmal werfe ich den Ton in das Glas, das ich gleich darauf an den Mund führe und so tue, als trinke ich den Ton. Im Moment der Berührung des Glases mit den Lippen und des ›Anschlürfens‹ des Tones drücke ich mit der Gabel auf den Tisch. Das erzeugt die Illusion, der Mund würde den Ton verstärken.

Versuchen Sie auch, den Ton an die Decke zu werfen und mit dem Glas aufzufangen. Gehen Sie mit den Augen dem hoch- und herniederfliegenden Ton nach und drücken Sie die Gabel auf, wenn Ihre Augen von oben zurückkommend das Glas erreicht haben.

Und wenn die richtige Gesellschaft beisammen ist, dann stopfen Sie sich den Ton in das eine Ohr hinein und ziehen ihn aus dem anderen (Gabel auf den Tisch drücken) wieder heraus ...

Dreigeteiltes Papier

Zwei größere Papierstücke spielen diesmal die Hauptrolle.

Eines davon geben Sie einem Partner. Die Aufgabe lautet: dieses Stück Papier soll man in drei Teile zerreißen. Bedingung: Das Papier muß an den gegenüberliegenden Ecken gehalten werden. Man darf das Papier nicht loslassen, bis es in drei Teile zerrissen ist.

Bevor man seinem Gegenüber das Papier überreicht, hat man es an seiner Oberkante an zwei Stellen etwas eingerissen, so, daß diese Oberkante ungefähr in drei gleichgroße Teile aufgeteilt ist.

Das Papier des Vorführenden wurde ebenso vorbereitet. Sie können das Ganze als Geschwindigkeitswettkampf aufziehen. Sie ahnen, daß Sie gewinnen werden, wenn Sie das ›Gewußt-Wie‹ dieses Tricks kennen.

Und das geht diesmal so: Hat ein anderer Zuschauer bis ›Drei‹ gezählt oder als Startzeichen in die Hände geklatscht, dann führen Sie die Oberkante des Papiers an Ihren Mund, beißen in den mittleren Teil des Blattes und reißen die rechte und die linke Hälfte nach unten durch und damit ab. Sie haben drei Teile, Ihr Gegenüber hat nur zwei; denn der zentrale Teil seines Papiers bleibt an einem Seitenteil hängen.

Der bestrafte Vorwitz

Ein Vorwitziger, welcher glaubte, seiner Umgebung das Kunststück mit dem Taler und dem Taschentuche erklären zu können, wurde von dem Künstler aufgefordert, sein Wissen zu erproben. »Hier nehme ich zwei Taler, lege dieselben in das Tuch. – Sie sind doch überzeugt, daß dieselben darin sind – schließe die Hand und gebe Ihnen jetzt die beiden Taler zu fühlen, während ich das Tuch fest umschlossen halte. Versuchen Sie nun, ob Sie die Taler auf irgend eine Weise herausbringen können.« Es ist vergeblich. »Sie geben es auf und sind der Ansicht, daß ich dies jetzt ebensowenig vermag. Sie täuschen sich. Ich werde Ihnen zeigen, wie dies möglich ist.«

In diesem Augenblicke ergreift der Künstler eine in der Nähe liegende Schere und schneidet unerwartet den Zipfel des Tuches, in welchem sich die zwei Taler befinden, ab, so daß beides auf den Tisch fällt. – Ja so!! – Das auch war die Entgegnung, die man Kolumbus machte, als er das gekochte Ei fest auf den Tisch stellte.

Nachdem die erheiterten Zuschauer von ihrem Lachen sich etwas erholt hatten, nahm der Künstler das abgeschnittene Stück, sowie die beiden Taler, rollte beides mit dem übrigen Tuche zusammen und übergab es dem Eigentümer unter einigen entschuldigenden Worten. Dieser aber war nicht wenig erstaunt, als er beim Auseinanderlegen des Tuches dasselbe vollständig unverletzt und die beiden Taler darin vorfand.

Das Kunststück ist nicht schwer. Der Künstler führte ein Stückchen weißes Zeug in der Größe eines Taschentuches bei sich, in welchem sich bereits zwei Taler befanden. Zur Zeit, als er das erbetene weiße Taschentuch nebst den Talern empfing, wußte er unbemerkt das in der Hand verborgene Stückchen Zeug nebst den Talern unter das über die Linke ausgebreitete Tuch zu bringen, in welchem die ausgeliehenen beiden Taler eingeschlossen wurden, bewerkstelligte es mit Leichtigkeit, das falsche Stück so empor zu ziehen (siehe Abb.), daß niemand daran zweifelte, hier die Fortsetzung des Tuches mit den darin befindlichen Talern zu sehen, welche in der Wirklichkeit sich jedoch noch in der geschlossenen Hand befanden.

Zur Zeit als er das abgeschnittene Stück nebst dem Gelde mit dem eigentlichen Tuche in Berührung brachte, wußte er durch Umdrehen desselben zu bewerkstelligen, daß die herunterhängenden Teile des Tuches sich über beide Hände legten, welchen Zeitpunkt er benutzte, die falschen Überreste in den Ärmeln zu verbergen, die Taler in der linken Hand zurückzubehalten, und diese, als er das Tuch zurückgab, zu beseitigen.

Allerlei Zauberkunststücke und Taschenspielereien. Ravensburg, 1911

Vier Apfelstückchen unter einen Hut zu bringen

Vier kleine, vollständig gleiche Apfelstückchen werden je eines auf eine Tischecke gelegt und eines derselben mit einem weichen Filzhute bedeckt. Einen zweiten Hut hat man schon bereit und bedeckt damit ein zweites Stückchen. Den Hut faßt man so, daß die Daumen oben, die übrigen Finger aber unten sind, um mit ihnen, zwischen Ring-

und Mittelfinger eingeklemmt (Abb.), die Apfelstückchen aufnehmen zu können. Das Publikum glaubt jetzt, es sei unter jedem Hut ein Apfelstückchen. In Wirklichkeit sind aber unter einem Hut zwei. Als man nämlich den ersten Hut auf das erste Stückchen setzte, nahm man es unbemerkt mit und legte es beim Auflegen des zweiten Hutes zum andern.

Man nimmt nun das dritte Stück, um es angeblich durch den Tisch unter den Hut, unter dem schon zwei Stückchen liegen, zu schlagen, in Wahrheit aber, um es zwischen Ring- und Mittelfinger zu verbergen. Du hebst den Hut auf und alle sehen wirklich zwei Stückchen. Beim Niedersetzen des Hutes legst Du das dritte Stückchen unbemerkt dazu. Jetzt liegt noch ein Stückchen frei auf dem Tisch. Auch dieses schlägst Du durch die Tischplatte auf die gleiche Weise wie das vorige. Beim Aufheben des Hutes sehen die Zuschauer drei Stück, beim Niedersetzen legst Du das vierte hinzu. – Die Zuschauer glauben natürlich noch immer, daß unter dem ersten Hut ein Stückchen und unter dem andern drei Stückchen liegen. Du ersuchst sie nun, den ersten Hut zu heben, sie werden erstaunt sein, den Platz leer zu finden. Sie werden den andern Hut heben und sehen, daß alle vier Stückchen unter einem Hute friedlich vereint sind.

Statt der Apfelstückchen könntest Du auch gut vier Hasel- oder Erdnüsse oder aus Papier geformte Kügelchen verwenden.

Allerlei Zauberkunststücke und Taschenspielereien. Ravensburg, 1911

Einen Bindfaden von 2 m Länge legen wir in
der Mitte zusammen, schieben die Schleife
durch den Griff einer Schere und stecken
die freien Enden durch die Schleife durch,
so daß der Griff an der Schnur festgezogen
ist. Das freie Ende ziehen wir nun noch
durch den anderen Griff (Fig. a) und bin-

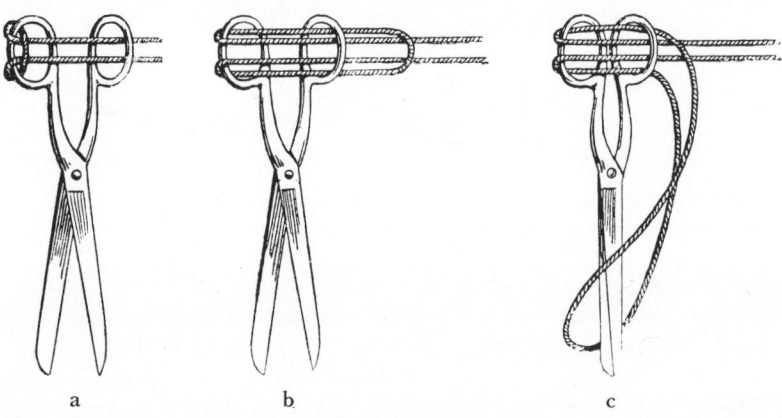

a   b   c

den es hierauf an einem großen Gegenstand, z. B. dem Tischbein oder einem La-
dengriff, fest.

Nun stellen wir an die Zuschauer die
Aufgabe, die angebundene Schere loszu-
lösen, ohne den Faden loszubinden oder
irgendwie zu beschädigen. Es wird dies unmöglich scheinen, ist aber ganz einfach.

*Wir ziehen die Schleife durch den andern Griff
(siehe b) so weit heraus, daß sich die Schere durch-
ziehen läßt (c) und befreien sie auf diese Weise
rasch von ihrer Fessel.*

Die Kraft des Atems

Eine lange enge Tüte aus starkem Papier wird gefertigt und nahe der Kante auf den Tisch gelegt. Nun macht man mit immer schwereren Gegenständen seine umwerfenden Versuche, um zu erkennen, welches Gewicht der eigene Atem bewegen kann.

Springende Flammen

Eine Kerze und ein Streichholz – das ergibt in diesem Fall einen verblüffenden Gag.

Blasen Sie die Kerze, die eine Zeitlang gebrannt haben sollte, aus.

Halten Sie das brennende Streichholz 2 bis 4 cm über die Kerze.

Plötzlich springt eine Flamme vom Streichholz nach unten und entzündet die Kerze erneut!

Sie brauchen dabei nur darauf zu achten, daß sich die Flamme des Streichholzes direkt in der kleinen ›Rauchsäule‹ befindet, die aus der gelöschten Kerze aufsteigt. Dieser Effekt ist mit fast allen Kerzen möglich. Sie sollten deshalb ohne Publikum ausprobieren, ob es Ihnen mit der Kerze, die Sie zur Verfügung haben, auch mühelos gelingt.

Die nach oben springende Flamme ist schon länger bekannt. Dazu brauchen Sie zwei Kerzen. Auch sie müssen einige Zeit gebrannt haben. Eine von beiden Kerzen blasen Sie aus. Halten Sie sie gleich darauf einige Zentimeter über die noch brennende Kerze. Gleich springt die Flamme von unten nach oben. Für diesen netten Effekt brauchen Sie vorher die Kerzen nicht auszuprobieren. Er gelingt immer.

Der rätselhafte Knoten

Meine Herrschaften! Sie sehen hier zwei gleiche Bänder. Würden mir einige Damen auf kurze Zeit ihre Armbänder anvertrauen? Sie bekommen dieselben unversehrt zurück. Schön, das wären ihrer zehn! Ich reihe sie sämtlich auf die Bänder auf, und nun nehmen Sie die einen Enden der Bänder in Ihre Hand und Sie die anderen. Glauben Sie, daß ich die Armringe von den Bändern losmache, ohne daß Sie die Bandenden freigeben, ja, nachdem erst noch ein Knoten um die Ringe geschlungen ist? Geben Sie mir, bitte, das eine Bandende, rechts das, und Sie das zugehörige, also Ihr linkes! Ich schlinge einen Knoten und gebe Ihnen Ihre Bandenden wieder. Bitte, nicht so straff ziehen! Ich berühre den Knoten mit den Fingerspitzen, und – da fallen die Armbänder herab; der Knoten ist verschwunden, die Bänder sind unverletzt.

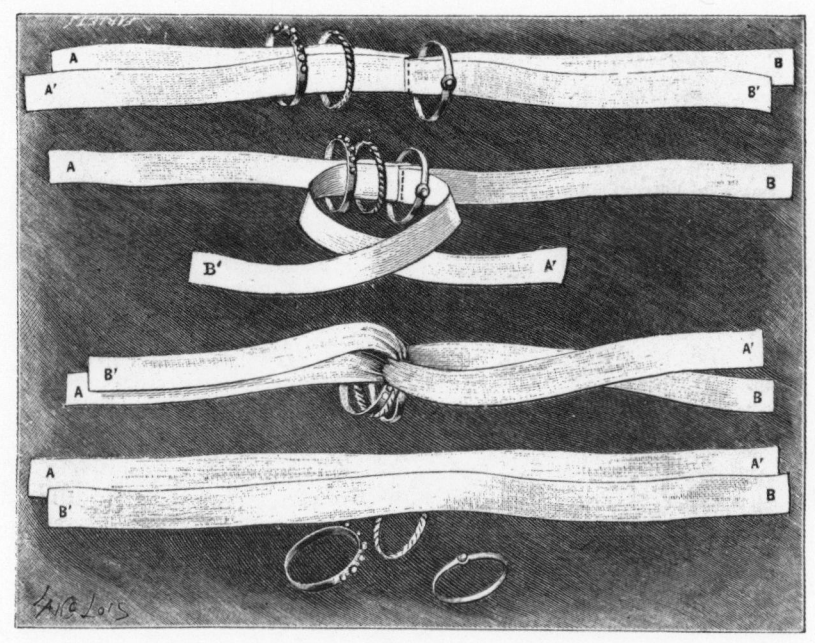

Aufklärung: Wir bedürfen zweier Bänder von genau gleicher Farbe, Länge und Breite. Das eine (AA') legen wir mit den Enden aufeinander und plätten mit einem heißen Plätteisen den Knick in der Mitte recht glatt. Ebenso verfahren wir mit dem zweiten Bande (BB'). Alsdann legen wir die beiden Knicke aufeinander, so daß die Enden A und A' links, B und B' rechts liegen, und nähen die Knicke mit einem Faden, dessen Farbe mit der der Bänder durchaus übereinstimmt, zusammen. Der Faden mag an einem Ende einen kleinen Knoten haben, im übrigen darf die Naht nicht zu fest gelegt werden, man muß den Faden, wenn man ihn an dem Knoten faßt, leicht herausziehen können. Nun werden die Ringe aufgereiht (siehe Abbildung, erste Reihe), dann die Bandenden zwei Zuschauern in die Hände gegeben. Jeder von ihnen hält jetzt die beiden Enden eines Bandes, nicht ein Ende von jedem Bande. Das Schlingen des Knotens hilft uns dann noch zum Gelingen. Indem wir nämlich denselben schlingen, bekommt der eine, der bisher A und A' hielt, A und B' in die Hände, der andere statt B und B' nunmehr B und A'. Diese Verwechselung wird gewiß nicht bemerkt werden; jetzt hält aber jeder von jedem Band ein Ende, und die anscheinend von einem Knoten umschlossenen Ringe reiten nur auf der Naht. Ziehen wir endlich bei der Berührung der Bändermitte den Faden heraus, so fallen die Armbänder ab.   *Kolumbus-Eier. 1899*

Der Rutsch durchs Piano

Das ist nun schon ein ebenso professioneller wie sensationeller Effekt, der um 1890 in London die Varieté-Besucher zu Beifallsstürmen hinriß. Ein Mitglied der Hanlon-Lee-Truppe setzte sich ans Klavier und begann zu spielen – die entsprechende Musik allerdings kam von einem zweiten, hinter den Vorhängen aufgestellten Instrument. Plötzlich sprang der Pianist auf und stürzte sich in das Klavier-Oberteil, um unten wieder zu erscheinen! – Natürlich, das Klavier war hohl, wie das erklärende Bild zeigt, die Klavierteile, in die er hineinsprang und herausragte, waren aus dünner Gummifolie.

Ob auch dieses Experiment zur Nachahmung reizt – mit einem auf dem Flohmarkt billig erstandenen Klavier?

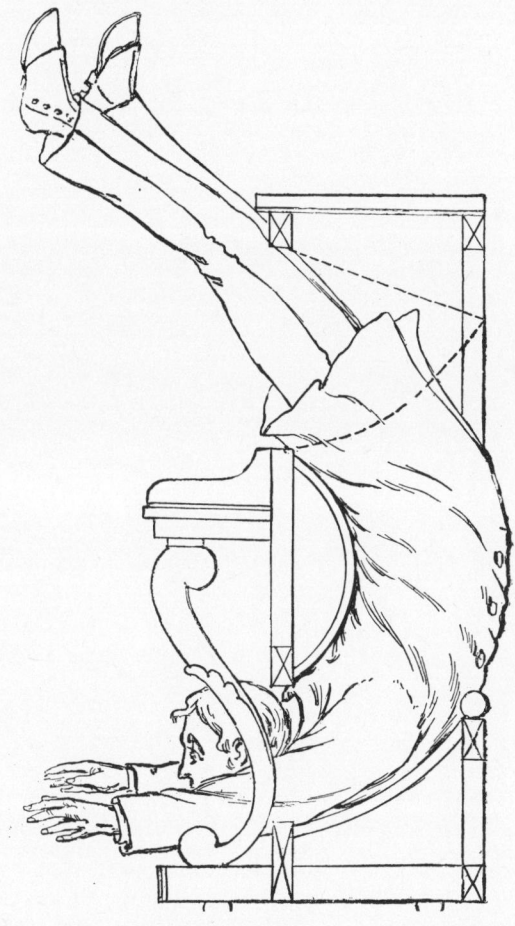

Das große Spielvergnügen

Das Hexenspiel

Finger-Fadenspiele neu entdeckt
Herausgegeben von Joost Elffers
und Mike Schuyt. 208 Seiten mit
vielen Fotos und Zeichnungen, kart.
in Klarsichtverpackung.
Dem Buch liegt eine bunte Schlinge
zum Spielen bei!

Wir hatten es fast vergessen: Mit einem einfachen, zur Schlinge zusammengebundenen
Faden läßt sich höchst unterhaltsam und vergnüglich spielen!
Dieses Buch führt mit einer Fülle von Fotos die vielen Variationsmöglichkeiten des
Finger-Fadenspiels vor Augen: eine Spielanregung für Kinder wie junge Erwachsene
jeden Alters. Sie werden Ihre Freude haben an diesem kreativen, unterhaltsamen
Fadenspiel, das anleitet und zugleich anregt, selbst neue Fadenformen zu erfinden.
Dem Reiz des hier vorgestellten Spieles entspricht auch die originelle Gestaltung
– interessant für alle Liebhaber ungewöhnlicher Bücher.

Anamorphosen

Ein Spiel mit der Wahrnehmung,
*   dem Schein und der Wirklichkeit*

Idee, Produktion und Fotografie von Joost Elffers und Mike Schuyt, Text von Fred Leemann. 166 S. mit 20 Farbtafeln, 120 einf. Abbildungen und einer lose beiliegenden Spiegelfolie, kart.

»Ein Kunstband zum Spielen - mit Zaubertricks und Illusionen. Aber auch ein nützliches Sachbuch für eine Spielerei, die einmal mehr war: Raumillusion und Kunst in einem.«

Süddeutscher Rundfunk

Das alte chinesische Formenspiel

TANGRAM

Hrsg. von Joost Elffers. 240 S. mit über 1600 Legebeispielen und Lösungen. Dem Buch liegen 7 Spielsteine bei. Als große Ausgabe wie als ungekürzte Taschenbuchausgabe lieferbar.

»Dieses Puzzle bietet eine Möglichkeit der Selbstbeschäftigung, die von schlichter Raffinesse, kreativ und spannend ist. Es besteht zwar nur aus sieben Teilstücken, aber stellt an Intelligenz und Vorstellungskraft weit andere Forderungen als irgendwelche Tausender-Puzzles im üblichen Stil.«

Pardon

DuMont's neues TANGRAM

Wunderei · Blitzableiter · Zornbrecher · Herzzerbrecher · Kobold · Geduldprüfer · Zoologischer Garten · Kreisrätsel

Hrsg. von Joost Elffers und Mike Schuyt. 248 S. mit über 690 Legebeispielen und Lösungen, Spielteil mit 8 farb. unterschiedenen Puzzles, in Klarsicht-Tasche verpackt.

»Was das neue Tangram bietet: eine sanftere Einführung in das diffizile Spiel durch die gestaffelten Schwierigkeitsgrade – und gleichzeitig mehr Abwechslung für Kopf und Auge!«

Freundin

DuMont's Spielbuch der Verwirrungen

Irrgärten und Labyrinthe

Von Janet Bord. 181 S. mit 269 einf. Abb., Register und einem Spiel-Teil ›Wer findet sich heraus?‹ 35 superknifflige Labyrinthe (mit Lösungen für hoffnungslos Verirrte), kart.

»Verirr dich mal! Abgeschlafften Kreuzworträtselfans empfiehlt Greg Bright von ihm konstruierte Labyrinth-Grundrisse, die der Benutzer tunlichst mit einem Filzstift auf abwaschbarer Klarsichtfolie durchstreifen soll. Die ehrwürdige Geschichte und erstaunliche Gegenwärtigkeit des Motivs ›Irrgärten und Labyrinthe‹ belegt ein in derselben Kassette mitverkaufter Band.«

Der Spiegel

Das Geheimnis des verschwindenden Zwerges

Das Geheimnis des verschwindenden Zwerges ist nicht nur die beste und verblüffendste Version eines mathematischen Paradoxon, es ist auch das einzige Denk-Spiel dieser Art, für das es keine Zufallslösung gibt.

Sie werden einige interessante Entdeckungen machen: eine Anzahl von Lösungsversuchen drängt sich rasch auf. Überdenkt man sie kritisch, bleibt von ihnen ebenso wenig übrig wie von dem mysteriösen Zwerg, der kommt und geht.

Und je anhaltender man sich mit dem Problem beschäftigt, um so undurchschaubarer wird es.

Die häufigste Deutung ist die: »Zwei Zwerge werden zu einem!« Wäre es aber so, dann müßten diese beiden Zwerge leicht herauszufinden sein, wenn man die Verdächtigen mit einer kleinen Münze, einem Streichholzkopf etc. bedeckt und dann die Teile 1 und 2 miteinander vertauscht. Versuchen Sie es. Der Zwerg bleibt verschwunden, eine Münze ist übrig.

Arrangieren Sie die Teile so, daß 14 Zwerge sichtbar sind. (Teil 2 links, Teil 1 rechts.) Bedecken Sie den Körper jedes Zwerges mit einem Pfennig etc. und verschieben Sie die Teile 1 und 2 wie üblich. Auf der rechten Hälfte erscheint nun ein zusätzlicher Zwerg – urplötzlich ist er da, ohne Pfennig. Wir scheinen der Lösung näher gekommen zu sein! Legen Sie auf diesen Zwerg einen weiteren, den 15. Pfennig, und vertauschen nun wieder die beiden obenliegenden Teile. Das frappierende Ergebnis ist, daß ein Zwerg unsichtbar geworden ist und ›seinen Pfennig‹ einem anderen Zwerg überlassen hat.

Der Zwerg, der am häufigsten verdächtigt wird, ist der dritte von rechts. Denn an seiner Stelle erscheint eine freie Fläche nach dem Umlegen der oberen Teile. Aber Verdächtigen und Verschwinden sind zweierlei! Der verdächtigte Zwerg befindet sich nun oben in der Mitte, und im ganzen sind es nur noch 14!

Manchmal glaubt man, eine Spur zu finden, wenn man nach einem Vertauschen der Teile 1 und 2 ein wenig mehr von einem Haarschopf oder etwas weniger von einem Schuh sieht. Aber es geht nicht um Spuren, sondern um einen ganzen, ausgewachsenen Zwerg mit Kopf und Körper, Armen und Beinen!

Es scheint nur eine Möglichkeit zu geben, den entscheidenden Vorgang zu entdecken. Man muß die Teile 1 und 2 unabhängig voneinander anlegen und ausprobieren:

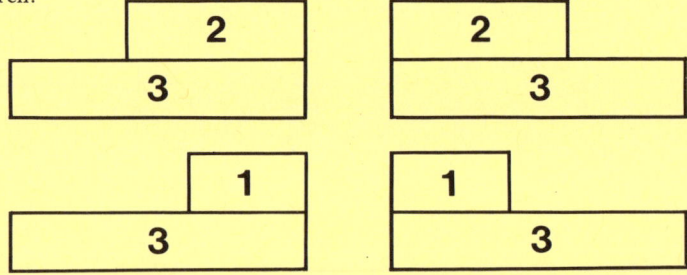

Legen Sie also den Teil 2 zuerst rechts oben an. Zählen Sie die Zwerge, die mit seiner Hilfe gebildet werden. Es sind 9. Verschieben Sie nun Teil 2 nach links. Zählen Sie. Auch hier sind es 9 Zwerge. Da sich im Zusammenhang mit Teil 2 nichts verändert hat, konzentrieren sich alle Verdachtsmomente auf Teil 1.

Legen Sie diesen Teil rechts an. 5 Zwerge sind zu sehen. Und dann links. Und wieder sind es nur 5!

Erscheinen und Verschwinden gehören zum Urbestand jeden Zauberspiels – deshalb ist dieses Zwergen-Puzzle durchaus magisch.

Und sollten Sie das Geheimnis nicht enträtseln können, befinden Sie sich in der allerbesten Gesellschaft anderer nachdenkender Menschen, denen es ähnlich wie Ihnen ergeht.